THE
PRESE
BAS
CHU

TERRY
LYNN P

임재 중심 교회

테리 테이클 · 린 폰더 지음 | 전진주 옮김

믿음의 말씀사

The Presence Based Church
Copyright ⓒ 2003 Dr. Terry Teykl
Published by Prayer Point Press
ISBN 1-57892-112-0
2100 N. Carrolton Dr.
Muncie, IN 47304
www.prayerpointpress.com

2011 / Korean by Word of Faith Company, Korea.
Translated and published by permission
Printed in Korea.

임재 중심 교회

1판 1쇄 인쇄일 · 2011년 3월 24일
1판 1쇄 발행일 · 2011년 3월 26일

지 은 이 테리 테이클 · 린 폰더
옮 긴 이 전 진 주
발 행 인 최 순 애
펴 낸 곳 믿음의 말씀사
주   소 경기 용인시 기흥구 마북동 320-2 엔젤빌딩 3층
전화번호 (031) 8005-5483 / 5493 FAX : (031) 8005-5485
홈페이지 http://faithbook.kr
출판등록 제68호 (등록일 2000. 8. 14)

ISBN 89-94901-11-6 03230
값 11,000원

본 저작물의 한국어판 저작권은 Prayer Point Press와의 독점 협약으로 '믿음의 말씀사'가 소유합니다. 저작권법에 의해 한국 내에서 보호를 받는 저작물이므로 무단 전재와 복제를 금합니다.

나의 오랜 친구이자 후원자,
이스라엘 민족을 사랑하고 그들의 진가를 깨닫도록 가르쳐준
마이크 제임스에게 이 책을 바칩니다.

차 례

서 문 ··· 9
제1장 마르다 교회 ··· 19
제2장 소비자 중심 교회 ··· 41
제3장 마리아 교회 ··· 73
제4장 임재 ·· 97
제5장 언약궤 ··· 121
제6장 예수님–새로운 언약궤 ··································· 147
제7장 임재 중심 예배 ··· 183
제8장 새로운 레위인들 ··· 209
제9장 임재 중심 교회 ··· 233
제10장 임재 중심 목회자 ··· 267
에필로그 : 주께 낭비해 버리라 ································· 291
주 석 ··· 297

오 하나님 그리고 아버지,

눈에 보이는 것들에만 마음을 줘버린

저의 죄를 회개합니다.

너무 세상에 빠져 살았습니다.

여호와께서는 늘 여기 계시온데 제가 몰랐습니다.

저는 당신의 임재에 장님으로 살았습니다.

저의 눈을 열어주사

제 안에 그리고 곁에 계시는 여호와를 응시하게 하옵소서.

제발 그리 하옵소서. 아멘.

서 문

나는 단순한 사람이다. 나는 내 자신을 대단한 성경학자나 명석한 신학자로 여기지 않는다. 하나님도 그것에 동의하실 것이라고 믿는데, 그 이유는 하나님이 나에게 보여주시는 것들이 간단한 것들이기 때문이다. 신기할 정도로 단순하다.

골똘히 생각에 잠겨 동부 텍사스를 여느 때처럼 주행하고 있던 그 날, 내 마음에 두 개의 동그라미가 보였던 것이 생각난다. 두 개의 원은 두 가지 다른 교회를 나타내고 있었다. 한 원의 중심에는 "하나님"이라는 단어가 있었고, 다른 원에는 "사람들"이라는 단어가 있었다. 그것은 단순했으나 순간, 심오한 계시로 다가 왔고, 장차 싹이 트고 성장하게 될 무엇인가를 주께서 보여주시는 것임을 깨달았다.

나는 오늘 처음으로 거의 완성된 원고를 두 손에 들고 눈물을 흘릴 수밖에 없었다. 이번이 첫 번째 책을 출간하는 것은 아니지만, 그렇게 작은 씨앗으로부터 이렇게 풍성하고 보람 있는 결실을 맺는 나무가 자라날 수도 있다는 것, 그 경이로움을 주체할 수 없었기 때문이었다.

나는 하나님의 임재에 관한 책을 쓰려고 애썼는데 그 엄청난 주제를 다룰 자격이 없는 것처럼 여겨졌다. 하나님의 임재는 한마디로 내 언어 밖의 것이었고, 내 체험 밖의 것이었고, 내 상상 밖의 것이었다. 그런데도 이 주제는 내 초창기 사역 시절에서부터 나를 사로잡고 있었다. 나의 첫 번째 성경책 구절구절마다 하이라이트로 줄을 그어놓은 것은 하나님 임재에 관한 부분들이었다. 어떻게 그리고 언제 하나님이 자신을 나타내시는지, 그분이 창조물들과 어떤 관계를 맺으시는지, 임재를 경험한 자들에게 임재는 어떻게 느껴지고 보여졌는지 등등.

28년간 목회하면서 하나님의 임재에 대하여 알게 된 것이 있다. 어느 대학가에 세운 개척 교회에서 내가 가진 유일한 희망이 하나님의 임재밖에 없는 것을 알게 되었다. 임재하심이 언제 있는지와 있지 않은지를 인식할 줄 알게 되었다. 임재하심이 종종 사람들을 울게 하고 그것은 언제나 변화를 가져온다는 것을 알게 되었다. 나는 내가 임재하심을 통제할 수 없으나 영향을 미칠 수 있다는 것을 알게 되었다. 제일 중요한 배움은 임재하심 없이 목회를 한다는 것은 어처구니없는 일이며, 그랬다가는 조만간에 그리고 반드시 문제에 봉착하고야만다는 것을 알게 된 것이다.

내가 저술한 책들은 대부분 기도에 관한 것이다. 사실은 전부 그랬었다. 그래서 이 책은 마음이 들뜰 정도로 새로운 분야에 속한다. 그렇지만 하나님 임재의 필요성을 교회생활에서 너무나 절감하고 있었기에 기도하는 일과 "기도로 교회를 짓는" 일에 열정을 가지게 되었다. 기도의 집은 하나님의 임재가 머무르게 하려고 짓는다. 방문하거나 쳐다보게 하려는 것이 아니라 실제로 거주하게 하기 위하여서 말이다. 기도는 성령이 오시길 초대하고, 어떻게 해서 그런지 알 수는 없지만, 우리가 자기에 도취되어 하나님과 무관한 영역으로 흘러 빠져 들어가는 것을 막아준다.

기도는 하나님의 임재에 관한 한 모든 것이며, 하나님의 임재는 기도에 대한 응답으로 드러난다.

또 하나의 모델 제시가 아님

요즘 시대에 교회를 꾸리고자(doing church) 할 때 고를 수 있는 선택의 폭은 뷔페 상차림과도 같다. 각 모델은 건강하며 성장하는 교회를 건축할 수 있다고 약속한다. 그 수가 얼마나 되는지 실제로 말할 수는 없는 것이, 전문가들도 약간씩 다른 목록을 제시하기 때문이다. 나는 다음의 여섯 가지가 뚜렷이 구분된다고 생각한다.

셀 중심 교회 – 소그룹 모임을 통하여 사람들을 관계 중심적으로 엮는 것에 주력하는데, 종종 공통된 관심거리["자유시장 셀(free-market cell)"이라 불림]를 가지고 모인다. 웨슬리 전통에서 생겨난 이 모델은 랄프 네이버, 조용기, 그리고 테드 해가드와 같은 목회자들에게서 꽃을 피웠다.

목적이 이끄는 교회 – 교회의 비전과 활동을 다섯 가지 성경적 교회의 목적, 즉 전도, 예배, 친교, 제자도, 봉사를 토대로 확립하고 전달, 소통하는 것을 중심으로 한다. 이 모델은 릭 워렌의 캘리포니아 오렌지 카운티에 있는 새들백 교회(Saddleback Valley Community Church)목사로서의 경험을 토대로 만들어졌다.

프로그램 중심 교회 – 될 수 있는 한 지역 내 다양한 계층의 사람들, 연령대의 그룹에게 다양한 활동거리, 강습, 사역, 봉사를 제공하는 것에 주력한다.

사도적 교회 – 사도적 리더십이 특징으로서 비전을 가진 목회자가 제도존중주의(institutionalism)의 속박에서 벗어나 자유롭게 이끌 수 있는 스타일이다. 이 모델은 90년대에 독립적이며 은사적(charismatic)인 (꼭 그런 것만은 아니지만) 초대형 교회들이 폭발적으로 생겨나며 피터 와그너가 이름을 붙였다.

전통적 교회 – 이미 확립된 주요중심 교파들, 즉 침례교, 감리교, 성공회, 루터교, 장로교, 오순절(Assembly of God) 등과 같은 교파의 확립된 조직과 예식과 신학과 전통 위에 세워진다.

구도자 교회(The Seeker Church) – 주말에 자신들의 필요나 선호, 욕구에 의해 "구도자(seeker)"들 – 교회에 오지 않고, 혹은 필시 구원받지 못했을 자들 – 을 교회적 삶으로 유인하려는 목표를 가지고 맞춤형 예배를 제공한다. 시카고 지역의 윌로우 크릭 커뮤니티 교회(Willow Creek Community Church)의 빌 하이벨 목사님이 이 모델을 만들고 완성시켜가는 분이다.

미트로프 교회(The Meatloaf Church) – 여러 모델에서 조금씩 떼어내 섞어서 자체의 색깔과 향을 만든다. 사실상 교회 모델은 아니지만, 대부분의 교회가 사실은 이 개념들의 교배종들이므로 언급할 만한 가치가 있다.(역자주: 미트로프–잡다한 부분을 곱게 다진 고기와 양파 등을 함께 섞어 빵 모양으로 만든 뒤 구운 요리)

    모든 유형들이 그리스도의 몸에게 유익할 만한 것을 제안하고 있으며 수백 개의 교회는 이런 전략과 착상으로 더욱 나아졌고 튼튼해 졌다. 나는 과거의 성공을 과감히 떨치고, 보다 새로운 비전을 품고 나가는 목회자들에게 갈채를 보내며, 그리스도인으로서 그리고 미국인으로서 우리의 영적인 전통을 보존하는데 도움을 주신 분들을 존경한다.
    그런데 이 모델들은 하나같이 그 어느 것이든지, 그것이 역동적이고 성공적이든 혹은 참담하고 텅 비어있던지, 조직의 구조, 리더십, 선호되는 스타일, 혹은 프로그램에 관한 것뿐이다. 그와 달리, 임재 중심 교회는 예수께서 이 모든 영역에 공통인수로서 계신지 아닌지 그리고 어느 정도까지 침투해 계시는지에 대한 것이다. 그분은 마스터(master;주인)이신가 아니면 마스코트인가? 그분이 우리가 정한 형식에 매이지 않는 예배와 경배를 받으시는가 혹은 우리의 청구나 불평 따위를 받으시는가? 그분은 우리의 모든 모임에서 주인이신가 혹 우리는 모든 것 위에 사람을 떠받들고 그분을 급사의 자리로 내몰지는 않는가? 그분은 영광의 소망(hope of glory)이신가 혹은 학위를 받을 때 드리우는 두건에 붙이는 장식인가?

이 책을 읽는 사람들 중 어떤 이는 이것을 또 하나의 모델 – 그저 메뉴판에 한 줄 더 보태는 정도로 볼 수도 있음을 알고 있다. 물론 확실히 구별되는 특성이 있기는 하나, 임재 중심 교회는 교육이나 훈련을 통하여 도구화될 수 있는 모델이 아니다. 다른 데서 사오거나 복사할 수 있는 프로그램이 아니다. 순서대로 차근차근 밟아나갈 단계가 있지 않으며 마스터플랜(master plan)도 없다. 이보다 더욱 중요한 것이 하나 있는데, 그 점은 임재 위주의 교회가 모든 다양한 모델들과 공존하여 그것들을 더욱 빛나게 하지 못하란 법이 없다는 것이다.

받아들이기 어려운 진실이 있다. 그것은 오늘날 많은 교회에 하나님의 임재하심이 없다는 것이다. 그분은 일요일 출석부에 도장을 찍으시는 분이 아니긴 하지만, 아예 휴직자 명단에 올라 계시다. 사람들은 자기들의 필요에 맞게 짜여진 건강해 보이지만 영적으로는 거세된 프로그램에 나타나 한자리 차지하고 앉아 필요한 유익을 취할 뿐이다. 그들은 하나님의 임재를 결코 경험하지 못하고, 설령 경험해본 적이 있었다 해도, 너무도 오랫동안 체험하지 못해서 임재하심이 없는 줄도 모른다. 알았다 해도 개의치 않을 수도 있다. 이런 유의 기관을 운영하는 데는 하나님의 임재를 딱히 달가워하지 않거나 반드시 필요하다고 여기지도 않는다.

이것이 내가 소비자 중심 교회라 부르는, 이 시대 시장경제의 요구에 따라 교회 본연의 모습에서 변종된 교회의 모습이다. 홍수 같은 세상 기업의 영향력에 휩쓸리며 막대한 예산을 보유하고자 무시무시한 경쟁심을 갖고, 이들 교회는 자신들이 시장점유율의 우위를 차지하고자 교인확보를 위한 홍보, 프로그램, 그리고 이미지 전략을 가지고 각축전을 벌인다. 타륜(舵輪)을 잡고 있는 영적최고경영자(spiritual CEO)의 지휘아래, 그들의 목표는 가장 매혹적인 상품을 적정가격에 제공하는 것이다. 묵계된 슬로건: 우선 발만이라도 들여놓게 하고 단골로 만들 수 있는 판촉 전략은 다 써라.

임재 중심 교회

나는 지역교회(local church)를 좋아한다. 그들은 삶을 변모케 하시는 하나님의 희망이요, 지상에 표현되어진 그분의 영광이요, 그 아들을 위해 선택된 신부이다. 오늘날 누군가가 실제적으로 나타난 하나님의 임재를 오감으로 느끼고 경험하고 싶다면, 그는 동네 어귀에 있는 지역교회보다 더 멀리 갈 필요가 없어야 한다. 특별행사는 좋은 것이다. 특히 전도집회는 신나는 것이다. 그리고 순회 전도집회는 신나는 일이다. 하지만 하나님 임재의 불길이 끊임없이 타오르는 일은 지역교회에서 믿는 자들의 예배와 기도로 유지되어져야 한다.

규모나 스타일, 혹은 명칭에 상관없이 어느 교회든지 현 상태보다 더욱 임재 중심적으로 될 수 있다. 하나님의 임재하심은 어떠한 교회라도 모든 면에서 월등히 뛰어나도록 만든다! 사도적 리더들은 세상을 변화시키게 되고, 구도자들(seekers)은 진리에 목말라하게 된다. 모든 셀 그룹들을 영적 오아시스로 바뀌게 하고 교회 공동체와 개인들이 그의 나라를 위하여 하나님이 계획하신 목적을 달성하도록 이끈다.

우리는 그리스도의 몸으로서 하나님의 임재가 절실히 필요하다. 그것 없이 우리는 아무것도 아니다. 아름다움, 능력, 명성, 장엄함, 그 모든 것의 어떠한 면에서도 결코 견줄 바 없는 하나님의 임재는 우리의 공급처요 영광이시다. 그것은 우리를 견고하게 하고 또한 우리를 차별화 시킨다. 임재 안에서의 한 순간은 그것 없이 보낸 일평생의 예배시간 보다 더 많은 것을 이루게 한다. 당신이 여태껏 알고 지냈던 것보다 한층 더 깊은 임재를 알게 되고, 그리하여 임재 중심의 교회가 되는 기쁨을 발견하기를 기도드린다.

제 1 장

마르다 교회

저녁 식사에 삼십 명이라! 식사와 휴식을 위해 예수님과 제자들을 집으로 초대한 마르다는 이 생각으로 골똘하였다. 마르다는 사람들을, 더구나 예수님처럼 저명한 분을 집으로 불러와 환대하는 일을 좋아했다.(만일 그녀가 오늘날 살아있다면 그녀의 성씨는 "스튜어트" [역자주: Martha Stewart: 유명 주부잡지 발행 및 회사 창업주, 마사의 실명은 마르다]였을 것이다.) 분명 그녀는 작은 집안을 분주히 누비며 – 시간에 쫓기고 있었다 – 손님들이 편안하도록 구석구석을 닦고 모든 준비를 세심하게 점검했다. 그녀는 동생 마리아에게 좀 특별한 와인이나 밀가루를 더 사오라고 심부름을 보냈을 지도 모른다. 그녀는 스트레스를 받을 때 더욱 빛을 발하여 매사에 어긋남 없이 완벽하게 치러내는 자신의 능력에 자부심을 느꼈다. 그게 마르다였다. 그녀는 모든 것이 항상 그래왔듯이 꼭 맞아떨어질 것을 기대했다.

예수께서 도착하셨을 때, 내가 생각하기에, 그녀는 두 손을 닦고 얼굴을 매만지며 옷매무새를 바르게 고치고서 일행을 마중하기 위해 부엌에서 공손히 나왔다가 스토브에 – 풍미로운 향을 풍기며 조용히 끓고 있는 큰 솥이 얹혀 있는 곳에 – 도로 가봐야겠다고 여쭈었을 것이다. 누가는 마르다가 "준비하는 일이 많아 분주한지라"(눅 10:39)라고 기억하고 있다.

손님들이 집안에 자리를 잡고 편안해져갈 즈음, 마리아는 부엌에서 일하는 마르다를 돕겠다며 자리를 뜨지 않은 것에 일말의 가책을 느끼고 있었다. 그럼에도 불구하고 그녀는 자신을 예수님의 임재에서 떼어놓을 수가 없었다. 그녀는 그분의 발치에 앉아, 목마른 듯 그분의 말씀 한 마디마디마다, 모든 표현마다, 모든 제스처마다 빨아들이고 있었다. 마리아에게는 집안에 있는 다른 모든 것은 사라지고 없는 듯하였다.

옆방에 있는 손님들의 말소리와 웃음소리가 높아졌다 낮아졌다하는 것이 부엌에 있는 마르다에게 들려왔다. 예수님의 음성은 부드러웠다. 무슨 얘기들을 나누고 있는지 그녀는 궁금했다. 하지만 귀를 기울일수록 자신이 홀로 일을 감당하는 동안 편안히 쉬고 있는 마리아 생각에 마음이 조급해졌다. 아니, 얼마나 많은 음식을 준비해 놓아야 하는지 모른단 말야? 이게 얼마나 중요한 식사인지도 모르나? 자기가 나를 도와야 하는 줄도 전혀 모르는가?

마침내, 마르다가 더 이상 참을 수 없게 되어 응접실로 뚜벅뚜

벽 걸어 들어가, 분에 가득차서 예수께 말씀드렸다. "주여 내 동생이 나 혼자 일하게 두는 것을 생각지 아니하시나이까? 저를 명하사 나를 도와주라하소서."(눅 10:40)

사실, 꽤나 대담한 행동이었다. 아마도 예수께서 답하시기 전 수초 동안 방안에는 어색한 침묵이 흘렀을 것이다.

> "마르다야 마르다야," 주께서 답하셨다. "네가 많은 일로 염려하고 근심하나 한 가지만이라도 족하니라. 마리아는 더 좋은 편을 택하였으니 빼앗기지 아니하리라."(눅 10:41-42)

이 두 절의 말씀은 매우 중요하다. 왜냐하면 이것이 이 책의 나머지 분량의 기초가 되는 구절이기 때문이다. 그러므로 두 개의 다른 번역을 소개하는 것으로 시작하여, 두 가지 주요한 관찰을 얘기하겠다.

> 주님께서 말씀하셨다. "마르다야, 사랑하는 마르다야, 네가 지나치게 염려하여 아무것도 아닌 일로 흥분하고 있구나. 마리아는 가장 중요한 한 가지 일을 택했다. 그러니 마리아는 그것을 빼앗기지 않을 것이다."(메시지 번역)

"The Master said, "Martha, dear Martha, you're fussing far too much and getting yourself worked up over nothing. One thing only is essential, and Mary has chosen it – it's the main course, and won't be taken from her."(The Message)

마르다 교회

그러나 주님께서 그녀에게 말씀하셨다. "마르다야, 마르다야, 너는 여러가지 일들로 걱정하고 근심하고 있구나. 그러나 필요한 것은 한 가지 뿐이다. 마리아는 그 빼앗기지 않을 좋은 것을 선택하였다."(영어 표준 번역)

"But the Lord answered her, "Martha, Martha, you are anxious and troubled about many things, but one thing is necessary. Mary has chosen the good portion, which will not be taken away from her."(English Standard Version)

예수께서 마르다를 매우 사랑하셨음에 틀림이 없다. 그 상황이 정녕 무엇을 위한 것이었는지 그녀가 이해할 수 있도록 부드럽고 사랑스럽게 도우시는 음성에서 그분의 따뜻함을 느낄 수 있다. 예수님은 마르다를 꾸짖고 계시지 않았다. 그분은 마르다의 내면에 가득히 들어찬 모든 것 – 수고에 대한 열심, 효율성, 자부심, 결단력 – 을 이해하셨다. 예수님은 그녀의 내면과 닿아 계셨다. 그분의 답변은 하나의 초대였다. … 이제 오너라. 그런 것들은 내버려두고 네 동생 마리아와 함께 잠시 앉아서 나의 임재를 즐거워해라. 일은 다 잘 될 것이다. 오너라.

이 구절에 대하여 대부분의 성서학자들이 동의하는 것은, 예수님께서 마르다의 일이 중요하지 않다고 말씀하시는 것도 아니며 마르다가 음식 준비에 애쓰는 것을 나무라시는 것도 아니라는 것이다. 그보다는, 예수님께서 마리아가 당신의 발치에 앉아 그분과 친교하기로 선택한 것을 칭찬하셨다. 상황은 좋고 나쁜 것 중에 하나를 고르는 것이 아니라 두 개의 좋은 일 중, 혹은 좋은 일과 더욱 좋은 일 사이에서 더 나은 것을 선택하는 까다로운 것이었다. 우선순위를 정하는 훈련에서 마리아의 선택이 올바른 순서임을 가르치는 것이었다.

그때에 예수께서 하신 오직 한 가지 말씀은, "필수적인, 중심 되는, 없어서는 안 될 것"에 관한 것이었다. 그리고 그분은 마리아가 "더 나은 것, 메인 코스, 주요한 부분"을 선택했다고 하셨다.

예수님은 그들이 이제 막 들게 될 식탁 위의 여러 음식들을 빗대어 영적 양분에 대한 가르침을 주시고자 은유적 말씀을 하셨다. 마르다와 마리아는 둘 다 모두 각기 다른 모습으로 주를 섬기고 존대함으로써 자신들

> 인생이라는 식탁 위의 맛있는 "음식들" 중 나머지 모든 음식보다 더 좋은 것을 취해야 한다.

의 영적 양분을 섭취하였다. 하지만 마리아는 가장 영양가 있는 부분, 더 나은 음식을 택하였다. 예수님은 확실히 마리아의 편을 들었는데, 그것은 그분이 그녀를 더 좋아해서도 아니며 가치 있는 활동을 나무라시려는 것도 아니었고, 다만 마르다의 분주함이 불필요할 지경에 다다랐고 결국 그것이 지나쳐서 원망하기에 이르렀기 때문이었다.

이야기의 전말을 아는 우리는 이 구절을 읽을 때에 마르다가 판단에 실수를 했던 것을 쉽게 알 수 있다. 위대하신 선생님, 생명의 주인 되시는 구주께서는 그녀의 거실에서 올바른 말씀을 하셨고 그녀의 관심은 콩과 옥수수 빵에 온통 쏠려 있었던 것이다. 그녀는 예수님을 섬기는데 너무 바빠서 그분과 함께 할 시간이 조금도 없었다. 그녀는 일생일대의 기회를 놓쳐버리고 만 것이었다.

하지만 예수님은 배우려고 귀 기울이는 자에게 인생이라는 학교에서 가르치실 수 있는 기회를 절대로 놓치지 않으신다. 지상에서의 지저스 미니스트리(예수님의 공생활)의 사진앨범에서 이 한 장의 사진은 우리에게 다음의 강한 메시지를 보여준다. 인생이라는 식탁 위의 맛있는 "음식들" 중, 나머지 모든 음식 보다 더 좋은 것을 취해야 한다.

독자께서 다음에 뒤따르는 페이지들을 읽을 때, 이 장면에서 세 명이 맡은 역할의 이미지를 염두에 두고 읽어 나아가시길 당부한다. 예수님 발치에 온 맘을 기울여 앉아 있는 마리아, 짜증을 내며 부엌에서 일 하고 있는 마르다, 그리고 예수님의 부드러운 응답. 나는 이 이미지를 사용하여 오늘날 어딘가에 있을, 그러나 순전히 가상의 교회들을 묘사하려고 한다. 이 교회들은 실제로 있는 교회들의 한 면 한 면들을 떼어내어 다시 모아 붙여서 만든 것으로 대부분 내가 직접 경험한 것들의 합성본이다. 당신의 교회와 닮았다고 느껴진다면 그것은 아마 우연히 그렇게 되었을 것이다.

마르다 교회

　마르다 교회는 바쁜 곳이다! 모든 일은 스케줄에 맞추어 돌아가고, 물론 한 시간짜리 일요일 아침 예배도 마찬가지다. 20분 동안 찬양, 5분 광고, 30분 설교, 그리고 5분간 헌금과 마침기도로 짜여 있다.

　젊은 사람들과 가족들을 모으려고 지어진 다목적실 빌딩 등의 대부분의 시설은 매일매일 여러 가지 집회, 강좌, 친교 그리고 활동을 위하여 쓰이고 있다. 이민자 영어교실과 수화교실은 월요일마다 모인다. 화요일과 토요일에는 체육관에서 농구팀과 배구팀들이 뛴다. 수요일 아침에는 여성 성경공부반 모임이 있고, 저녁에는 전교인을 상대로 하는 문화강좌가 열린다. 스카우트 연맹 모임은 친교실에서 목요일에 만나고 금요일에는 여러 종류의 중독회복 모임이 교실들을 사용한다. 그 이외에도 여러 종류의 동아리 모임부터 특별 세미나에 이르기까지 각종모임이 하루도 빠짐없이 열리곤 한다. 목회자와 직원들은 빌딩을 사용하는 사람들 중 많은 이들이 그들의 교회식구가 되어주길 기대한다. 마르다 교회의 목회자가 때때로 자신이 영적 목자라기보다 기획실장처럼 느껴지는 것도 무리가 아니다.

　마르다 교회는 바쁜 곳일 뿐만 아니라 여러 만남의 기회가 있는 기분 좋은 곳이기도 하다. 친교는 매우 중요한 몫을 차지하며 다양한 모습과 규모로 가능하다. 누구라도 소속감을 가질 수 있다. 독신자, 노인, 영커플(young couples), 빈둥지(empty nesters) 장년들, 과부, 이혼자 등등. 중독에서 회복중이거나, 낙태의 경험이 있거나, 사랑하는 사람을 잃었거나, 실직되었거나, 학대받은 적이 있는 사람들은 위로받고 교류할 수 있는 비슷한 경험을 가진 사람들의 모임에 참가할 수 있다. 구멍마다 걸이 못이 박혀 있고 걸이 못마다 끼워 넣을 구멍이 있다. 결국 마르다가 뭇 책임을 다 떠맡고 있으니까.

이런 수많은 일들이 돌아가고 있는 중에 가장 중요시 되는 칭찬거리는 섬김이다. 누군가 교회에서 그리고 교회를 위하여 행하면 그는 더욱 존귀한 사람이 된다. 벽마다 상패로 촘촘히 장식되어 있고 대부분의 기물들은 많은 시간을 헌신하고 헌납한 "마르다"에게 바쳐져 있다. 로비에서 눈에 제일 잘 띄는 곳에 걸어 놓은 빼어난 문장으로 명시된 헌장이 교회를 이끌고 있다.

마르다 교회의 프로그램들은 어쩌다가 우연히 생긴 것이 아니다. 지역사회에 대한 인구별 시장분포 조사와 연구의 산물이다. 기획팀이 특정그룹의 필요나 욕구를 파악하여 그들에게 매력적인 활동거리들을 계획하는 것이다. 설교내용도 그런 그룹들이 피상적으로 필요로 할 만한 것들에 맞춘다. 마르다 교회에서는 "성공적인 가정의 일곱 가지 습관", "성공적인 사업의 영적 원리", 혹은 "위대한 성경 인물 시리즈…오늘날의 과제"

등 세련되며 실제적인 메시지를 가지고 현 세대의 기호에 타당한 것을 주제로 잡는다.

마르다 교회에서는 사람이 중심에 있고, 환대를 받고, 사람이 편안하고, 친교를 나누는 일에 총력을 기울인다. 그것은 티 없이 깔끔한 건물 주변 환경미화와 건물 앞쪽의 방문자 주차석 완비에서도 나타난다. 예배는 신속히 진행되고 매우 오락적인데 대형 스크린 영상과 음향 시스템을 갖추고, 하이테크 비디오 쇼, 드라마, 인기 연예인의 모습 등의 상영이나, 혹은 브로드웨이 수준급의 품격 있는 뮤지컬 공연에 의지하여 사람들의 흥미를 확실히 끌어 그들이 다시 오고 싶어지게 한다. 신자의 수적 성장이 교회의 건강이나 성공의 첫 번째 잣대가 되며, 지도자들은 어떻게 하면 새로운 방문자에게 끊임없이 좋은 감동을 주면서 동시에 현 교인들의 헌신도 유지할 수 있는지 그런 완벽한 혼합성분을 가진 프로그램을 개발하는 연구를 하느라 고심한다.

마르다에게 이미지는 매우 중요하므로 청소년과 어린이 시설을 갖추는데 있어서 예술의 경지에 이르도록 최신식이고 트렌디한 것 – 카페, 게임 방, 컴퓨터, 휴게 장소 그리고 모두들 가장 애용하는 커피숍(엑스트라 뜨거운 라떼에 무가당 바닐라 향으로요!) 등이 구비되어 있다. 어린이와 청소년 사역은 높은 우선순위로 꼽히는데, "우리가 아이들을 데려올 수 있으면 그 부모들이 따라올 것"이라는 목회자의 말씀 때문이다. 그는 십일조를 올릴 수 있다면 언제나 지출을 더 늘릴 마음의 준비가 되어 있는데, 그것은 이미 지어 놓은 건물에 갚아야 할 빚도 있고 어느새 증축에 대한 압박감이 심화되고 있기 때문이다. 친교를 최고로 중요한 관건으로 취급하므로, 일요일 아침에 반복되는 느긋한 분위기에서 사람들은 넉넉한 시간과 공간을 즐기며 방문할 수 있다. 문마다 안내위원이, 그리고 갓 뽑은 커피와 갓 구운 도넛이 또한 대기해 있다. 활기찬 분위기와 역동적인 예배의 이미지를 위하여 목회자와 직원들은 방문자의 기분을 건드리거나 상하게 할 수 있는 것은 절대 보이지 않도록 멀찍감치 조처해 놓는다. 찬양과 예배 시간은 매우 이지적이고 수치화 되어 있다. 목회자는 질서에 흐트러짐이 없도록 관제하고 두 눈은 시계를 주시한다. 좌석에 앉은 사람들은 참가자라기보다는 참관자들이고 예배자라기 보다는 소비자들이다.

마르다 교회에서는 새신자 관리가 시계바늘처럼 돌아간다. 새신자 편지는 월요일 오후에 나가고 특별히 선별되거나 영향력 있다고 전망되는 사람에게는 전화심방이나 심방이 따른다. 설교 주제는 적어도 석 달 전에 이미 정해져서 대량 광고 우편 엽서가 매 분기마다 배달되도록 한다. 한 지역에는 매우 많은 교회가 있으므로 리더들은 최고급 마케팅 전략을 위해 비중 있는 교회의 예산을 기꺼이 봉납할 마음의 준비가 되어 있다. 그들은 자신들이 마련한 것들에 대하여 제대로 홍보되지 않으면 자기들이 차지했어야 하는 새신자 "파이(pie; 몫)"를 다른 누군가가 갖게 될 거라고 근심한다.

마르다 교회는 그 여인처럼, 예수님을 사랑하고 그분을 기쁘시게 하려고 열심히 수고한다. 담임목사의 사진 바로 옆에는 화가의 관점에서 아름답게 그려진 어린이들에게 둘러싸인 예수님 초상화가 교회 현관 복도 중앙에 걸려 있다. 목사님은 방금 부활에 관한 역사적 증거 시리즈를 주제로 하는 설교를 마치셨고 교육부는 주일학교 반에 예수님의 생애와 기적을 가르치는 교과내용을 준비하였다. 매년 부활절에는 부활축제를 열고, 성탄절에는 공들인 등불장식과 함께 마구간 공연을 펼치며, 이 모든 행사에 매우 많은 숫자의 지역주민들, 다른 교회에 출석하는 교인이거나 심지어는 본교회가 없는 사람들도 참석한다는 사실을 꽤나 흐뭇하게 여기고 있다.

마르다 교회의 예수님은 구원자이며, 위로자이고, 공급자이며, 치유하는 분이시다. 그는 그 안에서 당신에게 천국 약속을 주시는 분이며 당신의 삶이 도저히 감당할 수 없는 지경일 때에 도움을 주시는 분이다. 신실하시고 사랑해주시는 그분은 당

> 그들은 자신들이 마련한 것들에 대하여 제대로 홍보하지 않으면 자기들이 차지했어야 하는 새신자 "파이"를 다른 누군가가 갖게 될 거라고 근심한다.

신이 약해서 넘어지면 언제라도 일으켜 주려고 기다리는 분이시다. 그분은 용서와 자비가 풍성한 분이시다. 사람들은 자신들의 삶속에 그분이 복을 내리시길 갈구하고 그분께 거룩과 헌신으로써 자신들의 사랑을 표현한다. 그들은 그리스도의 진정한 제자로서 예수를 대신하여 나타내기를 노력하여 그분의 삶을 연구하고 가르침을 실천하고자 분투한다. 청소년들은 트렌디한 "예수" 티셔츠를 팔고 학교나 지역사회에서 자신들의 믿음을 선포하는데 담대하다.

그런 교회들은 자기들이 지역사회에서 성경과 구세주 안에서 영적이고 보다 나은 삶을 가르치는 존재들로 알려지기 원한다. 그들의 가르침은 지나친 것 없이 건전하다. 제자훈련 프로그램, 여러 개의 심화과정 성경공부반, 기독 변증론 코스와 선교 훈련 학교들이 있다. 교인들은 기독교적 유산을 다음 세대에 전수시키고, 경건한 삶을 살고자 하는 순수한 열망을 가진 가정들과 사람들로 되어 있다. 교회의 많은 부모들이 교회에 나가는 실제 이유 중 가장 큰 것을 자녀들로 꼽는다. 그들은 세상이 어떤지 알고 있으며, 교회안의 환경이 자녀들을 세상의 악한 영향력으로부터 방패 역할을 하는 안전한 피난처이고 아무튼 아이들을 올바른 방향으로 인도해 줄 것이라는 희망을 품고 있다.

마르다 교회는 기도하려는 마음을 가지고 있기는 한데 웬일인지 기도에 대한 노력을 장기적으로 유지하는데 어려움을 겪는다.

기도 체인이 있기는 하고 생긴 지 여러 해가 되었다. 누구든지 기도가 필요한 사람은, 과부로서 2년간 그 그룹에 책임자로 있어온 마르다에게 전화를 걸어 기도 연락망에 기도를 부탁할 수 있다. 그녀는 모든 기도제목들을 가지고 중보해줄 기도의 용사들을 확보하는데 때로 어려움을 겪기도 하지만, 기도의 중요성을 알기는 한다. 사람들은 시간이 흐르면 기도에 흥미를 잃곤 하는데, 그 숫자의 감소율은 꽤나 낙심스럽다. 그녀는 기도에 그토록 열성을 가지고 시작했던 사람들이 왜 계속해서 헌신하지 않게 되는지 도대체 이해할 수가 없다. 근자에는 교회 내에 투병 생활하는 교인의 숫자가 감당하기에 너무 많아져서 목사님과 상의하여 새얼굴들을 모집할 방안에 대하여 상의하려고 맘먹고 있다.

가끔, 목사님이 철야기도를 소집할 때가 있는데 그것은 큰 재정적 필요가 있거나 급박한 일이 닥쳤기 때문이다. 예를 들어, 작년에 중대한 시기에 건축재정이 모자랐는데 작정한 금액이 제때에 들어오지 않았기 때문이었다. 증축을 맡은 건축회사측은 짓다만 건물에서 손을 떼겠다고 위협했다. 그래서 전교인이 토요 철야기도에 들어갔다. 신축공사가 계속 올라가려면 많은 돈이 필요했다. 당연히 그 다음 주에 어느 교인이 당장 막아야 할 급한 금액을 헌납하였고 건축은 예정대로 진행될 수 있었다. 그들은 인생에 어려움이 닥칠 때 기도는 해결을 가져오고 하나님은 그들이 열렬히 기도하면 응답해주신다고 확고히 믿는다.

마르다 교회는 또한 여러 자선 사역을 통하여 지역사회에 영향을 주는 것이 중요하다고 주장하는데 복음전도단원들이 이 일을 맡고 있다. 그들은 무료급식 사역과 청소년 선도를 위한 멘토링을 지원한다. 또한 걸스카우트와 보이스카우트, 거동이 불편한 독거노인을 위한 급식 프로그램을 후원 한다. 그들은 섬기고자 하는 열정으로 가득하고 노숙자들과 빈곤자들을 돌보는 일에 자부심을 가지고 있다.

하지만 정작 전도단이 매년 가지는 큰 행사는 한 달 동안 벌이는 "전도 폭발" 캠페인이고, 그 주간에는 전교인이 불신자 친구들을 교회로 인도하도록 이끈다. 이런 멤버 모집(membership drive)기간 동안에 새로이 등록되는 숫자는 연간 새신자 증가의 25%에서 30%에 이른다. 이렇게 교회가 지역사회에서 활발하고 가시적이기에 프로그램이 주는 기회나 활동량에 이끌려 매달 새로 등록하는 가정의 숫자가 늘어간다. 매년 등록되는 새신자의 95%가 교회로부터 그저 단순히 "더 나은 것을 찾다가" 나오게 되었다고 답한다.

마르다 목회자

마르다 교회 목회자는 43세이고 아내와 세 자녀를 두고 있다. 그는 늘 바쁘다. 교인들이 쉽게 연락할 수 있다고 느끼도록 그의 핸드폰 번호는 주보에 적혀 있다. 누군가 급한 일을 당할 때면 언제나, 한밤중에라도 통화할 수 있다고 알려준다. 마르다의 어머니가 병원에 실려가 그 가족들이 목사님의 위로를 원하면 그분은 잔디밭을 깎다가 말고서 혹은 온 가족이 바비큐를 즐기는 도중에 그곳으로 간다. 그는 전문상담을 무료로 해준다.

그는 음식을 배달하기도 하고, 수요일 밤에는 길거리 불량 청소년을 청소년 프로그램에 데려가는 운전기사 노릇도 하고, 한 달에 한 번씩 시에서 멀리 떨어진 공동묘지에 마르다가 남편의 무덤에 꽃을 놓을 수 있도록 데려다 준다.(그들 부부는 그 교회에 25년간 출석했었고 이사직을 10년간 맡았었다). 분쟁이 생기면 줄무늬 셔츠(역자주: 심판이 입는 옷)로 갈아입고 중재에 나선다. 그는 어떻게 자신의 입장을 보호하면서 다른 사람들의 의견이나 생각들을 인내하며 들어주는지도 터득하였다.

마르다 목회자는 간단한 하수도 일도 해낼 수 있다. 신학생 시절에 그걸로 아르바이트를 했었다. 방문하는 동안에 그 가정의 복잡하게 꼬인 중보기도 제목들(가십)을 열심히 들어주고, 수공예품 조각이불이나 웨딩 사진, 혹은 본차이나로 된 조류 수집품을 열광적으로 찬탄해 마지않는다. 그는 딱히 먹고 싶지 않더라도 커피와 파이 대접을 거절하지 않는다. 왜냐하면 그것은 그 가정이 자랑스레 여기는 특별 레시피로 만들었으니까.

그리고 매년 열리는 제과 제빵 판매에서 들어오는 재정을 고려해 볼 때 투자가치가 있다고 생각한다.

그는 일주일에 한 번 직원들과 점심을 나누며 그들의 삶이 어떤지 살필 기회로 삼고 그들의 사역을 격려한다. 그는 그들의 기도제목에 귀 기울이고 개인기도 시간에 각 사람을 위하여 성실히 기도한다. 자신의 지원을 알리려고 주중에 교회에서 열리고 있는 사역담당 위원회 모임이나 각종 활동 장소에 불쑥 들르곤 하는데 그는 사람들이 그것을 좋아하는 것을 알고 있기 때문이다. 심지어 그는 매년 열리는 가을 축제 때 덩킹 부스(역자주: 과녁에 공을 맞추면 큰 물통 위에 걸친 의자가 뒤집혀 앉았던 사람이 물속으로 빠지는 게임)에 앉는다. 그는 큰 히트를 날린다.

마르다 목회자는 조찬기도회나 남성 모임, 혹은 전화호출을 당하지 않을 때면 아침에 개인 기도시간과 공부시간을 갖고 싶어 한다. 그는 부지런하고 싶고 교인들에게 매주일 새로운 말씀을 들려주고 싶지만, 준비할 만한 적절한 틈을 마련하기 쉽지 않고 자주 방해를 받곤 한다. 그가 하는 일 중에서 설교는 가장 중요한 일이고 사례비를 받는 이유라고 생각한다. 또한 그것이 담임 목사로서의 부임기간을 결정하는데 가장 중요한 평가기준이라고 알고 있다. 오랫동안 이어져온 위대한 성담곡(오라토리오)의 횃불을 강대상 위에서 높이 치켜들고 사람들이 기대하는 대로 잘 해내야 한다는 압박감에 눌린다. 정 급할 때는 위대한 하나님의 사람들이 쓴 훌륭한 설교를 찾아 인터넷을 열기도 한다. 출처가 어디인지 상관하는 이가 아무도 없을 거라고 여기며, 솔직히 말하면 꽤나 괜찮게 넘어가는 편이다.

그가 주중에 사무실 자리를 지키지 못하면 죄책감을 가지지만, 그곳에 있을 때면 끊임없이 울려대는 전화나 목사님을 만나려는 방문객으로 인해 조용한 틈이 나는 때가 별로 없다. 그런 속도는 그를 피곤하게 하고 영적으로 새치기 당한 느낌을 갖게 한다. 그의 잔은 바닥이 드러나고 있다. 어떻게 하면 속도를 늦출 수 있을지 알아내고 싶기도 하지만, 휴식을 요청할 엄두는 내지도 못한다. 도대체 누가 모든 접시를 돌아가도록 할 수 있겠는가? 좀 뒤로 물러나 있으려 하면 사람들은 질문을 해대기 시작한다. 그는 '빠질 수 없는 자'의 짐을 지고 있으며, 동시에 그런 역할을 맡고자 최대한의 노력을 들이고 있다.

그런 스케줄의 여파는 그의 가정에도 몰아친다. 아이들은 교회에서 무척이나 따뜻하고 친절한 분이 어째서 집에서는 매사에 쉽게 언짢아하는지 의아해한다. 아내는 그에게 든든한 버팀목이고, 일반적이고 당연한 가정사에 교회 일이 너무나 시

> 그는 '빠질 수 없는' 자의 짐을 지고 있으며, 동시에 그런 역할을 맡고자 최대한의 노력을 들이고 있다.

도 때도 없이 끼어드는 통에 그녀는 남몰래 노여워하고 있다. 하지만 그녀는 보여지는 모습이 중요하다는 것을 알기에 일요일에는 예배당 맨 앞줄에 앉고 주일학교 교사도 맡으며, 주중에는 여성 성경공부반에도 참석한다. 그녀는 달라진 삶을 꿈꾸기도 하지만 다음 목회지도 마찬가지라는 생각과 함께 그동안 보장된 봉급이나 은퇴연금을 생각하며 마음을 가라앉히고 미래에 대한 안정감을 유지한다.

마르다 목사가 "대령"하고 있지 않아도 될 때면 최신 테크놀로지와 교회트렌드 정보를 습득하는데 열심을 기울인다. 그의 서재는 교회성장론, 연구, 그리고 이미 성공한 교회에 대한 프로필 정리로 가득 차 있다. 틈이 나면 주말 세미나에 참석하지만 반드시 일요일 아침에는 강대상으로 돌아온다. 너무나 많은 교인들이 방문 목사의 설교는 들으려 하지 않으며 헌금 액수에도 큰 차질이 난다.

그는 이미지 보유자이며, 지역사회의 공석 상에 기회가 될 때마다 모습을 나타낸다. 목회자들의 모임은 물론 그밖에도 네트워크를 위하여 매월 두 개의 다른 비즈니스 그룹들과 만난다. 하나는 기독실업인연맹이고 다른 하나는 시장, 시의원들, 몇몇 의사들과 변호사들, 그 지역대학의 대학교수, 그리고 두 개의 지역 TV방송국의 유명인을 포함한 지역사회 저명인사들로 구성된 두뇌집단(think tank)이다.

그는 이 두 그룹으로부터 많은 것을 배웠다. 사실 그는 자신을 일종의 최고 경영자(CEO)라 여기며 교회를 이끌어 갈 때 비즈니스 세계에서 배운 것을 적용한다. 참으로 많은 면에서 같은 원리들이 작용하고 있다. 수요와 공급의 원리, 소비자는 왕이다, 타깃 마케팅과 이미지 매니지먼트 원리 등 그는 사람과 시간 그리고 자원을 경영하는데 있어서 여느 대기업의 중역만큼이나 탁월하다.

마르다 목사가 두 눈을 예수님께로 향하고 확신과 구원을 전파할 열정을 가지고 사역을 시작하였을 지라도 여러 해 동안 교회 리더로 일하다보면 점점 더 자신의 경험과 지식에 바탕을 두게 된다. 그가 개인기도와 예배에 쓰던 에너지는 이제 성공적인 교회를 세우기 위한 열쇠를 가르쳐주는 서적, 비디오 세트, 다른 훈련 자료를 익히는데 소비하게 된다. 혁신적이고 담대하던 그는 이제 모험을 시도하거나 변화를 주도할 엄두를 내지 못하는데, 이는 그것이 뒤따르는 희생 대가만 못하곤 하였기 때문이었다. 그에게는 증거가 될 만한 상처가 여러 개 있다.

그가 마지막으로 창의적인 아이디어를 가지고 제출한 계획안은 소외받는 자들을 위한 대안 토요일 밤 예배(alternative Saturday night service)였는데 여러 위원회의 심의라는 도마에 올라 형체도 알지 못할 부스러기만 남게 되었고 강한 반대파의 협박편지에 시달리기까지 하였다. 그는 내야 할 가격표(price tag)가 너무 셌다고 마음을 정한 후 없던 일로 하기로 했다.

가끔씩 그는 자신이 왜 이렇게 피곤한지 의아해하며 다른 교회에서 들려오는 커다란 부흥과 대각성에 대하여도 의구심을 갖는다. 그러나 진실은 그가 사람들이 무엇을 원하는지 알아내는 데 그리고 그것을 채우는 자신의 능력에 자신감이 있다는 것이다. 자금은 잘 돌고 스텝들은 평균보다 낫고, 교인들은 활발히 움직이고 행복하며, 새가족은 끊이지 않고 늘고 있으며, 그는 그의 교회가 지역사회에서 무언가 좋은 것을 행한다고 느낀다. 그는 맘속으로 논박한다. 이렇게 일이 잘 돌아가고 있는데, 왜 성공스러운 걸 땜질 수선하려 한단 말인가?

이것이 마르다 교회의 모습이고 매우 흔히 볼 수 있는 것이다. 야망에 가득 찬 기업가적인 목회자가 이끄는 성실하고 헌신된 기독교인들이 자원과 재능을 합쳐 상호간에 그리고 지역공동체를 위하여 섬기는 모습. 그것은 나쁜 일이 아니다. 하지만 다음 장에서 이 그림을 좀 더 심층 있게 다루어 그 안에서 역동하고 있는 것들을 들여다보자.

토론 질문

1. 누가복음 10:41-42에서 예수님은 마르다의 행동을 나무라시고 계십니까? 당신은 예수님이 마르다 식으로 섬기는 것을 고마워하셨다고 생각합니까?

2. 성경은 우리에게 마르다가 부엌을 떠나 마리아 옆에 앉았는지 아니면 계속 부엌일을 하였는지 알려주지 않습니다. 당신은 그녀가 어떻게 했을 것이라고 생각합니까?

3. 당신이 "부엌에 처박힌" 느낌이 들었던 적을 얘기해 보십시오. 당신의 태도와 마르다의 태도를 비교해 보십시오.

4. 어떤 것이 마르다 교회의 자존심을 건드립니까? 이런 것들은 무엇이 성공이라고 말해줍니까?

5. 왜 이 교회는 기도모임을 유지하는데 어려움을 겪습니까? 여러 가지 생각을 열거해 보십시오.

6. 마르다 교회를 목회하는데 가장 어려운 일은 무엇이겠습니까? 신도들은 어떻게 도울 수 있겠습니까?

제 2 장

소비자 중심 교회

내가 소비자 중심 교회라고 부르는 마르다 교회는 무엇보다도 시장의 필요가 최우선이 되어 이끌리고 빚어지는 교회이다. 교회 구석구석이 "소비자"가 자기의 행복을 위해 받아들이겠다고 말하는 데 따라 당겨지고 떠밀린다. 교회는 세상의 소비자 중심주의 체제와 그로부터 파생되는 모든 신조를 도입하였다. 그들이 민수기 시대에 살고 있다고 말해도 될 만하다.

샐리 몰겐탈러(Sally Morgenthaler)의 저서 「예배 전도(Worship Evangelism)」에서 엘머 타운스(Elmer Towns)는 소비자 중심 교회 현상을 다음과 같이 설명한다.

> 미국의 개신교도들은 하나님이든 우리자신에 관한 것이든 간에 자기들 마음에 들고, 자신에게 즐겁고, 자신에게 만족감을 주거나 기분 좋게 하는 것 위주로 교회를 고른다. 만일 우리가 교회에서 예배하는 사람들을 소비자로 인정한다면 교회의 프로그램들은 메뉴로, 예배의 종류는 레스토랑의 정찬(main

entree)에 해당하는 것이라고 인식하는 것이 된다. 소비자들은 입맛에 맞는 메뉴가 있는 데로 몰리고 미국인들이 교회에서 찾는 메뉴는 교리에 따른 선택이 아니라 다양한 예배의 스타일에 따른 선택으로 되어 있다. 미국인들은 예배 스타일이 자신들의 성향과 기질에 편안하게 느껴지는 곳으로 간다.1)

샐리는 또 말하기를:
그 결과 어디든지 커뮤니티 교회(Anywhere Community Church)는 그 사회의 자기중심적 취향에 확실히 먹혀들어갈 예배 스타일을 연마하며 초스피드로 돌아간다. 포장된 예배 패키지(영상, 음향, 매체전달)가 가장 중요한 일이 되며 예배의 본질(예수님이 말씀하신 "영과 진리"(요 4:24))은 희미한 기억일 뿐이다.2)

소비자 중심주의는 산업혁명으로 인해 자급자족의 시대가 종식된 이후로부터 우리의 문화를 지배해 왔다. 베틀 대신 백화점이 들어앉았고 식료품점이 가족 농장을 대신했다. 독립성은 나스닥(Nasdaq)에 팔렸고, 우리가 필요한 것과 원하는 것을 생산하고 파는 일은 완전히 제조업자들에게만 매달리게 되었다. 어느새, 누구든지 5원(nickel)이라도 쓸 돈이 있는 사람은 잠정적 소비자가 되었고 시장 점유권을 놓고 소매상인들간의 경쟁이 시작되었다. 변덕스럽고, 요구를 내세우는 개개인의 소비자가 최고였다.

소비자가 주도하는 장터는 기발한 창의력, 연예, 위치, 이미지 등의 요소를 먹고 자라난다. "소비자를 행복하게 하라. 매우 행복하게. 그들이 원하는 것을 주라. 그들은 더 원하게 될 것이다. 무슨 짓을 해서라도 이윤을 남겨라" 등이 좌우명이다.

소비자 중심주의는 경제적 균형이 중요하다. 그것은 수요와 공급의 공식에서 중대한 역할을 맡아 물품의 이용가능성과 가격 그리고 서비스를 조화로운 비율로 맞춰준다. 그러나 그것은 또한 가장 강력한 "공급자"만이 생존할 수 있는 분위기를 만들어낸다. 우리가 내는 돈에 가장 많은 값어치를 부여할 수 있는 소매상만이 비즈니스에서 살아남는다. 모든 최고경영자(CEO)들은 조금만 세태에 뒤늦어도 자기가 망한다는 것을 알고 있다. 케이마트(Kmart)나 몽고메리 워드(백화점)에 물어보라(역자주: 지금은 없어진 한때 유명 상점들). 혹 아직도 시내에 남아 버티고 있는 가게를 찾을 수 있다면 물어보라. 그건 이미 월마트가 끝낸 전쟁이다. 소비자 중심주의는 더 싸게, 더 빨리, 더 상냥할 수 없었던 그들을 둔 채 떠났다는 걸 나중에야 알아차리게 한다.

소비자 중심주의가 장터에 그 본연의 위치가 있다면, 그것이 교회 세계에 물들도록(bleed) 내버려 두었을 때 어째서 맹독의 바이러스가 될 수 있는지 이해하기란 별로 어렵지 않다. 교회가 소비자 중심주의 모델을 받아들이게 되면 그곳은 예수님의 신부보다는 사교클럽이나 상업중심지의 사업처럼 된다.

그들은 똑같은 질문을 한다. 사람들은 무엇을 원하는가? 그들은 외로운가? 자녀들이 있는가? 그들이 두려워하고 근심하는 것은 무엇인가? 그들은 의미 있는 삶을 누리지 못하고 있는가? 그들은 영성이나 실용주의 중 무엇에 더 관심이 있는가? 죄를 역기능이라고 고쳐서 말해야 할까? 그들이 좋아하는 음악은 어떤 것인가? 모든 것이 연구와 통계를 중심으로 해서 사람과 인간사에 대한 일이 되고 만다. 그들은 "교회 산업"에 나타나는 인간의 행동에 대한 조심스런 평가에 바탕을 둔 종교적인 일을 한다.

문화적인 타당성(Cultural Relevance)

소비자 중심 교회에서 시끄럽게 거론되는 명제는 "문화적인 타당성"이다. 건물을 사람으로 채우려고 마케팅 하는 교회들은 모두 최신 트렌드를 좇으며 무엇이 각 세대에 매력적이며 그것들을 어떻게 적절히 혼합시킬 것인가에 많은 힘을 쏟는다. "문화적인 타당성"을 좇는 정신상태를 단적으로 보여주는 매우 존경받고 있는 교회 상담팀이 제안한 것이 있는데, 그것은 오늘날 예배가 얼마나 사람들에게 효율적인지 평가하고 싶으면 예배를 비디오테이프에 녹화한 후 바로 옆에 MTV에 채널을 맞추어 나란히 틀어놓으라는 것이다. 예배가 채널의 것과 비슷할수록 사람들에게 복음을 쉽게 전달할 것이고, 특히 40대 이전의 사람들이면 그렇다는 것이다. 그들은 또한 예배 중 언제라도 5초 이상 지속되는 침묵 시간은 모조리 없애버리라고 권한다![3]

처음 그 구절을 읽었을 때 나는 정신을 잃을 뻔 했다. 문제는 많은 세대를 총망라하는 멜팅 팟(역자주: 여러 가지가 녹아 있는 냄비) 사회에서 문화적으로 타당하기란 복잡한 과업이라는 것이다. 조지 바나(George Barna)는 미국의 다섯 개 연령별 혹은 세대별 그룹으로 노인층(Seniors, 1927년 이전 태생), 건축층(Builders, 1927-1945년생), 부머층(Boomers, 1946-1964년생), 버스터층(Busters, 1965-1983년생), 그리고 모자이크층(Mosaics, 1984 이후 태생)[4]이 있다고 말한다. 각 층은 서로 다른 우선순위, 서로 다른 세계관, 서로 달리 인식하는 영적 필요를 지니고 있다. 거기에다 미합중국을 만들어내는 폭넓게 다양한 민족적, 사회경제적 그룹들을 합쳐보면 대강 감이 잡히기 시작할 것이다. 각기 다른 그룹마다 교회 안에서 조금씩 다른 것들을 찾으려 할 것이고 그러므로 진정한 의미의 문화적 타당성은 완전히 상대적이며 교회가 도달하기에는 실제적으로는 불가능한 목표인 것이다!

이머징 미국교회(The Emerging American Church)에서 댄 스콧 목사님(Pastor Dan Sacott)은 타당성에 대하여 다음과 같이 못 박는다. 태생과 성장으로 치면 성령오순절파이면서 - 오랜 세월에도 변치 않는 교회법과 교리와 전통들로 된 – 기독교의 정통(catholicity)임을 옹호하는 전통주의자인 그는 어떻게 해서든 대중이 수락할 만한 교회 패키지를 꾸며 내고자 애쓰는 교회 리더들이 얼마나 측은토록 길을 잃은 모습인지, 그 모습을 적나라하게 그려내고 있다.

우리 미국인들이 드높이 경애하여 마지않는 영예로 끊임없이 모시는 타당성의 여신은 거의 날마다 그녀의 마음을 바꾼다. 그녀는 변덕스럽고 [심술궂은] 여신이다. 그녀를 떠받드는 자들에게 모습을 나타내지 않는데, 온 마음을 다하는 날에도 그녀를 찾을 수가 없다.

위대한 교파의 수많은 장로님들이 자기 교인들의 외침을 듣고 그녀를 떠받들려고 타당함의 성전(the temple of relevance)으로 몰려가곤 하였다. 이러한 교회 리더들은 자신들이 이방신을 믿는 자들이나 무신론자들이 보기에도 얼마나 어처구니없는 지경으로까지 갔는지 알지 못한다. 그들은 자기들이 그 여신에게 절할 때 재앙이 닥쳐오는 것이나 그녀가 비웃고 있는 것을 깨닫지 못한다.

이 개그는 잔인하다: 그 앞에 절하는 장로들은, 너무나 끔찍하게도, 부적절하다(irrelevant). 왜냐고? 사실, 그 장로들이 타당한 믿음으로 이끌어야 마땅한 바로 그 군중들, 즉 미국의 기독교 대중들은 장로들이 포기해 버린 선조들의 그 믿음을 찾고 있기 때문이다![5]

나는 댄 목사가 모래위에 그은 듯 또렷하게 그은 경계선을 얼마나 옹호할 수 있을 지 잘 모르겠다. 왜냐하면 나를 조금이라도 아는 사람들은 사역에 있어서 내가 얼마나 창의력을 주창하는 사람인지 알기 때문이다. 내가 개척하고 16년간 목양해온 교회는 "전통적"이기보다는 "현대적"인 것으로 묘사되어 왔다. 하지만 하나님이 새로운 일을 하시는 것과 세상 사회를 휩쓸고 지나가는 모든 트렌드와 유행을 따라가려는 것에는 매우 큰 차이가 있다. 문화적으로 "적절"하려는 것이 굳이 "유사"해야 할 필요는 없다. 조지 바나가 지혜롭게 결론 내린 것처럼, "우리가 환경에 적응하여 타당한 기독신앙을 세워 나아갈 때에 우리의 수고가 대중의 필요와 욕망을 맞춰주려는 것에 지나치지 않도록 조심스럽게 해야 한다."[6]

양떼 이동

소비자 중심 교회의 목표는 더 많은 사람들을 모으는데 있으므로 교회의 온 에너지를 새 신자가 될 사람들의 관심을 끄는 일과 현 교인들의 출석을 유지하는데 소비한다. 불행히도, 건물에 더 많은 사람을 채우는 것이 목적일 때 사람들이 어디로부터 오는 지 아무도 잠시 멈추고 생각하고자 하지 않는다. "전입이동 성장" – 다른 교회의 출석자들이 전입하고자 하는 것을 받아들이는 것 – 은 하나도 이상한 일이 아니며 그대로 묵과된다. 이런 일은 너무나 빈번히, 진정한 전도나 회심으로 인한 성장 – 이전에 본 교회 없이 헤매던 자가 예수님 품에 안기게 되어 늘어나는 숫자 – 을 대신하곤 한다.

나는 이런 추이를 "양떼 이동"이라고 부르는데 이는 미국의 몇몇 교회가 기하급수적인 성장을 하는 듯이 보이지만 기독교 전체는 실상 침체해 있는 이유를 설명해 주는 매우 참담한 일이다. 바나 연구소는 교회가 미국의 영적인 삶에 영향을 미치려고 지난 10년간 5000억불의 기금을 모았고 그것을 지출했지만, 지난 5년 동안 성인이 평균적으로 교회에 출석한 것은 40%에서 43% 사이에 오르내리는 정도로, 별반 큰 변화를 보이지 않았다고 발표했다.[7] 그와 같은 기간에 거듭난 그리스도인이라고 자처하는 성인의 숫자도 38%에서 41% 사이 정도에 머무르며 별다른 변화를 보이지 않았다.[8] 이는 다른 말로, 매우 적은 숫자의 교회만이 새로 회심한 교인을 배출하고 있다는 것이다. 우리는 무리를 재분배하는 일만 하고 있는 것이다.

윌리엄 채드윅(William Chadwick)은 그의 저서 「양 훔치기: 전입이동성장에 숨어 있는 문제(Stealing Sheep: The Church's Hidden Problem with Transfer Growth)」에서 그 시나리오를 다음처럼 설명한다.

오늘날에는 개인적인 유익 때문에 출석하다가 똑같은 이유로 떠나버리는 교회 쇼핑객과 종교적 소비자들로서 이루어진 군중들로 가득한 이동 교회가 있다.

그런 맥교회(McChurch)는 전통적인 본 교회와 그 일련의 모든 가치관을 대신한다. 패스트푸드 그리스도인은 종교적 드라이브 스루 윈도(drive-through window; 차에 앉은 채 주문하는 운전자 테이크아웃 창구)에서 그들이 원하는 맥그룹(McGroup)을 주문하여, 경험한 바를 소비하고 난 후 인생이라는 고속도로 상에서 햄버거 포장지 같은 상호관계들을 저버리고 뒤도 안 보고 떠나버린다. 영리한 목회자들은 교회 성장에 있어서 배회하는 무리들의 입맛을 사로잡으려면 교회가 그들의 햄버거를 어떻게 잘 마케팅 하여 중대한 성장으로 이어 나갈 지 재빨리 터득한다.[9]

양떼 이동에 대한 개념을 그리 깊이 생각해 보지 않아도 교회 간에 일어나는 소비자 중심주의가 어째서 회중들 간에 심각한 수준의 경쟁심을 야기하는지 누구나 이해할 수 있다. 한 도시 내에서 복음의 확장을 위하여 손잡아 협력해야 하는 교회들이 서로 더 많은 김씨네와 최신 유행에 민감한 이씨네를 차지하려는 마케팅 전쟁에 꼼짝없이 묶여 있는 것이다. 스토어프론트 교회(역자주 – storefront church; 지역사회에서 허브 역할을 함)나 대형교회들은 오래되었거나 작은 전통적 교회(mainline churches)들의 희생의 대가 위에 꽃을 피우며, 그런 교회들의 죽음까지도 조금도 개의치 않는다. 대부분 자기 울타리 안에 더욱 많은 양들을 몰아넣기에 너무나 바쁜 나머지 어떻게 하면 자기 도시를 예수께 드릴 수 있을 지 생각하는 사람의 수는 매우 적다.

내가 여러 번 방문했던 어느 지역에서는 두 대형 교회가 서로 승자(top dog)가 되려는 마케팅 전투에 얽혀 있었다. 격전지는 가정의 우편함이었다. 어느 부활절에 한쪽 교회가 부활절 계란보물찾기에 4만 개의 계란을 숨겨 놓을 것이라는 광고를 커다란 우편엽서로 내보냈다. 며칠 안 돼서 다른 교회가 자기 교회는 5만 개를 숨길 것이라는 반들반들한 광고지를 내보내며 그 주에서는 가장 큰 규모라는 것도 빼놓지 않고 자랑했다. 6개월 후에 – 정말이지 너무나 절묘한 우연이지만 – 두 교회 모두 수백만 달러 규모의 시설을 건축한다는 광고지를 내보냈다. 첫 번째 교회가 전직 디즈니사 그래픽 아티스트가 새 어린이회관의 페인트 장식을 맡았다고 자랑스럽게 발표

> 대부분
> 자기 울타리 안에
> 더욱 많은 양들을
> 몰아넣기에
> 너무나 바쁜 나머지,
> 어떻게 하면 자기 고장을
> 예수께 드릴 수 있을지
> 생각하는 사람의 수는
> 매우 적다.

하였다. 두 번째 교회는 어린이회관이 해저모험을 주제로 장식될 것이라고 반증을 펴 보였다.

슬픈 사실은, 이렇게 사탕으로 채운 플라스틱 계란이나 페인트로 장식한 벽이 먹혀들어간다는 것이다. 사실, 이 두 교회가 섬기는 고장의 가정들에게서 이런 것들이 너무 큰 효과를 거둔다. 복음은 세일 품목이고 교회가 창의적, 문화적으로 소비자 주문에 맞추면 큰 무리를 모을 수 있다. 그 교회들은 조사를 마쳤고, 고소득층, 8기통 대형차를 몰며 교외에 사는 가족들이 무엇을 원하는지 알고 있다. 이 계층의 소비자들은 교회도 포함하여 학교에서부터 공공 서비스까지 최고급을 누리고 싶어 한다. 그들은 거래가 가장 기분 좋게 느껴지는 곳으로 몰리는데, 무언가 자신들의 감정을 건드리거나 더 나은 거래처를 찾을 때까지만이다. 소비자 중심 교회에서 의리란 신기루일 뿐인데 그것은 소비자가 패를 쥐고 있기 때문이다.

어떤 양 훔치기는 공공연하며 의도적이기도 하지만 이렇게 일이 돌아가는 것의 대부분은 많은 교회의 리더들이 질문하기를 거부하거나 현재 체감되고 있는 자기 교회의 성장이 자칫 다치게 될까 싶어 간단히 외면해버리기로 선택하면서 일어난다. 그들은 다음과 같은 이유를 댄다. "우리는 남의 교인들을 끌어오려고 '애쓰는' 것이 아니야. 우리 교회에 있는 훌륭한 것들로 인해서 오고 있을 뿐이지. 그게 무슨 나쁜 일인가? 뿐만 아니라, 사람들은 선택할 권리가 있고, 우리가 할 수 있는 일은 실제로 아무것도 없어."

윌리엄 채드윅 자신도 목회자로서 전입성장에 소경된 눈을 돌렸던 것을 인정한다.

> 양 훔치기는 교인들에게 공급하고, 그들을 먹이고, 기쁘게 하고 싶은 나의 욕구에 큰 매력으로 다가왔다. 삶에 찌들고 생기 없는 새 멤버들이 우리의 예배를 경험하고 눈에 생기를 띄면, 내 고향 버몬트의 농장근처에서 집 잃은 강아지나 고양이를 만났을 때와 똑같은 감정이 내 안에 불러일으켜졌다. 먼저 그들을 먹이고, 그러고 나면 그들이 좋아지고, 곧 이름을 붙여주고 그 이후론 이제 내 것이라고 말하고 다닌다.[10]

불행히도 양떼 이동이 교회성장의 한 방법으로 수용되었고 교회 성장 상담가들은 영적필요가 충족되지 않으면 교회를 떠날 권리가 사람들에게 있다고 말하며 그런 것들을 방어해 왔다. 특히나 소비자 중심주의가 팽배한 사회에서는 이런 식의 사고방식에 맞서 논쟁하기는 매우 어렵지만, 그것은 신약성서적이지 않다. 채드윅은 그 이유를 다음과 같이 설명한다.

> 전입성장은, 말 그대로 하나님 나라의 양적인 확장을 만들어 내지 않는다. 사실 그 단어 자체가 모순되고 잘못돼도 한참 잘못된 착각을 일으키는 용어인 것이, 종국에 드러나는 것은 거

짓 소동뿐인 것이다. 새 회심자는 없고, 세례도 없고, 세상에 퍼져나가는 하나님을 앎도 없으며, 수고하여 거둬들이는 구원의 열매도 없는 것이다. 멤버십을 바꾼 것으로는 – 일반적으로 인기 있는 신념과는 달리 – 실제로 알 수 있는 하나님 왕국으로부터 오는 순전한 유익이 없다고 논박할 수 있다.[11]

양 훔치기로 인하여 치르는 대가는 막대하다. 교회 성장처럼 보이는 거짓된 인상은 진정한 전도에 해를 끼친다. 교회간의 경쟁은 고약하게 변하여 너무나 많은 사상자를 뒤에 남기고 분을 품게 하여, 상호협조를 향한 실낱같은 희망을 죽게 만든다. 그중에서도 제일 중대한 것은 불만을 품은 교인들이 교회를 옮겨 다니며 참소와 원망, 용서 못함의 바이러스들을 퍼뜨리는 일이다. 소비자 중심 교회가 자신들의 야망을 키우느라 예수님의 지상명령을 폐기할 때 그리스도의 몸 된 전체가 고통을 겪는 것이다.

허영으로 생기는 문제

소비자 중심 교회에서는 풍기는 인상이 매우 중요하므로, 별로 중요하지 않거나 쓸데없는 일에 시간과 에너지를 낭비한다. 예를 들어 목회자는 다른 데서는 신지 않고 강대상에서만 신는 특별한 "설교용 구두"를 사무실에 따로 구비해 놓는다. 매 예배 시간 전에 그는 새 구두로 갈아 신고 강대상에 올라 예배 중 의

자에 앉아 있는 동안 보일 구두창에 생채기가 났거나 닳아 보이지 않도록 한다. 혹은 이미지가 중요하기에 새 성전에 기다란 의자를 놓을 것인지 개인용 의자를 설치할 것인지를 놓고 마음이 상하도록 격렬한 분쟁을 벌이는데, 이는 그런 결정이 남에게 어떻게 보이느냐에 큰 영향을 미치기 때문이다. 때로는 신자 출석률에 따라 의자를 더 놓거나 치우기도 하여 본당이 늘 꽉 차 있게 보이도록 하는 것까지 신경을 쓴다. 이미지가 중요한 것이 될 때에 예배당 천정에 금박을 입히거나 영상 시스템과 중역 급의 봉급패키지 따위에 필요 이상의 돈이 지출된다. 문제는 이런 허세를 부리느라 교회는 부차적인 일에 전념하게 되고 정말로 중요한 일은 안중에도 없게 되는 것이다.

교회가 활동거리로 정신없이 북적대며 바삐 돌아가느라 너무나 명백한 일도 지나쳐 버리게 되는 일은 쉽게 일어난다. 바쁜-것(비즈니스, Busy-ness)은 영적 본질과 깊이가 결여된 것을 감쪽같이 숨긴다. 모두가 소속되어 있고 일들이 활발히 돌아가고 있으면, 우리 모두는 거기에 도착할 것이다. 하지만 거기란 어딘가?

마르다 교회에서 벌이는 모든 활동이 가치 있는 목적을 위한 것이고 도움이 될 만한 것인데도 사람들이 다른 사람들만을 만나게 할 뿐 살아계신 하나님을 만나게 하는 일에 실패한다면, 누군가 다음의 터프한 질문을 해야 할 필요가 있다. 그것들이 정말 하나님 나라 확장에 필요한 아젠다에 속하는가? 물론 그러느라고 당신이 예수님은 다른 방에 계신다는 사실을 완전히 무시하고 있는 경우를 제외하고는 다른 이들을 섬기는 것은 선한 일이고 열심히 수고하는 것도 잘못된 일이 분명 아닐진대 말이다.

샐리 몰겐탈러는 "구도자에 친절한 교회(Seeker friendly church)"가 마케팅 대상으로 삼는 부머들과 버스터들까지도 그런 교회들을 떠나는데, 그것은 그들이 본질상 영적인 것을 구하러 왔다가 비즈니스상 매일 겪는 것과 너무도 비슷한 것들 - 전문적인 프레젠테이션과 말쑥한 정장차림의 매니저들, 파워포인트 슬라이드쇼를 사용한 광고 - 을 만나기 때문이라고 말한다. 몰겐탈러의 말에 의하면, 사람들은 교회가 세상과 꼭 같은 모습이기를 원하지 않는다는 것이다. 사람들은 직장에서만도 충분히, 능력에 따른 성취감을 느끼고 있는 것이다. 그들이 교회에 올 때에는 좀 더 다른 것을 원한다. 사람들은 살아있는 하나님과의 인격적인 만남을 원한다.[12]

팀 마스코트-예수

마르다 교회에서 하나님을 선포할 때, 종종 그분은 사람들을 돕거나 자기들 생각에 필요한 것을 채워주는 역할을 맡은 분으로 여겨진다. 그는 인간의 형상을 따라 만들어졌고, 사람이 만든 신학적 박스 안에서만 존재하고 활동하는 분으로 한정된다. 예수님도 교회 공동체의 일부이긴 한데, 인간의 자원이 실패했을 때 도움이 된다는 운동과 근원지가 되는 창시자로서 어쩐지 좀 역사적인 분으로 취급된다. 사람들이 몇 주 간이고 일요일 아침마다 거듭하여 예배를 참석 해봐도 그분의 이름이 언급되는 것을 한 번도 듣지 못할 수도 있다. 데이비드 브라이언트가 말했듯이 예수님은 마스터가 아니라 진짜 선수들이 경기에서 뛰고 있을 때 가장자리 줄에서 응원하는 마스코트다. 그분은 주요 경기에 부수적인 무대배경 밖에 안 된다.

우리 딸이 고교시절에, 에이 앤 엠 타이거 연맹(A&M Consolidated Tigers)이라는 고교 축구팀을 위한 마스코트 역을 맡은 적이 있었다. 그때 호랑이 변장 복을 현관 옆 옷장 안에 걸어두곤 했었다. 마치 예수님이 호랑이 팀 소속인 듯 "우리 예수님을 본 적 있습니까?"라는 교회의 커다란 게시판에 걸린 미묘한 문구를 봤을 때 퍼뜩 그 호랑이 옷이 떠올랐다. 그 글귀는 '그들의 예수님은 나머지 사람들이 알고 있는 예수님과 어떻게 다를까?' 라는 의아심을 자아냈다. 그리고 나는 예수님이 그

> 예수님은
> 주인님(master)이 아니라
> 진짜 선수들이
> 경기에서 뛰고 있을 때
> 가장자리 줄에서
> 응원하는 마스코트다.

들에게 소속된 것에 대하여 어떻게 느끼실지 궁금했다. 우리가 하나님의 아들을 쥐고 있고 마치 신형 트럭처럼 한 번 시승해 볼 대상처럼 생각한다는 것은 얼마나 경솔하고도 오만한가!

소비자 중심 교회에서 예수님은 사랑스런 분이지만 중요한 인물들의 개성에 맞추어 바이올린을 켜는 부수석 연주자다. 마르다 교회에서는 명사들의 약력으로 그 생태가 유지된다. 특별히 지명도가 높은 평신도의 개성으로 인하여 교회가 이끌릴 수도 있지만 보통은 담임목사의 개성이 무대의 중앙을 차지한다. 담임목사가 교회의 정체성을 확립하는데 가장 지배적인 초점 요인이다.

한번 지역 신문의 종교란을 보라. 거기는 마치 약력 선발 대회장과도 같아 보인다. 담임목사의 이름은 교회간판 사인에 오르고, 전화번호부에 오르고, 그리고 교회에서 발송하는 문구류 서두에 인쇄되어 있다. 그의 사진이 주보에 실려 있고, 커뮤니티에 발송되는 모든 광고에 항상 나온다. 그의 이미지와 정체가 교회의 그것과 너무나 얽혀 있어, 사실상 둘은 하나이다. 여태껏 당신이 그것을 몰랐다면, 행간에 떠도는 안내물들을 보면, 그가 교회이고 교회는 그의 것인 줄로 결론짓게 되는 것이 당연한 것을 알게 된다.

나를 짜증나게 하는 것들 중 하나는, 동네 교회나 독립 교단 목사가 자신들을 "사도"나 "감독"이라 칭하고 다른 이들에게도 그렇게 호칭해달라고 우기는 것이다. 나는 교단이나 교파에서 자체

조직 질서상 리더를 구별하려고 세우는 직분에 대한 말이 아니다. 그들은 신성한 소(sacred cow)이므로 감히 이 책에서는 건드릴 생각조차 않겠다. 홀로 서부시대 보안관처럼 활약하면서, 이런 호칭을 얻으려고 강대상을 이용하여 인정받고자 자칭하는 부류에 대한 말이다. 복음이 전하는 메시지에는 거만함이나 스스로 높임을 위한 것은 조금도 없다. 사람과 약력이 맨 위에, 최전방에 나앉아 있는 곳에서는 예수님이 뚜렷한 위치를 차지하실 수 없다.

동경과 관심이 한 개인이나 사람들에게 맞춰져 있으면 예수님은 너무 쉽게 도외시 되거나 이용당할 수 있다. 소비자 중심 교회에서는 예수님에 대하여 별로 생각하지도 않으면서 모임을 갖고, 교실을 운영하고, 전화를 받고, 기금을 모으고, 빈민을 구제하고, 노래를 부르고 예배까지도 할 수 있다. 일이 재깍재깍 잘 돌아갈 때 그들에게는 예수님이 별로 필요하지 않다. 고등교육을 받았고, 독립적이고, 자원이 풍부한 사람들은 자신들의 능력만으로도 서로를 위하여 많은 일을 할 수 있으므로 사람은 고사하고 하나님조차 필요하다고 느끼게 되는 일이 어려워진다.

기도와 우주의 요술쟁이(Cosmic Genie)

한번은 지역 전체에 방송이 나가는 시내 큰 교회에서 설교를 한 적이 있었다. 예배 전에, 주로 방문객이었던 나를 위하여 무대 뒤에서 만나 분초를 다투어 예정된 진행 리허설을 했다. 그들은 이런 일을 매주 하였고 매우 과학적인 태도로 일관하였다. 관련된 사람 모두는 시종일관 자기 위치와 정해진 시간을 정확히 알고 있었다.

우리가 무대를 향하기 바로 전, 내가 물었다. "시작 전에 함께 기도할 수 있을까요?" 차라리 내가 담뱃불을 붙이는 것이 나았을 것이다. 그들은 모두 민망해 어쩔 줄 모르며 낭패스러워 했다. 방송 스케줄상 몇 초가 지연될 것을 염려하는 빛이 역력한 담임목사님이 의례적인 기도를 우물우물 뇌까렸다.

샐리 몰겐탈러의 정직한 관찰은 사실이다.

> 우리는 하나님께 헌신하는 척 하면서 너무나 빈번히 방법론을 떠받든다. 그리고 이런 일을 할 때 자신들의 자긍심과 독립적인 삶의 태도를 통하여, 휴머니즘이 마치 우리가 세상에서 가장 혐오스러워하는 그 무엇보다도 훨씬 더 세상적이고 이루다 말할 수 없이 끔찍한 것처럼 그릇되게 나타낸다.[13]

이런 유의 "그리스도인 휴머니즘"— 사람의 기준으로 하나님을 섬기는 것 — 때문에 소비자 중심 교회에서는 기도의 삶이 엔진이 정지된 때와 같은 위기에 처하는 것이다. 기도를 믿기는 하는데, 기도를 마치 보석금 보증 서비스처럼 생각한다. 미궁에 봉착하고 서야만 하나님께로 돌아선다. 그들은 주로 코너에 몰렸을 때만 기도하고, 그랬으니까 하나님께서 예정대로 수행하실 것이라고 기대한다. 그럴 때를 빼고는, 은행에 돈도 있고, 위치도 좋고, 영리한 전략도 있을 때에는 그분을 별로 필요로 하지 않는다. 문제성 기도는 빈혈환자처럼 생기가 없고 위험하다. 하나님은 우리의 필요를 공급하시고 싶어 하시는 분이긴 하지만 우주의 요술쟁이 (cosmic genie)가 아니시다. 우리가 하나님을 해결사로 취급하는 것은 우리 스스로 크나큰 실망을 겪을 수밖에 없도록 해 놓는 격이 되고 만다. 하나님이 우리 마음에 드는 방식으로 수행하지 않으시면, 그분과 우리사이에는 진정한 관계형성의 알맹이가 없기에 환멸과 의심이 와락 달려들게 된다. 우리는 그분을 어떻게 시중들지 혹은 경배할지 모르고, 무엇이 배고픔이고 구할 것인지 모른다. 그저 아는 것이라곤 달라고 하는 것뿐이다.

얼마 전 조지아 주에 있는 교회를 가는 비행기 안에서 공교롭게도, 방문하려는 교회의 교인이 옆 좌석에 앉게 되었다. 그와 부인은 교회에서 주일학교 교사 및 여러 위원회를 20여 년간 섬긴 충실한 교인이었다. 여러 달 전에 그의 부인이 암 진단을 받게 되어 그 교회는 치유를 간청하는 중보기도에 들어갔다. 그러나 그녀가 최근에 의사를 찾아갔을 때, 실망스러운 말을 듣게 되었다. 암이 급속도로 번지고 있다는 것이다.

그는 교회와 하나님 둘 다로부터 상처받았고 분노하였다. 그는 낙담했고 배신감을 느꼈다. 여태껏 하나님에 대하여 이해하고 있다고 생각했던 것 전체가 의심스러워 졌는데, 광고를 보고 매매계약서에 싸인 했던 것들이 전혀 이행되어 지지 않았기 때문이었다. 그는 하늘에 달콤한 파이가 기다리고 있다고 믿었고, 물론 사적인 삶의 식탁 위에서도 그것을 먹을 것으로 기대했는데, 이제 그런 신학은 더욱 깊은 설명을 해줘야만 했다.

누가 주인인가?

모든 교회는 '통제'라는 한 가지 이슈에서 정체가 드러난다. 인간에게 떠맡겨진 제도에서는 인간이 줄 수 있는 것만을 얻게 된다. 소비자 중심 교회에서는 모든 것이 인간에 관한 것뿐이다. 인간을 섬겨라. 건물을 인간으로 채워라. 인간의 필요를 만족시켜라. 인간들이 내놓도록 설득하라. 인간을 제일 많이 차지한 자가 게임의 결판에서 이긴다.

우리가 교회를 사람에게 넘겨버릴 때에 문제는, 그들이 교회를 소유하게 된다는 것에 있다. 교회가 **그들의** 성전이 되고, **그들의** 프로그램이 되고, **그들의** 자리가 되고, **그들의** 건물이 된다. 그들이 바치면 바칠수록 그만큼 권리가 있다고 느낀다. 더 나아가서, 소유한다고 느끼는 만큼 통제할 자격도 있다고 당연시 한다. "내 땀과 눈물을 바쳐서 이 교회를 지었소. 왜, 내 아내를 고용하지 않는 거요?", "내가 2만 불을 들여 작은 그랜드 피아노를 헌납했소.

어째서 예배관리부에서는 정기 정밀검사를 하지 않는 거요?", "내가 이 프로그램에 정말 많은 시간을 들였소. 그리고 오랫동안 해 온 거요. 그런데 이제 다른 걸 한다니 대체 웬 소리요?" 양들이 우릿간을 차지하게 되면, 내부는 서로 다른 의견으로 미친 듯이 날뛰게 되어 교회를 질식하게 만드는 것을 보게 된다.

통제 욕구는 온갖 불안과 두려움에서부터 비롯된다. 제도를 관리하라. 이미지를 유지해라. 매주일마다 모든 것이 꼭 같게 하여 배(boat)를 꾸준히 안정시켜라. 변화는 우리의 취약점을 들추어내고 불확실하게 하므로 그것에 저항하는 것은 자연스럽다. 그리고 원수가 사람들 간에 통제력을 놓고 겨루는 교회를 찾게 되면, 정말 사정없이 파멸로 몰고 갈 수 있다.

수년 전에 펜실베이니아의 한 교회에서 기도 집회를 열고 있던 중에 휴식시간에 신선한 공기를 마시려고 뒷문 밖으로 발을 내민 적이 있었다. 바로 20야드 남짓한 곳에 아름다운 새 성전이 보였다(우리가 사용 중인 건물은 낡고 곰팡내가 났었다). 나는 담임목사님께 어떻게 된 일인지 물었고, 그는 다음의 이야기를 들려주었다. "작년에 교인들이 투표를 하여 새 성전을 짓기로 하였습니다. 우리는 곧 기금을 모았고, 설계사를 고용했고, 기공식도 올렸고, 성전이 올라가는 것을 보았습니다. 아주 신이 났었죠! 전 정말 하나님이 근사한 일을 하신다고 생각했지요. 그런데 건축이 완공되고 이사를 할 차례가 되자 오래된 교인들이 꿈쩍도 않는 것이었습니다. '옛 성전과는 정말 많은 추억이 있어요.' 라고 그들이 말했습니다. 내가 별 수를 다 써 봐도 그들은 이사 갈 생각도 안 했습니다. 그 일로 교회는 둘로 갈라졌고 저는 실직할 뻔 했습니다."

소비자 중심 교회에서 "통제자들"은 어디에서나 만날 수 있다. 위원회 조직에서, 성가대에서, 교직원간에 혹은 회중석에서도. 그들은 교단의 고위층일 수 있고, 돈을 가진 자나 목회자가 가고 오는 것을 지켜 본 터줏대감들일 수도 있다. 그들의 수는 많을 수도 있고 몇 안 될 수도 있다. 하나나 둘만으로도 강하게 해를 끼칠 수 있다.

플로리다에서 목회하는 한 친구가 있는데 그는 예배와 기도, 그리고 지역의 변화를 위한 진정과 열정을 품고 있다. 그 교회에는 "기도실"이 있는데 그가 선교사들과, 그 도시와, 잃은 자들과, 심지어 지구를 위해 전략적이고도 정보력을 갖춘 센터로 사용할 것에 동의했다. 그런데 한 가지 문제가 있었다. 그 장소는 어느 여신도가 남편을 추모하여 인테리어를 꾸몄고 목회자는 변경할 엄두도 내지 못했다. 결국 그 곳은 벽에 걸린 그림 몇 점, 의자 몇 개로 꾸며진 방으로, 대기실 정도 외에는 거의 무용지물로 남게 되었다. 실상 그 곳은 한 남자를 위한 성지로, 문에는 그의 이름이 새겨진 기념패까지 걸려 있는 완벽한 사당이었다.

교회에서 "기념패"는 썩 이보다 더 골치 아픈 것이다. 그것들은 제도 안에 겹겹이 쌓여가고 생기를 불어넣는 성령의 흐름을 막는다. 만성 "기념패 증후군"을 앓는 오래된 교회는 문자 그대로 역기능적이 되고 그 병으로 쇠약해진다.

그 이유는 간단하다. 교회 안에서 볼 수 있는 기념 팻말 하나 하나 마다 각각의 가구나 구조물들은 영구히 이동시키거나 변경하거나 버릴 수 없는 것들로서, (아! 생각만으로도 질린다!) 기부자나 그 자손들이 이생에서 졸업을 하거나 다른 교회로 떠나기 전까지 박혀 있다. 많은 목회자들이 뒤늦게 깨닫게 되는데, 앞면에 새겨진 내용과는 상관없이 뒷면에 소활자로, "내 꺼야! 건드리지 마!"라고 박혀 있다.

> 교회에서
> "기념패"는
> 썩은 이보다
> 더 골치 아픈
> 것이다.

통제자들의 공격은 두드러지기도 하고 교묘하기도 한데, 언제나 정확히 말 그대로 통제를 가하고 손상을 가져온다. 그들은 아이디어, 비전과 꿈을 도적질 해가고, 변화의 순조로운 진행 과정을 차가운 타르 덩어리와도 같이 방해한다. 누군가 **자기들의** 교회에 변화를 시도하려고만 해도 노골적으로 사악함을 드러낸다. 나는 목회자가 **자기들의** 성전에 신시사이저를 허락하거나 **자기들의** 친교실을 서점으로 전환해도 된다고 동의할 때 흰머리의 상냥한 레이디들이 송곳니를 드러내며 입에서 불을 뿜어내는 것을 본 적이 있다.

소비자 중심 교회는 대부분 투표나 합의 여론으로 결정하므로 누군가 불만을 품게 되는 자가 꼭 있기 마련이다. 마르다는 일이 자기가 원하는 방식으로 돌아가지 않는 것을 잘 참지 못한다. 그녀가 패하면, 전원이 거덜나게 되는데, 자기 자신의 얼굴로, 재정으로, 그리고 발로 뛰면서 거듭 거듭 재투표하도록 만든다. 그녀는 교회를 떠날 수도 있고 혹은 자신이 반대한 의결이 진행되는 것을 은근히 훼손시키려고 간단히 "주차장에서 모이는 위원회"를 결성하기도 한다. 나는 이런 일을 보고 또 보았다.

내가 강사로 초빙되는 영예를 입었던 미시간 주의 한 전통 교회 주일 예배에서 설교하고 있는 중에 오르간 반주자가 성전의 맨 앞에 있는 오르간에 쭈그리고 엎드려 잡지를 보고 있었다. 예배 후에 목사님께 무슨 일인지 여쭈었다. 그 교회에서는 찬송가도 부르지만 최근에 현대 찬양곡을 부르기 시작했는데 그녀는 이 일을 싫어한다는 것이었다. 그 상처에 한층 더 모욕적인 것은 오르간 파이프를 새 영상 스크린이 덮어 버린 일이었다. 그래서 그녀는 예배를 산란케 하는 것으로 반대 투표권을 행사한다는 것이었다. 매주일마다! 실제로 내가 젊은 목사 시절에 설교했던 맨 처음 교회에서는 한 여신도가 내가 하는 설교의 특정한 메시지가 "감리교"적이지 못하다고 생각할 때마다 두 손가락으로 귀를 틀어막곤 했었다!

또 하나 대단한 주도권 전쟁의 예로, 알칸소스 주에서 설교할 때의 일이 있다. 보아하니 성전 한편에 앉은 사람들은 꽤 열심히 듣고 있었는데, 다른 쪽에 앉은 사람들은 쉬어빠진 오이지를 씹은 얼굴이었다. 나는 또 다시 담임목사님께 무슨 일이 있었는지 물었고 그의 대답은, 최근에 새 카펫을 깔았는데 "쉬어빠진 오이지" 그룹이 투표에서 졌다는 것이었다. 그들은 파란색을 원했지만 다수결에 의하여 녹색을 깔았다는 것이다.

심지어 목회자가 통제자가 될 수도 있다. 시카고에 있는 어느 큰 교회의 목사님에게 그가 바라는 변화로 인해 비난의 공격이 퍼부어지자, 어느 주일날 아침, 자신의 뜻에 반대하는 사람은 모두 일어나라고 말했다. 그리고 나서는 일어선 사람들은 모두 떠나라고 말했다! 그는 실제로, 안내에게 뒷문을 열라고 한 후 불찬성자들을 밖에까지 모두 에스코트하도록 하였다.

심부름꾼 목사(Pastor Fetch)

하지만 일반적으로 목회자는 통제 이슈에서 당하는 입장에 처하게 된다. 늘 교인들에게 시간을 내주려고 혹은 트렌드에 뒤지지 않으려고 애쓰는 마르다 목회자는 "심부름꾼 목사(Pastor Fetch)"라는 별명을 달게 될 수도 있다.(역자주: "Fetch"-개가 주인이 던진 것을 물어 오는 행동을 일컬음) 늘 누군가 그의 목줄을 잡아당길 테니까. 휘파람만 불면 그가 대령할 테니까. 그는 사람의 종이고 이미지 관리자이다. 명시돼 있건 않건 간에, 그가 주로 하는 일은 사람을 기쁘게 하는 것이다.

소비자 중심 교회에서 심부름꾼 목사는 사상자가 될 확률이 매우 높다. 그처럼 많은 사람이 자신을 필요로 한다는 것이 처음에는 매우 기분 좋은 일일 수도 있지만, 결국 지속하기에는 너무 무거운 짐이 된다. 심부름꾼 목사는 모두를 동시에 기쁘게 하기는 불가능하다는 것을 곧 깨닫게 된다. 그가 24시간을 내준다 해도 모두를 만나 줄 수 없으며, "사적인 용무"라고 쓰인 편지들은 항상 "목사님 정말 사랑해요, 하지만…"이라는 말로 시작한다는 것을 알게 된다.

또한 그가 언제나 "만사를 숙지"하더라도, 최첨단의 자리를 차지하고 있으려면 그것은 항상 변화와 창의력을 요구하기 때문에 잠시도 숨 돌릴 틈이 없다는 것을 깨닫게 된다. 늘 다른 교회가 발꿈치를 깨물려는 듯 느껴져서, 사람들이 다른 데로 쇼핑하러 가지 않도록 또 다른 프로그램을, 더 역동적인 예배를, 그리고 더 새로운, 더 큰, 더 좋은 그 무엇을 고안해 내야 한다. 특별 세일 행사, 방문자에게 파이 대접, 아이들에게 풍선 제공, 유명인이 추천하고 보장하는 것, 특별 이벤트, 더 멋진 주변 조경 등으로 밤에 잠자리에 들면 머리가 핑핑 돌아 어지럽고, 크리스토퍼 로빈스의 말처럼 자신에게 되묻는다. "자, 오늘은 뭐로 그들을 즐겁게 해 주나?"[14]

나는 뉴욕에 있는 어느 교회의 어두운 복도에 서 있었다. 급속도로 추락하고 있던 한 교회를 살려내기 위해서 한 노련한 목회자가 청빙되었었다. 그는 57세에 자기 나이 반도 안 되는 젊은이가 지녔을 성싶은 에너지를 3년 간 쏟아 부어 그 지역에서 놀라운 결과를 일구어냈었다. 그는 자기 삶을 바쳤고, 그의 헌신된 영적 리더십 아래 교회가 안정되어 가고 성장하게 되어, 노력의 대가를 보기 시작하고 있었다.

하지만 내가 도착하기 바로 전에, 그 교회에 오래 출석한 몇몇 교인들이 그를 오찬에 초대하였다. 그들은 목사님의 노고를 치하하였고, 다음의 말로 끝맺음을 하였다. "우리는 목사님이 하신 모든 일에 진심으로 감사를 드립니다. 그런데, 이제는 젊은 목사님을 모셔서 우리교회에 젊은 사람들과 젊은 가정들이 오도록 할 때가 되었다고 생각합니다. 벌써 청빙수순을 밟고 있습니다."

그 가엾은 목회자는 소비자 중심 교회의 봉을 정면으로 맞아 내 어깨에 기대어 우셨다. 그들은 자기들이 원하던 것을 얻었고, 이제 다 쓴 일용품처럼 그를 버렸다. 소비자 중심주의 모델에서는 물건을 사랑하고 사람을 이용하는 것이 보통이다. 소비자 중심 교회에서 목회자는 원하는 대로 주무르는 통제자의 손쉬운 먹잇감이 되곤 하는데, 구조되지 못하면 결국 먹이를 주던 손에 의해서 죽임을 당한다.

요점 정리

마르다 교회는 다음의 도표로 설명할 수 있다.

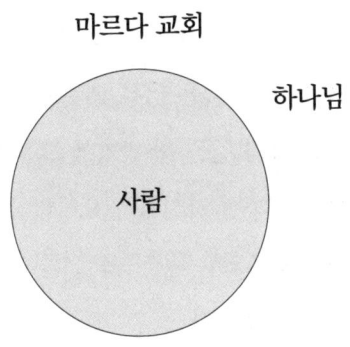

마르다 교회

하나님

사람

소비자 중심 교회

1. 종교적 활동
2. 위급한 상황으로 유발되는 기도
3. 경쟁
4. 양떼 이동
5. 마스코트용 예수
6. 심부름꾼 목사(Pastor Fetch)
7. 이미지 관리에 주력함
8. 개성이 이끄는 리더십
9. 통제자들

오늘날 너무 많은 교회가 마르다와 함께 "많은 일을 염려하고 분주해 하며" 부엌에 있다. 그들은 자신들이 얼마나 과녁에서 멀리 와 버렸는지도 깨닫지 못하는데, 그것은 교회 기계장치들이 돌아가며 내는 윙윙거리는 소리와 제각기 외치는 의견의 합창소리에 파묻혀 버려, 예수님께서 손짓하며 와서 옆에 앉으라고 하시는 소리가 들리지도 않기 때문이다. 그들은 주님의 사역을 하는데 정신이 팔려서 사역의 주님이신 그분을 위한 시간을 갖지 못한다. 그들은 너무 오랫동안 자신들의 돈, 교육, 기술과 경험으로 교회 일을 해 왔기에 그분이 마르다에게 부드럽게 타이르신, "오직 한 가지만 필요하다"는 것을 잊어버렸다. 소비자 중심 교회는 나쁜 "음식"을 고른 것이 아니라 더 나은 것을 선택하지 않은 것이다.

토의 질문

1. 오늘날 "시장"을 차지하려면 본문 44쪽에 있는 제안처럼 MTV와 예배가 유사해야 할 지 토의해 보십시오.

2. 개개의 교회에게나 그리스도의 몸인 전체에게 양떼 이동은 어떤 결과를 가져옵니까?

3. 교회 선전/마케팅에 대하여 토론하십시오. 효과가 있습니까? 어떤 면에서 그렇습니까? 당신은 교회가 광고를 해야 한다고 생각하십니까?

4. 우리가 어떤 식으로 예수님을 마스코트로 취급합니까? 어떻게 하면 좀 더 그분을 주인으로 대접하게 될까요?

5. 소비자 중심 교회에서 기도는 어떤 역할을 수행합니까?

6. 교회 내에서 아무리 훌륭한 활동이라 할지라도 어느 때 그것은 건강하지 못합니까? 얼마만큼이 너무 많은 것입니까?

7. 어째서 통제력 다툼은 교회에 해로운 일입니까?

8. 심부름꾼 목사의 간략한 프로필을 만들어 보십시오.

제 3 장

마리아 교회

　마리아 교회는 마르다 측과 여러 가지 면에서 근본적으로 같은 것을 공유하고 있다. 둘 다 직원채용에 관한 결정, 재정적인 필요 같은 현실적인 문제를 직면하게 되고, 좌석 배치에 필요한 공간, 주차장, 건물 관리 등의 세부적 관리도 해야 한다. 둘 다 전체 그림 속으로 다양한 양상의 은사나 달란트, 굶주림이나 골치 덩어리들을 가지고 오는 불완전한 사람들로 구성되어 있다. 둘 다 교인들을 위한 영적 오아시스가 되어주고, 지역사회를 축복하고 싶어 한다. 내가 마리아 교회에 대하여 말하는 일부가 특정한 마르다 교회에도 적용될 수 있고, 그와 마찬가지로, 어떤 마르다 교회에 대하여 언급하는 것이 몇몇 마리아 교회에 적용될 수도 있다. 그것은 어느 교회를 마르다적 혹은 마리아적이라고 규정짓는 일이 어떤 한 가지에 출처를 두고 있지 않기 때문이다. 교회들은 복잡한 조직들이고 그것들을 평가하고 이해하려면 그 전체를 경험해야만 하기 때문이다. "마르다"건 "마리아"건 간에 그 어느 한 가지 특성에 너무 매달리지 말고, 하나나 둘 정도의 관점으로 당신의 (혹은 그 누구의 것이든) 교회를 판단하지 않도록 조심해야 한다. 우리가 겉장을 보고 책을 판단할 수 없듯이 교회도 겉으로 보이는 것만으로 판단할 수 없다.

내가 묘사하는 것들이 실제로 교회에 있는 특성들에서 떠 온 "조각조각을 붙여 만든 가상"이지만 어느 특정 교회를 대표하는 것이 아니라고 말했던 것에 유념하길 바란다. 묘사된 것들은 캐리캐처와 같이 가장 두드러진 모습들이 불균형하게 그려졌으므로, 예로써 읽혀져야지 확고한 모델로 받아들여질 것은 아니다. 그 밖에도, 내가 마르다와 마리아 교회 둘 다를 설명할 때, 다루기 용이한 폭을 잡느라고 평균 교회 사이즈로 설정하기는 했지만 두 교회 모두 아주 클 수도 있고 매우 작을 수도 있다. 둘 다 그들이 섬기는 문화와 커뮤니티에 따라 무한대로 다양한 모습을 보일 수 있다.

그런 것들을 이야기 한 후에, 마리아 교회에는 뭔가 차별화 된 것이 있다고 말한다. 그 곳은 창의력이 가득한 고유한 곳이다. 사람들은 종종 그 곳은 색다르다고 말한다. 그것이 무언지 꼭 집어낼 수는 없지만 거기에 가보면, 그게 뭔지 느낀다.

누군가 일요일 아침에 마리아 교회에 가면, 제일 먼저 예배 분위기가 눈에 띄게 다르다는 것을 알아 챌 것이다. 나는 가장 차이나는 것 중 하나가 완만한 유동성이라고 설명한다. 비교적 전통예배의 질서가 있기는 한데 스톱워치 같이 정확하게 맞아떨어지는 진행이 아니다. 그 대신에, 경험되어지는 예배가 진전됨에 따라 흐름이 지속되기도 하고 다음 순서로 넘어가기도 하는 자유로움이 있다. 즉흥 간증, 예정에도 없던 노래, 급한 필요에 따라 드리는 기도와 같은 종류의 "가로막음"이 흔히 일어나고 그것들이 불안이나 긴장을 불러일으키지 않는다. 예배는 영적으로 민감하게 세운 계획성과 운영의 묘미를 살린 예측불가성을 합한 고유한 것이다.

경배와 개인 기도 사역이 예배의 큰 부분, 특히 첫 절반의 부분을 차지하고, 광고와 소식은 맨 나중에 온다. 그 외에도 전체 회중의 찬양시간을 줄여가며 기다란 교회 업무관련 사항이나 양육반, 광고, 재정보고 등을 하기보다는 이런 것들을 주보에 싣거나 홍보지를 만들어 현관에 두어 각자 읽을 수 있도록 한다.

예식 첫 부분인 찬양과 예배의 시간은 대부분 삼십 분에서 한 시간 가량 걸리는데, 혹시 전체 예식시간을 다 차지할지라도 아무도 반대하지 않는다. 찬양시간에는 훈련된 평신도들

> 예배는 영적으로
> 민감하게 세운
> 계획성과 운영의
> 묘미를 살린
> 예측 불가성을 합한
> 고유한 것이다.

– 나는 "기도 안내자"라고 부르는데 – 이 기도가 필요한 사람에게 개별적으로 기도 해줄 수 있도록 배치되어 있다. 모든 연령층의 많은 사람들이 이러한 기도시간을 활용하여 찬양과 경배시간에는 자유롭게 흐르는 움직임이 생긴다. 다른 이들은 주님께 예배하는 것에 열중하기에, 그런 활동이 폐가 되지는 않는다. 마음이 매우 힘든 사람이거나 단순히 개인 기도를 연장하고 싶은 사람들은 성전에서 나와 사적인 공간이 보장된 기도실로 안내된다.

설교 메시지는 영적으로 도전을 주고, 성경적이며, 때때로 날카롭다. 예수님을 향한 목회자의 사랑과 잃은 영혼들에 대한 열정이 설교 때마다 분명하고 명백하다. 목회자는 지역적, 국가적, 전 세계적 이슈에 대해 거론하고 그런 일들에 대한 영적 중대성을 신자들이 커튼 사이로 엿볼 수 있도록 돕고자 노력한다. 그는 신자들이 세상을 하나님이 보시는 눈으로 세부적인 것까지 보기 원하고 모든 상황을 하나님의 마음으로 느끼기 원한다. 그의 설교는 진리에 대하여 변명하듯 말하지 않으며 인내와 사랑의 정신을 전달한다. 들은 자들은 하나님이 세상과 그들의 삶 속에서 하시는 일에 대한 희망과 기대를 가지고 떠난다.

설교 후에는 사람들이 앉았던 자리나 제단에서 설교에 대한 반응을 나누는 시간이 있다. 매주 사람들은 구원을 받고 복음에 응답하여 자유롭게 된다. 기도 안내자는 필요가 있는 한 언제든지 기도할 준비가 되어 있으며, 예배가 끝난 뒤 한참 후까지도 사역을 한다. 교회 내의 두 군데는 이런 목적으로 따로 준비한 편안한 방들이 있다.

이렇게 개인 사역에 헌신된 모습 이외에도 마리아 교회는 예배에 대하여 거의 광신적으로 보이기도 한다. 그것은 교회로서 지니는 존재감의 아주 큰 부분이다. 그것은 정기적인 예배에서뿐만 아니라 교회 생활의 다른 면에서도 매우 큰 몫을 차지한다. 예를 들어 매월 갖는 당회에서도 예배하는 시간을 갖는다. 교회는 일 년에 네 번 내지는 여섯 번, 성전에서 24시간 동안 지속되는 철야예배 시간을 갖는다. 목회자는 가능한 많이 찬양 리더나 음악가를 초대하여 콘서트나 특별 이벤트를 연다. 그리고 주일에는 현관에서, 주중에는 사무실에서 찬양 CD나 테이프를 구입할 수 있도록 한다.

대부분의 교인들에게는 일요일 예배시간이 주중 일상생활의 연장일 뿐이다. 많은 이들이 차안에서나 집에서, 혹은 직장에서까지 예배의 삶을 실천하도록 배운다. 음악 사역자는 그의 주된 임무가 예배하는 것에 모범을 보이는 것이라 믿고 사람들에게 어떻게 예배를 드릴지 개별적으로 가르치고, 그들이 회중과 다 함께 모일 때 그와 다른 음악가들은 공연 연주자가 아닌 인도자로 활동한다. 그는 예수님께 초점을 두고 예배하도록 애쓰며 자칫 "공연 연주" 기분에 빠져드는 것에 저항한다. 뛰어난 음악성을 지닌 멤버들과 함께 일하는 그로서는 그런 일이 항상 쉬운 것은 아니다! 각 예배 전에는 오랫동안 기도의 시간을 함께 보내고 개인기를 내보이는 일은 최소한의 정도로만 한다.

마리아 교회는 예배시간을 찬양으로만 드리지는 않는다. 목회자는 교인들에게 다른 방식으로도 예배하도록 도전하는데, 절하거나, 눕거나, 침묵 중에 기다리거나, 신조(creeds)나 기도문, 시 혹은 찬송가 가사를 큰 소리로 읽도록 권한다. 그는 교인들이 노래 책이나 찬송가 혹은 경배 CD를 집에서도 쉽게 접할 수 있도록 환경을 조성하고 사람들의 주위를 좋은 예배의 도구로 둘러 싸이게 하려고 노력한다. 그는 예배시간이 새롭고 활기차도록 유지하려고 창의적인 노력을 꾀하지만, 또한 옛 영적 유산에서도 그런 것들을 끌어오고 오랫동안 존중되어 온 전통도 포용한다. 예수님께로 관심을 돌리게 하고 그의 이름을 높이는 것에는 무엇이든지 열린 마음으로 대한다.

어떤 식으로 표현하든지 마리아 교회의 예배는 매우 "하나님을 향한" 것이며, 내가 기도 노래라고 부르는, 즉 하나님에 대한 노래가 아닌 하나님께 드리는 노래를 활용한다. 음악 사역자나 연주자 혹은 전체 찬양 그룹이 관심의 대상이 되지 않고 모든 초점이 하나님께 맞춰진다. 이런 스타일의 예배는 매우 심오한 것인데, 그것이 노래를 부르는 것에 그치는 것이 아니라 하나님과 친밀함을 나누어 그 결과로 가까이 계심을 얻기 때문이다. 때로 사람들은 각자의 자리에서 혹은 제단으로 나아가 무릎을 꿇기도 하며 어떤 이들은 손을 들기도 하고 손뼉을 치기도 한다. 아주 오랫동안 침묵을 지키기도 하는데, 대개의 교회에서는 어색하거나 불편하겠지만, 이런 것도 자유로이 행사할 수 있는 형태이고 이상한 것이 아니다. 짧게 말해서, 마리아 교회의 예배시간은 신랑과 신부가 만났을 때 자연히 생기는 감정과 열정의 요소들이 있다.

적극적인 예배와 개인 기도 사역 중에 드러내게 되는 감정 때문에, 방문자가 보기에 마리아 교회는 마르다 교회 보다 덜 조직적이고 매끈하게 느껴지지 않을 수 있다. "프로덕션"같은 느낌도 없고 어떤 사람은 엉성하다고 말할지도 모른다. 왜냐하면 마리아 예배는 사람을 위한 공연이 아니고 사람이 하나님께 올리는 제사이기 때문이다.

> 마리아 교회의 예배는 신랑과 신부가 만났을 때 자연히 생기는 감정과 열정의 요소들이 있다.

마리아 교회에서 볼 수 있는 또 한 가지는, 하나님이 어떻게 사람들이나 그들이 사랑하는 사람들의 삶을 변화시키셨는지 말할 수 있는 이야기 거리를 가지고 있는 것이다. 흥미로운 일이 늘 일어나는 곳으로 이름이나 있는 곳이다. 일요 예배나 기도시간에 혹은 주중에 만나는 다양한 소그룹 모임에서 사람들은 구원을 받고, 병이나 중독에서 치유되거나 자유롭게 된다. 사람들이 설교 그 이상의 것을 기대하고 오기 때문에 그들은 특유의 열린 마음과 민감한 마음을 지니고 있다. 사람들은 구경하러 오지 않고, 참여하고 받기 위해 온다.

예를 들어 불과 몇 달 전에 암 진단을 받았던 한 여인의 병이 나았다. 전 교인이 그녀를 대신하여 철야 기도를 포함한 여러 달 동안의 기도를 드린 후의 일이었다. 여러 명의 의사들이 초기 진단과 암의 흔적이 없어진 후의 진단을 확진하였다. 그 이후로 그녀는 암을 직면하게 되었거나 암으로 가족을 잃은 사람들을 위한 기도 사역을 하고 있다.

이렇게 사람들이 중대한 도움을 받았거나 치유되는 간증은 매우 강력한 것이므로 삶에서 어려움에 처한 사람들이 같은 종류의 연민과 기도를 받으려는 희망을 가지고 이런 교회를 찾는 일이 꽤 있는 편이다. 기도할 때마다 육체의 치유를 받게 되지는 않더라도 마리아 교회의 기도는 그치지 않는다. 그들이 이해할 수 없는 결과를 보게 되더라도 하나님의 능력과 선하심에 대한 그들의 믿음은 영향을 받지 않는다. 그들은 자신들의 명예에 대하여 염려하지 않으며 그저 예수님을 신뢰한다.

마리아 교회는 교인들 중에서 하나님의 부르심에 응답하여 다양한 모습의 선교 사역을 하고자 하는 많은 사람들을 여러 해 동안 파송하기도 한다. 이 교회는 새로운 목회자나 선교사를 보내는 발사대와도 같다. 많은 이들이 선교에 입문하고, 다른 곳에서 목회자가 되기도 하거나 이 교회에 헌신되어 있기 때문에 지역사회에서 교회와 관련된 분야에 종사하게 되기도 한다.

마리아 교회는 프로그램이나 행사를 선전하는 대량 우편 발송을 별로 하지 않는다. 사실상 마케팅을 하지 않는다. 적어도 전통적인 방법으로는 안 한다. 영적 호기심으로 오는 사람에서부터 절박하게 구하는 사람에 이르기까지 친구나 특별 이벤트를 통하여 찾아오게 되며 그 결과로 교회는 꾸준히 성장한다.

회중은 그 지역의 다른 교회들보다 훨씬 다양한데 그 이유는 공통분모가 인종이나 사회 계급이 아니라 은혜를 받는 것과 은혜를 줌으로 생기는 유대감에서 오기 때문이다. 마리아 교회에서는 변호사 옆에서 식당 도우미가, 전과자 옆에서 청년 신학생이 함께 경배드린다. 직함과 신분증명서는 입구에 맡겨 두고 들어온다.

방문자들은 교회의 따뜻함과 환영의 분위기를 느낄 수 있지만 그런 것들이 교회의 기본 틀을 이루지는 않는다. 예배와 사역의 흐름이 교회 그 자체 보다 더 큰 무엇엔가 곁들여져 있는데, 그것은 마치 배가 강을 따라 흐르는 데 그 강이 멈추거나 물길을 바꾸는 이유가 누군가를 위해서 그러는 것이 아닌 것과도 같다. 경배의 물줄기는 흐름에 발을 들여놓는 사람을 부드럽게 씻으며 넘쳐흐르고 좀 거리를 두고 참여하기 원하는 사람들은 그대로 존중해주며 흘러간다. 아무도 구슬림을 받거나 압박감을 느끼지 않는다. 방문자들은 설득에 의해서가 아니라 배가 지나갈 때 갑판으로부터 들리는 매혹적인 소리 때문에 교회로 이끌린다.

마르다 교회와 마찬가지로 교회의 행사가 일요일에만 국한되지 않는다. 매주 소그룹들이 교회 건물을 사용하며 그중에는 교회가 지원하는 지역 단체도 있다. 그중 한 그룹은 가정폭력 피해 여성을 위한 것인데, 여러 해 전, 교인 중 한 여인이 놀라운 방법으로 주님을 만나고 나서 세운 기관이다. 자신도 가정폭력 피해자였던 이 여인이 도움을 찾아 헤매다 만난 이 교회에서 누군가, "당신을 위해 기도해도 될까요?"라고 물었던 것이다. 그날 밤 그 여인의 삶이 급진적으로 변화되었고 그녀는 이제 절망에 처한 다른 젊은 여성들을 구조하는 일을 하고 있다.

하나님의 은혜로 완전히 덮이게 된 이런 간증들이 마리아 교회의 기쁨인 듯하다. 그들에게 있어서 "상패"는 이렇게 예수님의 치유하시고 속량하시는 이야기들로 이루어진 살아 있는 기적, 사람들 사이에 걸어 다니는 그들 자체인 것이다. 개개인의 기부금에 대하여 사의를 표하고 즐거워하지만, 그것은 목회자로부터 비롯되어 온 회중이 함께 흘려내는 겸양의 물결 안으로 신속히, 그리고 자발적으로 합류되어 버린다. 목회자는 "모든 것은 예수님에 관한 것이지요." 그리고 "사람이 할 수 있는 일에 대한 것이 아닙니다."라고 말한다.

주중에 가장 바쁜 곳 중 하나는 기도실이다. 사람들이 매 시간마다 오고가는데, 어떤 이들은 두세 시간 씩 머무르기도 한다. 기도실에는 주제에 따라 기도처가 있는데, 위정자들, 시사거리, 지역 경찰과 소방원, 병원들, 교회들, 기업들과 학교, 교인들과 교직원과 그 가족들이 써 낸 중보기도들을 위한 것 등이 있다. 어떤 이는 마련된 지도나 정보를 보고 나서 여러 기도제목을 놓고 기도하고 어떤 이들은 단순히 경배 드리기만 원하기도 한다.

마리아 교회에는 누구라도 참여할 수 있는 다양한 기도사역이 있다. 예를 들어 각 목회자에게는 자신과 가족을 위해 정기적으로 중보해 주는 기도팀이 있다. 팀원들은 매 예배 전에 한 시간 먼저 와서 성전 안을 걸어 다니며 하나님의 임재를 초대하고 다른 그룹은 같은 방식으로 기도실에서 예배 중에 기도한다. 직장을 위해 특별히 마련된 기도팀은 공동체기도 신청함을 사용하여, 지역 비즈니스를 목표로 두고 기도하며 다른 기도팀은 연중 달력을 사용하여 도시 안의 모든 가정들을 위하여 한 집도 빼놓지 않고 기도해 나간다. 그리고 물론 교회

내의 개인적인 비보들이나 특별 전체기도를 요하는 긴급 중보 기도팀도 있다.

이 교회가 하는 많은 기도들은 직접적이든 간접적이든 잃은 영혼을 구하는 일 – 너무나도 중요하기에 교회 목적 헌장에도 명시되어 있음 – 에 초점을 두고 있다. 목회자나 교인들이 영혼을 구하는 일에 정말 열정적이기 때문에 실제로 전체의 삼분의 일이 새 그리스도인으로 회심한 자들로 이루어져 있다. 많은 이들이 초신자들일 뿐만 아니라 교회도 처음으로 경험하는데, 목회자는 그런 것을 좋아한다. "사람들이 교회 예절은 잘 모르지만 그들은 정말 예수님에 대하여 흥분하고 있죠."하고 말한다. 누구든지 한 사람이 교회에 새로운 헌신을 할 때면 그 것은 파티를 열만한 일이다.

한 이년 전에 기도 사역이 활발하게 되어 목회자는 마리아를 풀타임 기도 코디네이터로 기용하여 더 큰 그림을 볼 수 있도록 하였다. 각자의 표현 방식으로 기도하는 팀의 캡틴들이 마리아에게 보고하고, 캡틴들의 모임인 특별 기획팀은 매월 한 번씩 모여서 기도하고 계획한다. 이들은 한 해 동안 기도의 기회를 한 번씩 돌아가며 가짐으로 기도가 새롭고 흥미롭도록 도모하고 때때로 새로운 것을 소개하기도 한다. 매해 벌이는 "기도 작정 캠페인"을 통하여 새 기도 안내자들을 모집하고 훈련시키는 일도 한다.

기도는 예배와 마찬가지로 마리아 교회의 어떤 활동거리인 것이 아니라 교회 자체의 바탕을 이루고 교회가 하는 모든 일과 함께 짜여 있다. 리더십의 전략과 결정을 내리는 과정 또한 예외가 아니다. 당회는 이슈에 대해 투표하는 일이 거의 없다. 그보다는 기도하는 가운데 합의점을 찾는 시간을 갖도록 허락한다. 실제로, 그들이 모였을 때 많은 시간을 전체 기도와 경배의 시간으로 보낸다.

당회가 교회의 비전이나 방향에 대해 결정해야 할 때, 처음부터 서로 다른 의견이 있을 수 있다. 그러나 그들은 거기에 주저앉아 있거나 지원을 받으려 책략을 쓰지 않는다. 그들은 기도를 한다. 그룹으로든 개인으로든, 그들은 주님 앞에 상황을 내어놓고 그분의 인도하심을 구하는데 헌신되어 있다. 때로는 모임 중에 잠깐 동안만 걸리는 일일 수도 있고, 하나님께 구하며 기도하여 결정에 이를 때까지 여러 주일이 걸리기도 한다. 어느 쪽이든, 그들의 마음은 성령님의 응답하심으로 인하여 협의점으로 이끌린다. 리더십이 이런 식으로 하나님을 열렬히 구하는 것을 온 회중이 알기 때문에, 대부분의 결정된 일은 대개 기꺼이 채택되고 전 교인에게도 훌륭하게 받아들여진다.

그렇다고 이 교회가 완전하며 불협화음이 절대 없다는 것은 결코 아니다. 여기도 마르다 교회와 꼭 같이 서로 다른 사상과 의견을 가진 사람들로 구성된 곳이다. 어느 조직과도 마찬가지로 마리아 교회에도 상처를 받거나 불만을 품는 사람들도 있다. 길이 언제나 평탄한 것만은 아니다.

예를 들어, 얼마 전에, 교회에서 매우 평판이 높은 한 부부가 리더십이 내린 결정에 대하여 목회자에게 항의한 적이 있다. 교회 건물 외부에 작업을 해야 하는 것이 분명했고 그 남편 되는 사람이 그 일을 할 수 있는 사업을 경영하고 있었다. 하지만, 방향을 결정하는 기도를 한 후에, 리더십은 불신자가 소유한 다른 회사를 쓰도록 성령이 강하게 인도하신다고 느꼈다. 그들도 합리적인 방법이 아닌 것을 알았지만 그들이 분별하게 된 것을 신뢰했다.

목사님은 당신이 진정으로 사랑하고 존중하는 그 남자 분, 자기 교인에게 이것을 설명하는데 최선을 다했다. 하지만 그분은 거절로만 느껴지는 이 결정을 받아들이는데 어려움을 겪었고, 잘못된 결정이라고 생각했다. 자기는 교회를 섬기는데 충실했지만, 교회는 의리를 지키지 않는다고 느꼈다.

상황은 어색하고 힘들었지만, 깊은 생각 끝에 그 부부는 교회를 떠나지 않았다. 리더십 팀이 기도 중 받았다고 느낀 말씀에 대하여 흔들림이 없었지만, 목사님은 그 남자의 감정에 민감하였고 그의 의견을 경청하였다. 두 사람은 함께 기도했고, 최종적으로는 그 남자가 자기의 목회자의 영적 리더십과 하나님으로부터 듣는 능력을 신뢰하였다. 가장 중요한 것은, 목회자가 하나님을 듣는데 초점을 맞추고 있었고 그의 친구를 불신임하는데 두지 않았기 때문에, 이 일이 통제권 다툼이 되도록 하지 않았다는 것이다.

마리아 목사

마리아 목사는 그의 교회처럼 색다르다. 긴급한 전화들과 끝도 없이 줄지어 선 미팅에 삶을 저당 잡혀 휘둘림을 당하며 사는 전형적인 기관 단체장이 아니다. 그는 다른 종류의 리더인데, 교회의 예산을 분석하는 것보다 비전을 받고 풀어놓는 일에 더 유능하고, 일요일 아침에는 기록적인 헌금액수보다 새로운 세례자들로 더 흥분해 한다. 교인들은 그가 하나님과 동행하고 하나님의 인도하심을 구하는데 열렬한 사람이라는 것을 알기 때문에 그의 통솔력을 존경한다.

마리아 목사에게 최우선 순위는 개인기도 시간에 대한 헌신이기 때문에 마르다 목사와는 비교도 안 될 만큼 만나기 쉽지 않다. 그는 정해진 사무실 근무 시간에 예약된 사람들과 만나는데 충실하고, 중심적인 사역에 리더십을 발휘하지만 모든 친교 모임 때마다 마치 정치 캠페인하듯 사람들에게 모습을 나타내야 한다고 생각하지 않는다. 또한 금요일, 토요일 그리고 월요일에도 그와 만날 생각을 하지 말라. 금요일과 토요일은 준비하는 날이고, 월요일은 그가 가족과 시간을 보내는 날이며,

이날들 중, 가까운 데 있는 여러 은둔처의 한 군데로 가서 홀로 지내는 일을 자주 한다.

하루를 시작하는 아침부터 여러 시간을 날마다 하나님과 만나는 일에 헌신했기에 주중(화요일에서 목요일까지) 사무실은 오전 10시 이전에 예약을 받지 않는다. 가끔씩, 교회 업무에 시간을 더 내어 관심을 보여야 하지나 않나 하는 염려가 들기도 하지만 한번 기도골방에서 멀어지게 되면 자신은 온갖 종류의 방해를 쉽게 받게 될 것을 알고 있다. 일단 사람과 문제라는 끝없는 나락으로 빨려들면 다시는 수면 위로 떠오르지 못할 지도 모른다. 한 해가 지날 때마다 자신의 연약함에 대하여 더욱 깊이 깨닫게 되고 그러므로, 교회를 이끌어나갈 때 하나님의 기름 부으심에 더욱 의탁하게 된다. 일 년에 두 번씩 개인적 장기 은둔의 시간과 영적 새로움을 위한 시간을 갖는다.

자기 자신을 하나님 앞에 머물러 있게 하기 위하여, 흔히 담임 목회자가 직접 지휘하는 일을, 그는 교역자들과 헌신된 평신도 리더들 – 전반적인 사역에서 일어나는 상황을 잘 감당하도록 잘 구비된 사람들 – 로 자기 주위를 둘러싸서, 자신은 구하고, 연구하고, 경배하는 데 더 많은 시간을 낼 수 있도록 한다. 그밖에도, 평소에 교인들이 도움이 필요할 때에 자신에게만 의지하는 것보다 서로에게 그리고 평신도 사역자에게 어떻게 의지할 지를 의도적으로 보여주기도 한다.

마리아 목사는 교회 사역의 모든 면을 알고 있고 교회 행정의 모든 양상에서 일어나는 책임을 지기는 하지만 소소한 일에 간섭하는 마이크로 매니저가 아니다. 그는 여러 가지 역할을 맡은 자기의 리더들을 신뢰하고 그들의 수고를 열정적으로 축복하고 지지한다. 팀으로서 정기적으로 함께 기도하고 경배하므로, 그들 나름대로의 비전에 확신을 가지며 그들도 하나님의 인도하심 안에서 행하고 있음을 알고 있다.

예로써, 청년부 전도사가 십대와 대학생, 그리고 몇몇 영 커플들을 대상으로 금요일 밤 예배를 연다. 예배 형식은 일요일 아침과 매우 다르며 목회자는 그 활동에 거의 관여하지 않는다. 하지만 예배는 성장하고 사람들은 사역을 받으며, 그는 하나님이 자기의 젊은 동역자의 창의력과 성실함을 통하여 어떻게 역사하고 계신지 보고를 듣게 될 때 매우 기뻐한다. 그는 그 사역을 통제하거나 완전히 이해해야겠다는 마음조차 없다. 왜냐하면 그는 그 젊은 전도사가 하나님을 구하고 듣는 것을 알고 있기 때문이다.

교인들은 목사님의 임무는 하나님과 함께 하는 것이라고 배웠고, 그가 휴대전화를 지니고 있기는 해도, 전화 벨 소리가 울리는 때는 매우 드물다. 긴급 상황이 벌어지면 그들은 오히려 교회에서 쉽게 만나게 되는 기도방 리더에게 전화하거나, 소그룹 리더를 부른다. 교인들은 목회자가 그들의 손짓이나 전화

> 교인들은 목회자가 그들의 손짓이나 전화 벨 소리에 즉각 응답하거나 자신들의 제일 친한 친구이기를 기대하지 않는다.

벨 소리에 즉각 응답하거나 자신들의 제일 친한 친구이기를 기대하지 않는다.

마리아 목사가 "만남의 장막"에서 정말 많은 시간을 보내는 것은 여러 가지로 그에게 영향을 미친다. 예를 들어, 그가 참으로 긴 시간을 하나님을 시중드는데 소비하므로 그의 영적 감각은 예민하고, 말씀과 오늘 하나님이 무엇을 하시고 계시는지에 대해 받는 계시가 신선하다. 그 결과로, 매 일요일마다 강대상에 가져오는 것은 그의 넘치는 잔에서 오는 것이므로 힘차고 계시적이다. 그의 말씀들은 연고처럼 진정시켜주는 것이든, 면도날처럼 베는 것이든 듣는 자 모두에게 희망을 주고 결단을 하게 한다. 사람들은, "와우, 목사님, 오늘 말씀은 정말 제 가슴을 정확히 관통했어요." 혹은 "그 말씀은 정말 제 상황을 아시고 저에게 하신 말씀이었어요."라는 말을 하며 떠난다. 예수님이 높이 들려지고 권위와 통찰로써 복음이 전도될 때에, 그 결과는 여러 방면에서 다양하게 배가 되어 나타난다.

두 번째로는, 마리아 목사는 새롭게 충전되고 갱신되어서 그 어느 때 보다도 더욱 사역에 의욕을 낸다. 그는 낙천적이고 평강을 누리며 해를 거듭할수록 예수님과 그의 부르심을 향한 열정이 날로 증가한다. 그의 몇몇 동료들은 어느새 은근히 은퇴를 동경하지만, 그는 "다시 불붙었고" 미래에 대하여 열광적이다. 그는 하나님께서 그에게 보여주신 것을 담대히 선포하고 그의 교회와 주변의 지역사회에 혁신적으로 사역한다. 최신 베스트셀러의 구석구석을 훑거나, 모델로 삼은 전국적 "메가 급"교회에서 온 아이디어를 재생하는 대신에 - 그는 주인님(Master)의 발치에 앉아, "당신의 명령(mandate) 없이 움직이지 않겠습니다. 당신의 중심을 제게 보여 주십시오."라고 말한다.

마리아 목사가 주님과 시간을 보냄으로 얻어지는 것 중 또 다른 하나는 그가 사람들의 의견에 별 영향을 받지 않는다는 것이다. 왜냐하면 그는 계속해서 하나님의 의견을 받기 때문이다. 그와 그의 리더 팀이 예배를 평가할 때 그의 기본적인 질문은 언제나 "하나님이 나타나셨나? 하나님이 나타내 보이시도록 환영받는다고 느끼셨을까? 사람들은 치유되고 만져짐을 경험했는가? 사람들이 그분을 체험했는가?"이다. 사람이 어떻게 느꼈는지는 두 번째 일이다. 목회자가 모든 사람의 문제를 해결해야하는 압박을 받거나 모든 결핍을 충족케 해야 한다고 느끼지 않으므로 하나님이 실제로 그를 인도하시는 곳에서 사역하는데 자유롭다.

마리아 목사는 대중 앞에서 축복과 생명을 말한다. 그는 같은 시에 있는 목회자들과 정기적으로 모여 기도하고, 그들은 그를 겸손하고 너그러운 사람으로 알고 지낸다. 그는 지역 내 다른 교회들에 대하여 늘 경의를 표하고 다양한 목회자들 간의 신뢰, 연합, 책임 그리고 우정을 격려하는 것에 관한 것이라면 자신이 할 수 있는 최선을 다한다. 그는 도시 전체적으로 있는 친교(city-wide fellowship)에서 소외된 듯 보이는 목회자들과 관계를 맺고자 필요 이상의 노력을 기울여 왔다. 모든 사람이 그의 이러한 노고를 이해하거나 감사해하지는 않지만 지역의 교회 공동체(church community) 안의 많은 이들이 그를 리더로 여기고 있다. 그 지역의 여러 젊은 목회자들은 이러한 그를 멘토나 역할 모델로 삼고 있다.

마리아 목사가 존경을 받는 이유 중의 일부는 그가 도움이 필요한 다른 교회들을 지원하기로 유명하기 때문이다. 목회자 간의 강한 네트워크를 형성하고자 보이는 그의 헌신은 웅변에 그치는 것이 아니다. 그는 자신의 입을 뗀 곳에 재물을 놓는다. 안내판에 페인트를 해야 하는 교회에는 자신의 교인들을 불러 모으고, 어느 작은 교회의 갱신 집회나 수련회에 참가비가 없는 교인들을 재정으로 후원하고, 어느 목회자의 사례금이 부족한 것을 알게 되는 때에는 그것조차 지원한다. 최근, 시내에 있는 다른 교파의 낡은 교회 건물이 불량배들로 인한 파손을 당했을 때 건물 복구와 미화를 위하여 인력과 상당량의 현금을 보내어 도왔다. 그는 지역 내 다른 교회들을 도와 그들이 성공하도록 장려하는 일은 하나님을 높이는 일이기에 훌륭한 전략이라고 말한다.

마리아 목사는 대중의 의견이나 전통보다는 성령님의 인도하심을 전심을 다하여 따르고자 독창적이기도 하다. 자기 양떼를 보호하는 일에는 신중하고 명민하지만, 모험을 시도하거나 차별화된 방법을 모색하는 것을 두려워하지 않는다. 그는 하나님이 늘 새로운 일을 하신다는 것을 알며, 그의 교회가 그런 것을 놓치지 않도록 노력한다. 그는 앞으로 나가야 함에 확신을 가지고 있으며 과거에 머물러 있는 것을 거절한다.

임재 중심 교회

마리아 교회는 클 수도 있고 작을 수도 있으며, 교단에 속할 수도 있고 독립적일 수도 있고, 전통의례 적일 수도 있고 현대적일 수도 있다. 나는 교회들 중 온갖 다양한 크기와 향기의 "마리아"를 보았다. 외관에 상관없이, 마리아 교회는 그 핵심이, 내가 임재 중심의 교회라 부르는 곳들이다.

임재 중심이 되려면 기본적으로 모든 일에 완전히 하나님께 의탁하여야 한다. 거꾸로 말하자면, 임재 위주라는 뜻은 하나님의 임재 없이는 교회가 결국에는 존재하지 않게 됨을 일컫는 것이다. 그것은 하나님의 선택된, 그 분의 사랑을 입은 백성이 되어 하나님과 같이 하기를 갈망하고 그분도 그들과 함께 하기를 갈망하는 사이를 얘기한다.

　임재 중심의 교회는 하나의 운동이다. 그것은 나의 운동이 아니라, 오늘날 성령께서 믿는 자들의 마음을 휘저어 일으키시는 것이다. 모델로서 이것을 제시하기가 어려운 것은 그것의 본질이 시각적인 교회 생활로 이루어진 것이 아니라, 노래와 저녁 식사와 설교보다 더 깊숙한 곳, 각 예배자들의 심령 속 어딘가에 있기 때문이다. 이 책은 모두 그것에 관한 것이다. 그런데 그것을 온전히 설명하기 위하여 먼저 나는 당신을 옆길-내가 지금부터 말하고자 하는 것 대 부분의 기초공사격이 되는 기나긴 탐구의 여행으로 안내해야 한다. 하지만 이 지점을 반드시 기억해 주시기를 당부한다. 왜냐하면 바로 이곳으로 다시 돌아 올 것이기 때문이다.

　우리의 여행은 모세라는 목자와 운명적으로 영적 개척자로 부름 받은 회중들과 함께 사막을 통과하는 여정이다.

토의 질문

1. 마리아 교회를 경험한 적이 있습니까? 당신이 속한 교회에서는 어디서 마리아의 마음을 볼 수 있습니까?

2. 당신의 회중은 얼마나 다양합니까? 어째서 다양성이 마리아 교회의 특성에 속합니까?

3. 만일 당신의 교회에서 설문조사를 한다면, 교인들은 목사님이 기도 골방에서 한 시간을 보내시는 것을 좋아하겠습니까, 아니면, 매주 열리는 친교 저녁 식사에 모습을 보이는 것을 좋아 하겠습니까?

4. 마리아 교회에 대한 설명 중 당신을 불편하게 하는 부분이 있습니까? 설명해 보십시오.

5. 당신의 교회가 어떤 결정을 내릴 때 거치는 과정을 묘사하는 것과 가장 가까운 단어는 어느 것입니까 – 일치입니까 혹은 불일치입니까? 하나님이 그분 나름대로의 방식을 가지고 계시다고 느껴지는 때가 얼마나 자주 있습니까?

거의 항상 – "우리 리더들이 하나님을 청종하는 것을 나는 알고 있다"

가끔 – "우리는 하나님과 사람, 둘 다를 기쁘게 하기 원한다."

거의 전혀 – "아무래도 양떼가 우릿간을 경영하는 것 같다."

6. 일요일 예배 중 어느 부분으로 인해서 당신이 하나님께 경배를 올리게 됩니까? 교회에 있지 않을 때라도 경배를 드리는 때가 있습니까?

7. 무엇이 "하나님을 향한" 경배입니까?

제 4 장

임 재

하나님이 이스라엘 백성을 종살이와 광야 여정에서 이끌고 계실 때, 리더인 모세에게 말씀하셨다. "여호와께서 이르시되 내가 친히 가리라 내가 너를 쉬게 하리라"(출 33:14).

"모세가 여호와께 아뢰되 주께서 친히 가지 아니하시려거든 우리를 이 곳에서 올려 보내지 마옵소서 나와 주의 백성이 주의 목전에 은총 입은 줄을 무엇으로 알리이까 주께서 우리와 함께 행하심으로 나와 주의 백성을 천하 만민 중에 구별하심이 아니니이까"(출 33:15-16)

모세는 하나님이 지시하신 일을 성공시키려 할 때 가장 중요한 요소가 **하나님의 임재**라고 여겼다. 또한 임재가 하나님이 특별히 구별해 놓고 사랑하는 나라라는 표시인 것을 알고 있었다. 그는 재정이나 공급 혹은 광야 경험에 대한 염려가 없었다. 그의 군대의 크기가 얼마 안 되거나 여건이 이상적인 것과는 거리가 먼 것에 대해서도 상관하지 않았던 것 같다. 그가 이끌고 있는 고집 세고 반항적인 사람들에 때문에 지식이나 능력, 권위를 더 달라고 하나님께 청한 적이 없다. 그가 원했던 것은 단 하나, 하나님의 임재가 함께 하실 지에 대한 것이었다.

하나님이 모세에게 그 백성들을 애굽에서 이끌고 나오라고 하실 때, 그는 자기가 감당할 만한 자격이 있는지 자신이 없었다. 그래서 그가 하나님께 여쭈었다. "모세가 하나님께 아뢰되 내가 이스라엘 자손에게 가서 이르기를 너희의 조상의 하나님이 나를 너희에게 보내셨다 하면 그들이 내게 묻기를 그의 이름이 무엇이냐 하리니 내가 무엇이라고 그들에게 말하리이까 하나님이 모세에게 이르시되 나는 스스로 있는 자이니라 또 이르시되 너는 이스라엘 자손에게 이같이 이르기를 스스로 있는 자가 나를 너희에게 보내셨다 하라"(출 3:13-14).

"나다(I am)"는 임재의 강력한 표현이다. "이다(am)"라는 동사는 존재를 말하고, 하나님은 하늘과 땅에 있는 모든 존재의 본질이고 근거(the essence and ground of all being)이시다. 아이 앰은 존재한다는 것이고 그리고 존재한다는 것이 임재이다.

그러면 하나님의 임재란 과연 무엇인가? 그것은 정의 내려질 수 있는 것인가? 임재에 대하여 말하는 것은 어렵다. 왜냐하면 그것은 보거나 손으로 만질 수 있는 유형의 것이 아니다. 본질상

다소 신비로운 개념이다. 하나님의 임재를 묘사하려는 것은 그랜드캐년을 밤에 폴라로이드 카메라로 찍는 것과도 같다. 아무리 잘 찍는다 해도 당신이 얻게 되는 것은 놀라운 원형의 희미한 형체일 뿐이다. 하나님의 임재는 우리가 가진 어휘력의 한계를 여지없이 드러내고 우리가 할 수 있는 최대치의 자유로운 상상을 왜소하게 만든다. 안다고 하나 아직도 알지 못하는 그것은, 우리가 하늘 영광의 충만한 가운데 계신 그분을 볼 때까지 엄청나게 놀라운 미스터리로 남아있을 것이다.

독일의 작곡가 조지 프레더릭 헨델이 메시아를 짓기 전에 하나님의 영감과 축복을 구하는 기도를 했다는 말이 있다. 그가 그 걸작품 전체를 써 내려가는데 24일 밖에 안 걸렸다고 한다. 작품을 끝마쳤을 때 그가 뜨거운 눈물을 마구 흘리며 자기 방에서 뛰어나오며 하인에게 이렇게 외쳤다고 한다. "내가, 내가, 눈앞에 천국을 보았던 게야! 그리고 위대하신 하나님, 그분을 마주 뵈었던 것 같아!"[1]

하나님의 임재는 이 세상의 어떤 것과 같지 않은 본질적인 에너지이다(quintessential energy). 본성 자체가 영적인 것이다. 하지만 우리가 실재(real)라고 생각하는 것보다 더 실재한다. 이해하기 위한 출발점으로 잠깐 동안 "임재(presence)"라는 단어를 생각해 보기로 하자. 임재에 관한 다음의 사전적 정의들을 고려해 보자.

1. 지금 있는 상태나 사실; 현재 일어나는 혹은 발생하는
2. 시간적 혹은 공간적으로 지금 일어나는 것과 근접한
3. 위대한 인물, 특히 주권자를 둘러싸고 있는 직접적인 영역
4. 출석한 사람
5. ⓐ 인품, 특히 존경스러운 기운을 발할 때: 그녀의 인품이 온 방안을 환하게 했다… ⓑ 청중과 공감대를 형성할 수 있는 공연자의 자신감과 영향력을 미치는 품위; 침착성
6. 가까이에서 느껴지는 초자연적인 영향
7. 한나라가 외교적, 정치적, 군사적으로 외국에 미치는 영향. 특히, 군대나 외교관의 임명으로 인한 것: 이라크에 주둔해 있는 미국…2)

하나님의 임재에 관하여 말할 때 각각의 정의는 흥미롭게 적용 된다. 하나님의 임재는 실제적이고 현재 일어나는 것이며, 시간과 공간적으로 그 근접함이 느껴지거나 간파될 수 있다. 임재는 하나님 그분으로부터 직접 발산되며, 그것이 감싸는 모든 것에게 존경스러운 인품을 발휘한다. 강력하면서도 영원토록 선하고, 엄청나게 제압하면서도 마음을 자발적으로 동하게 하는 것으로, 하나님의 임재는 그분 자신으로부터 퍼져 나오는 존재 자체의 온전한 분량으로써 우리와 개인적으로 상호 교류하여 연약한 인간의 실존에 영향을 미칠 수 있도록 한다.

임재는 하나님에게 있어서 마치 태양에서 뻗어 나오는 한 줄기 광선과도 같은 것이며, 그 근원을 명확히 나타내지만 훨씬 낮은 강도이다. 그것은 빙글 빙글 돌고 있는 수천 개의 성운 중 한 개의 커다란 행성이요 – 물 밑으로 수 마일을 끝없이 뻗쳐 있는 빙산의 표출부이다. 임재는 하나님이 누구신지 가냘프게 반짝이면서 사랑스레 나타나서, 우리가 자신을 바쳐 그분을 경배하게 하는 것이다.

프랭크 디마지오는 그의 저서 문 된 교회(The Gate Church)에서 임재에 대하여 이렇게 말한다:

"임재"의 히브리어 파니엄은 구약성경에서 76번 나온다. 그것은 파나(panah)라는 어원, "돌리다" 혹은 "얼굴을 [그] 쪽으로 돌리다"에서 파생되었다. 이 단어는 하나님이 복을 주시고 총애하시려고 하나님을 경배하는 자에게로 향하신다는 것을 나타낸다. 하나님의 임재는 그 아래로 오는 모든 자를 채우고, 위력을 떨치고, 스며들고, 덮어 에워싸는 위풍이시다.3)

누군가의 얼굴을 본다는 것은 그의 실재를 들여다보며 응시한다는 뜻이다. 우리가 하나님의 임재를 구할 때, 우리는 그분의 표정이나 그분의 안색을 살피는 것이다. 우리가 배우자나 자녀를 알듯이 하나님을 알고자 구하는 것이다. "얼굴과 얼굴을 마주 대고" 혹은 누군가의 얼굴을 만지는 일은 매우 친밀하고, 자신의 약한 부분을 드러내는 경험인 것이다.

구름에 덮여 감춰계시고

성경은, 특히 구약에서, 하나님의 임재에 관하여 여러 가지를 가르치고 있다. 우리가 반복해서 볼 수 있는 것은 하나님께서 그분의 임재가 발하는 광휘를 구름으로 덮으시는 것이다. 하나님이 모세에게 말씀하시길, "모세가 하나님 앞에 올라가니 여호와께서 산에서 그를 불러 말씀하시되 너는 이같이 야곱의 집에 말하고 이스라엘 자손들에게 말하라"(출 19:3). 출애굽기 34장 5-6절은 어떻게 "여호와께서 구름 가운데에 강림하사 그와 함께 거기 서서 여호와의 이름을 선포하실새 여호와께서 그의 앞으로 지나시며 선포하시되 여호와라 여호와라 자비롭고 은혜롭고 노하기를 더디하고 인자와 진실이 많은 하나님이라"하셨는지 묘사하고 있다. 광야에서 하나님의 임재하시는 구름이 지성소에 내려 오셨고(레 16:2, 민 9:15), 성전에 계셨다(왕상 8:10-12, 대하 5:13-14).

가끔 내가 비행기 창문을 통해 내려다 볼 때 하나님의 임재가 구름에 덮여 감춰진 것을 생각해 보곤 한다.

그분은 장엄한 의상을 고르셨다! 번개 치는 소나기를 예상하게 하는 시커먼 구름부터, 장난스레 즐거운 흰 구름과 머리카락 같은 가벼운 솜까지, 구름은 창조주 하나님 자신의 모든 무드를 표현하기에 완벽한 작품인 것 같다. 구름은 하늘을 오리

털 이불처럼 덮을 수도 있고 혹은 눈부시게 새파란 뒷배경을 따라 통통 뛰어다닐 수도 있다. 구름은 해가 떠오르거나 질 때 가장 찬란히 빛나는 예술품을 그려 낼 수 있다. 이렇게나 장관을 펼칠 수 있는 구름이니, 과연 하나님이 지상의 의복으로 고르실 만도 하다.

불로 나타나심

하나님이 당신의 임재로 인한 온전한 영향력을 구름으로 감추신 것처럼, 임재를 드러내시는 데는 불을 사용하셨다고 성경은 말한다:

"여호와께서 그들 앞에서 가시며 낮에는 구름 기둥으로 그들의 길을 인도하시고 밤에는 불기둥을 그들에게 비추사 낮이나 밤이나 진행하게 하시니 낮에는 구름 기둥, 밤에는 불기둥이 백성 앞에서 떠나지 아니하니라"(출 13:21-22).

"나는 아이 앰이다.
(I am who I am)
너는 이스라엘 백성들에게
다음과 같이 말하여라.
아이 앰(I am)이 나를
너희에게 보냈다고."

하나님의 임재를 알리는 불은 "소멸시키는 불(consuming fire)"(신 4:24)-거룩한 불로서, 하나님 존재의 절대적인 능력과 정결함을 나타낸다. 어떠한 죄라도 그 가운데 머무를 수 없다. 이 소멸하는 불은 백성들이 하나님이 지정하신 리더인 모세를 의심했을 때 심판으로 오고(민 16:35), 고난에 대해 불평했을 때 온다(민 11:1-3). 그들이 하나님께 희생 제물을 바쳤을 때 그 불이 하늘로부터 내려와 제물을 소멸시킨다(레 9:24). 이런 것이 나머지 다른 민족으로부터 그들을 구별 짓는 표시였다.

하나님의 임재가 머무르기로 정해진 언약의 궤를 들여놓을 성전이 완성되었을 때, 솔로몬이 헌당하는 기도를 올렸고 하나님은 불을 보내서서 성전을 가득히 채웠는데 그것은 아무도 가까이 갈 수 없을 정도였다:

"솔로몬이 기도를 마치매 불이 하늘에서부터 내려와서 그 번제물과 제물들을 사르고 여호와의 영광이 그 성전에 가득하니 여호와의 영광이 여호와의 전에 가득하므로 제사장들이 여호와의 전으로 능히 들어가지 못하였고 이스라엘 모든 자손은 불이 내리는 것과 여호와의 영광이 성전 위에 있는 것을 보고 돌을 깐 땅에 엎드려 경배하며 여호와께 감사하여 이르되 선하시도다 그의 인자하심이 영원하도다 하니라"(대하 7:1-3).

오늘날 하나님의 영광이 교회에 가득차서 감히 아무도 가까이 갈 수 없을 정도가 어떤 것일 지 상상해 보시라! 아마 전국적인 뉴스가 나갈 것이다. 사람들이 성모 마리아의 상이 유리창이나 나무에 비춰지는 것을 보려고 벌떼처럼 모여든다면, 하나님의 임재가 거의 손으로 만져질 정도로 하나님이 실제적이면 얼마나 많은 사람들이 교회 건물로 몰려들지 상상할 수 있겠는가?

두렵고 떨리는

이스라엘 백성들이 하나님의 임재를 만났을 때 무엇을 했는지 주목해 보자—"그들은 길 위에서 얼굴을 땅에 대고 무릎을 꿇었다. "성서는 하나님의 임재를 구름과 불에 연관 짓는 것 외에, 임재하심은 인간에게 늘 극적인 두려움으로 반응하게 한다는 것을 일관되이 기록하고 있다. 그것은 말 그대로 벌벌 떨리게 했다. 출애굽기 19:16-19은 이스라엘 진영의 가장자리에서 일어난 초현실적인 장면을 다음과 같이 묘사하고 있다.:

"셋째 날 아침에 천둥과 번개와 빽빽한 구름이 산 위에 있고 나팔 소리가 매우 크게 들리니 진중에 있는 모든 백성이 다 떨더라 모세가 하나님을 맞으려고 백성을 거느리고 진에서 나오매 그들이 산 기슭에 서 있는데

시내 산에 연기가 자욱하니 여호와께서 불 가운데서 거기 강림하심이라 그 연기가 옹기 가마 연기 같이 떠오르고 온 산이 크게 진동하며 나팔 소리가 점점 커질 때에 모세가 말한즉 하나님이 음성으로 대답하시더라"

이런 예배는 당신이 졸면서 드릴 수 있는 것이 절대로 아니다! 레이저 광선이나 컴퓨터 애니메이션 그리고 특수효과가 있기 전 시대에 할리우드조차 자랑스러워할 만한 정도의 쇼인 것이다. 손전등 정도도 신비스럽게 여길 이스라엘 백성들에게 빨갛게 달아오르고, 연기를 뿜으며 음악 연주를 하는 산은 어이없이 두려운 것이었을 것이다. 그래서 우리가 출애굽기 20:18-19을 읽을 때 그들을 이해하기 어렵지 않다:

"뭇 백성이 천둥과 번개와 나팔 소리와 산의 연기를 본지라 그들이 볼 때에 떨며 멀리 서서 모세에게 이르되 당신이 우리에게 말씀하소서 우리가 들으리이다 하나님이 우리에게 말씀하시지 말게 하소서 우리가 죽을까 하나이다"

축제를 벌일 때에도 하나님의 임재는 이 특유의 철저한 겸양과 두려움에 찬 복종을 자아내게 하였다(레 9:24). 출애굽기와 레위기에 있는 성전 건축과 기물들에 대한 정밀한 지시들을 읽노라면, 마치 고도의 방사능 물질을 다루듯이 임재를 접근해야 하는 느낌을 갖게 된다고 말했던 필립 얀시의 말이 옳다. 기물들에 대한 엄밀하고 세부적인 묘사는 이 일이 얼마나 심각한 정도인지 드러내는 것이다! 하나님께서는 당신이 공적으로 계시는 곳의 건축을 가볍게 여기지도 않으셨고, 그것을 짓는 일에 대한 결정을 건축자의 종작없는 생각에 맡겨 놓지도 않으셨다. 예를 들어 성전 안뜰의 한 부분을 설명한 것을 보기로 하자: "뜰의 휘장 문을 청색 자색 홍색 실과 가늘게 꼰 베 실로 수 놓아 짰으니 길이는 스무 규빗이요 너비와 높이는 뜰의 포장과 같이 다섯 규빗이며 그 기둥은 넷인데 그 받침 넷은 놋이요 그 갈고리는 은이요 그 머리 싸개와 가름대도 은이며 성막 말뚝과 뜰 주위의 말뚝은 모두 놋이더라"(출 38: 18-20).

제사장에 대한 지시도 이와 마찬가지의 공을 들여야 하는 것으로, 그들이 무엇을 입을지, 사역을 하려면 어떻게 성별되어야 하는지, 책임 등이 무엇인지도 포함되어 있다. 하나님은 모세와 그의 형 아론과 그 아들들이 제사장으로 구별되어야 함을 지시하셨다. 숙련된 장인이 다음의 거룩한 의복을 금, 은, 보라, 빨강의 색실과 고급 세마포로 지어야 했다: 흉패, 에봇(소매 없는 예복), 길다란 겉 예복, 어깨받이, 모자와 어깨 띠 등을. 다음은 흉패에 대한 몇 몇 세부사항 중의 일부이다:

흉패를 네모 반듯하게 만들되 길이와 너비가 한 뼘씩 두 겹으로 해야했다. 다음으로 그것에 네 줄로 보석을 물려야 했다. 첫 줄은 홍보석 황옥 녹주옥, 둘째 줄은 석류석 남보석 홍마노, 셋째 줄은 호박 백마노 자수정, 넷째 줄은 녹보석 호마노 벽옥으로 이것들을 다 금테에 물렸다. 이 보석들은 이스라엘 아들들의 이름대로 열둘이라 보석마다 열두 지파의 한 이름씩 도장을 새기는 법으로 새기게 하였다(출 28:15-43).

하나님은 세세히 지시하셨고 그들이 엄격하게 따르기를 기대하셨다. 하나님의 임재 안에서는 어떠한 변경사항도 받아들여지지 않았다. 그 결과로 제사장의 임무는 높은 영예와 높은 위험 둘 다를 지니게 되었고, 누구든지 권위에 복종하는데 문제가 있는 자가 수반하기에는 적합하지 않았다. 예를 들어 아론의 두 아들들이 여호와께서 치셔서 성전에서 죽었는데 그들이 지시하신 대로 향불을 올리지 않고 "허락되지 않은 불을 드렸기" 때문이었다(레 10:1-2). 하나님의 임재로부터 나온 불이 두 소년을 소멸시킨 후에, 성경은 "아론이 침묵했다"(레 10:3)고 말한다. 나는 그가 자기의 두 아들들을 바라보며 무슨 생각을 했을 지 때때로 생각해 보곤 한다. 그리고 또한, 오늘날 교회에서 "허락되지 않은 불"은 무엇에 해당하는지도 궁금해 한다.

한번만 실수해도 바베큐가 되었으니, 제사장이 임재하심에 들어가기 전에 그들의 발목에 끈을 매고 예복에 종을 매다는 풍습이 생겼을 것이라고 어떤 역사가들은 말한다. 사람들은 성전 밖에서 주시하며 귀를 기울였다. 적어도 종소리가 딸랑거리는 동안에는, 제사장은 문제가 없었다. 하지만 제사장이 죽었을 때는 그 시체를 끌어낼 방법이 필요했다. 그들은 감히 성전에 들어갈 엄두도 내지 못했으니 매었던 끈을 당겨서 밖으로 끌어낼 수밖에. 제사장이 좋은 생명보험을 들기는 거의 불가능했던 것처럼 보인다.

이런 구절들 때문에 오늘날 많은 기독교인들이 구약성경을 아예 멀찌감치 치워 놓는다. 그들은 이렇게 끔찍한 면의 하나님 본성을 이해하지 못하며, 그들이 구원자로 알고 있는 예수님의 목가적이고 사랑하시는 모습과 일치시킬 수가 없다. 하지만 바울이 로마서에서 말한 바와 같이, 우리는 "그러므로 하나님의 인자하심과 준엄하심을 보라 넘어지는 자들에게는 준엄하심이 있으니 너희가 만일 하나님의 인자하심에 머물러 있으면 그 인자가 너희에게 있으리라 그렇지 않으면 너도 찍히는 바 되리라"(개역 개정)

> 우리가 하나님 성품의 모든 부분을 다루지 않으면, 우리는 하나님과 하나님의 계획에 대하여 왜곡된 관점을 가지게 될 것이다.

"Behold then the kindness *and* severity of God; to those who fell, severity, but to you, God's kindness, if you continue in His kindness; otherwise you also will be cut off."(롬 11:22 NASB, 이탤릭체는 저자의 것). 그가 "보라"라고 한 것은 "주목하시오, 잊지 마시오, 인정하시오"라고 하는 것이다. 우리가 하나님 성품의 모든 부분을 다루지 않으면, 우리는 하나님과 하나님의 계획에 대하여 왜곡된 관점을 가지게 될 것이다.

감사하게도 오늘날 우리는 율법아래 살지 않고 은혜 아래 살고 있지만, 하나님의 본성은 변함이 없으시다.

하나님의 음성

마지막으로, 만일 임재가 구름 속의 안개 같고 불 속의 두려움이 있다면, 목소리로는 실수할 여지없이 정확했다. 구약 성서는 종종 하나님께서 그분의 임재를 당신의 말씀으로 모세에게 직접 드러내셨다고 말한다:

"사람이 자기의 친구와 이야기함 같이 여호와께서는 모세와 대면하여 말씀하시며 모세는 진으로 돌아오나 눈의 아들 젊은 수종자 여호수아는 회막을 떠나지 아니하니라"(출 33:11). "모세가 회막에 들어가서 여호와께 말하려 할 때에 증거궤 위 속죄소 위의 두 그룹 사이에서 자기에게 말씀하시는 목소리를 들었으니 여호와께서 그에게 말씀하심이었더라"(민 7:89)

성서의 첫 다섯 권에서 대부분의 내용이 다음과 같은 구절로 시작된다.

"하나님이 모세에게 이르시되…" 지성소에서 하나님의 임재는 이스라엘 백성의 선생님이 되셔서 이 고집 센 백성들을 가르치시고, 훈련시키시고, 훈육시키신다. 하나님은 십계명으로 그들이 안전하게 살고 서로 평화롭게 공존할 수 있는 규칙을 가르치신다. 그것은 일학년용 도덕생활 기초반이었다. 하나님은 사람 관계에 대한 것과 상처를 어떻게 다룰지 가르치셨다. 재산 보호에 대한 것과 예의범절에 대하여 가르치셨다. 분쟁을 조정하셨다. 사회적 책임에 대하여 세부적인 지시를 하셨고 건강을 유지하는 법도 가르치셨다. 하나님은 안전한 성에 대하여 가르치셨고, 어떻게 물을 구할지도 가르치셨다. 하나님은 예배에 대하여 지시하셨고 제물을 바칠 때 어떻게 하는 것이 올바른지 일러주셨다. 하나님은 제사장의 의복을 디자인하셨다. 하나님은 모세에게 다음과 같이 말씀하여 언제 화가나 계시는 지도 알리셨다. "너희는 이 회중에게서 떠나라 내가 순식간에 그들을 멸하려 하노라 하시매 그 두 사람이 엎드리니라"(민 16:45)

하나님은 능력과 목적을 가지고 말씀하셨다. 하나님은 말씀하셨고 광야는 흔들렸다. 그분은 하실 말씀이 많았다. 모세가 랩탑이나 PDA없이 자신이 들은 말씀을 빠짐없이 기록한 것은 정말로 놀랄 일이다! 하나님이 말씀하셨을 때, 사람들이 듣고 순종하기를 바라셨다. 듣고도 불순종하는 것은 고통을 초래하는 것이었다(신 28). 하나님은 우리가 선택해야 하는 것을 확실하게 하셨다. "…내가 생명과 사망과 복과 저주를 네 앞에 두었은즉 너와 네 자손이 살기 위하여 생명을 택하고 네 하나님 여호와를 사랑하고 그의 말씀을 청종하며 또 그를 의지하라"(신 30:19-20).

이스라엘-임재 중심의 백성

하나님과의 고유한 관계로 인하여 이스라엘 사람들은 임재 중심 백성의 원조가 되었다. 모세의 영도력 아래 그리고, 하나님의 분부하심에 따라 그들은 임재를 삶의 축으로 삼았다.

언약궤는 항상 장막의 맨 중앙에 위치했다. 열두 지파는 네 그룹으로 나뉘어 임재를 중심으로 대칭을 이루도록 배치되었다: 북쪽에 세 지파와 남쪽에 세 지파, 동쪽에 세 지파와 서쪽에 세 지파가 있었다. 낮에는 장막 위에 걸려있는 구름을 보았고, 밤에는 각자의 처소를 향한 입구 쪽에 누워 불을 보았다. 임재가 머무르는 동안에는 그들도 머물렀다. 그러다 임재가 움직이면, 그들도 따라갔다. 임재가 그들을 이끌었고 그들은 임재에 이끌렸다.

임재를 섬기는 것이 이스라엘의 최우선 순위였으므로, 한 지파 전체가 언약궤를 돌보고 지키는 특수임무를 이행하도록 지정되었다. 그들은 레위인이라고 불렸는데, 제사장과 함께 그의 측근에서 일하며 하루 스물 네 시간 여호와를 섬기는 일에 봉직하였다. 이천 이백 명의 힘센 장정들로 된 레위인이 밤낮으로 여호와를 경배하고 시중드는 임재 지키기 일을 하였다(민 3:39). 그들은 생활 속에서 임재가 계신 곳을 소중히 지켰다.

지성소를 섬기는 레위인들의 역할에 대한 윤곽은 민수기에 나와 있다. 레위 지파의 레위인들은 나머지 열한 지파를 대표하여 여호와 앞에서 섬기도록 하나님에 의하여 선택되었다(민 3:41). 언약궤를 포함한 지성소를 세우고, 허물고, 운반하는 일을 하도록 지정된 레위인들은 다른 지파들과는 달리 땅을 물려받지 못하였다. 그 대신에 여호와께서 당신이 그들의 상속 그 자체라고 하셨다(신 10:9). 신명기 10:8은 레위인의 중요성에 대한 배경 말씀이다. "그 때에 여호와께서 레위 지파를 구별하여 여호와의 언약궤를 메게 하며 여호와 앞에 서서 그를 섬기며 또 여호와의 이름으로 축복하게 하셨으니…" Revised Standard Version 성경은 그들을 레위 제사장(Levitical priests)이라고 부른다.

솔로몬 왕이 영구한 성전을 건축했을 즈음에는 음악이 레위인 임무에서 중요한 부분을 차지하게 되었다. 내부 성전에 궤가 안치 될 때에 대하여 성서는 다음과 같이 말한다:

"노래하는 레위 사람 아삽과 헤만과 여두둔과 그의 아들들과 형제들이 다 세마포를 입고 제단 동쪽에 서서 제금과 비파와 수금을 잡고 또 나팔 부는 제사장 백이십 명이 함께 서 있다가 나팔 부는 자와 노래하는 자들이 일제히 소리를 내어 여호와를 찬송하며 감사하는데 나팔 불고 제금 치고 모든 악기를 울리며 소리를 높여 여호와를 찬송하여 이르되 선하시도다 그의 자비하심이 영원히 있도다"(대하 5:12-13).

솔로몬의 아버지 다윗이 임재를 섬기는 레위인의 임무에 음악을 합하게 한 것이다. 다윗은 임재가 놀랍도록 훌륭한 것이고 매력적인 것을 온전히 알고 있었고 그것에 대하여 많은 시편에 기록도 해 놓은 것이다.

> "만군의 여호와여 주의 장막이 어찌 그리 사랑스러운지요! 내 영혼이 여호와의 궁정을 사모하여 쇠약함이여 내 마음과 육체가 살아 계시는 하나님께 부르짖나이다…
> 주의 궁정에서의 한 날이 다른 곳에서의 천 날보다 나은즉 악인의 장막에 사는 것보다 내 하나님의 성전 문지기로 있는 것이 좋사오니"(시 84:1-2, 10).

예배와 찬양은 임재 앞에 매일 드리는 일상적인 일이 된 것이다. 그들이 하나님의 임재를 밤낮으로 시중들며(wait on) 연주하고 노래하게 된 것이다. 흥미롭게도 기다린다(wait)는 히브리어 뜻은 "한데 동여매다, [부부의]인연, 혹은 인내심을 가지고 열망하여 쳐다보는"의 의미를 말한다. 바로 그것이 레위인들과 제사장이 한 것이었다. 자신을 하나님에게 결속시키고, 하나님의 계시를 열망하며 바라보았다.

제사장의 임무는 사람에게가 아니라 하나님께 봉직하는 것이었음에 주목하라. 더군다나 그들은 일요일 아침 11시부터 12시까지가 아니라, 24시간 7일간, 불철주야로 그렇게 했다. 오늘날 목회자나 사제의 일반적인 하루에 비해서 정말 다른 것임을 짐작할 수 있다.

이스라엘-거룩한 처소

만일 당신이 여기까지만 읽고 그친다면, "도대체 누가 그런 제사장의 임무를 원한단 말이야? 하나님은 정말 가까이 지내기 어려운 분이고-거의 무자비한 폭군이시네."하는 의구심을 품을지도 모른다. 마치 오즈의 마법사에서 도로시와 친구들이 겁에 잔뜩 질린 눈을 크게 뜨고 벌벌 떨며 서로 부둥켜안은 채 한 발자국씩 마법사에게 마치 그것이 마지막 발걸음인양 다가가는 장면이 떠오른다.

하지만 하나님과 이스라엘 백성과의 관계는 매우 특별한 것이었다. 하나님이 절대적으로 거룩하시고 정의로우시고 의로우신 것만큼이나, 하나님은 그들에게 헌신적이고 정열적이고 신실하신 분이셨다. 만약 하나님의 훈육하심이 거칠게 느껴진다면, 그것은 인간에 대한 하나님 아버지의 깊은 부성애 때문이며, 모든 좋은 아버지가 늘 그렇

아담과 이브를 창조하신 때부터 하나님은 줄곧 인류와 함께 시간 보내기를 갈망하셨다.

듯이, 무엇이 우리에게 가장 좋은 것인지 그분이 아시기 때문이다. 하나님은 온전히 선하시고 동시에 통렬히 엄격하시다(wholly severe). 이스라엘 백성들은 때때로 게으르고, 무책임하고, 불순종하였지만, 그들은 하나님의 자식들이었다. 그들은 하나님이 어떤 것을 원하시는지 알았고 그들이 제대로 말을 듣지 않았을 때의 그 결과는 확실하고도 빨랐다.

아담과 이브를 창조하신 때부터 줄곧 하나님은 인류와 함께 시간 보내기를 갈망하셨다. 하나님은 당신의 즐거움을 위하여 우리를 지으셨다. 그분의 형상대로. 이제 하나님은 지구상의 모든 사람들 중에 이스라엘 사람들을 택하시고 그들을 하나님의 백성으로 구별 지으셨다. 그분이 그들에게 말씀하셨다. "세계가 다 내게 속하였나니 너희가 내 말을 잘 듣고 내 언약을 지키면 너희는 모든 민족 중에서 내 소유가 되겠고"(출 19:5)

"너희가 내게 대하여 제사장 나라가 되며 거룩한 백성이 되리라"(출 19:5-6, 7:6도 보라).

하나님이 왜 그들이 하나님의 나라가 되도록 택하셨는지 모세가 백성들에게 설명하였다. "여호와께서 다만 너희를 *사랑하심*을 인하여 또는 너희 열조에게 하신 맹세를 지키려 하심을 인하여 자기의 권능의 손으로 너희를 인도하여 내시되 너희를 그 종 되었던 집에서 애굽 왕 바로의 손에서 속량하셨나니"(신 7:8, 이탤릭체는 저자의 것임. 또한 신 4:20을 보라).

하나님의 "아끼시는 소유"이며 하나님이 애정을 품는 대상이 된 이유가 아무 다른 이유 없이 그저 그렇게 맘을 정하셨기 때문이란 것은 얼마나 우리를 겸손케 하는 생각인가.

내 생각에 이스라엘 사람들에 대한 하나님의 마음을 가장 잘 나타낸 장면은 출 24:9-11에 모세와 아론과 그 두 아들(맞다, 나중에 성전에서 죽게 되는 그 두 명)과 칠십명의 장로가 하나님과 함께 하려고 산에 올랐을 때라고 생각한다. 성경이 말하기를, "그의 발 아래에는 청옥을 편 듯하고 하늘 같이 청명하더라 하나님이 이스라엘 자손들의 존귀한 자들에게 손을 대지 아니하셨고 그들은 하나님을 뵙고 먹고 마셨더라" 와! 그들이 실제로 하나님을 보았고, 그리고 함께 점심을 먹었다는 것이다! 얼마나 멋진 생각인가.

모세는 하나님과 여러 번 친밀한 만남을 가졌었다. 어떤 때는 임재의 효과가 실제 눈에 띌 정도였는데, 출애굽기 34장에 그가 십계명을 받고 산에서 내려 왔을 때, 그가 "여호와와 말하였기 때문에 얼굴에서 광채가 나는 것"(29절)을 몰랐다고 되어 있다. 아론과 다른 리더들이 모세의 얼굴을 보았을 때 그들이 그에게 가까이 가는 것을 두려워하여 멀리 도망갔다. 가엾은 모세는 뭐가 잘못됐는지도 몰랐지만 누군가가 그에게 얼굴에서 광채가 난다고 속삭여주자 얼굴에 수건을 덮어서 사람들이 두려워하지 않도록 하였다. 그리고 난 후 그는 여호와께서 자기에게 하신 말씀을 다 전하였다.

나는 이런 에피소드 때문에 이스라엘 사람들이 자꾸 다시 돌아오게 됐다고 믿는다. 하나님의 임재는 너무 맛이 있어서 단 한번만 맛을 봐도 더욱더 먹고 싶은 갈급함을 솟구치게 한다. 임재는 단 한번만 경험했더라고 그 효과는 삶을 뒤바꾸는 것이다. 하나님의 임재는 만지시는 모든 것을 관통하고 날인을 찍어서 절대 다시 똑같을 수 없다. 그것은 사람이 겪을 수 있는 모든 경험 중 가장 위대한 것이고, 이스라엘은 그들이 경험한 하나님의 임재로 영원히 바뀐 백성이 되었다.

이스라엘-하나님의 거룩한 본거지
(A Divine Stronghold)

임재는 이스라엘 사람들의 든든한 보장이요 즐거움이었다. 그들이 임재를 소유한 것이 아니었다. 오히려 하나님의 선택받은 백성으로 특별히 지정받았고, 임재가 그들을 소유하였다. 삶 속에 지속적으로 거주하는 임재로 말미암아 이스라엘은 한 국가로서 소위 내가 이름 지어 부르는 하나님의 거룩한 본거지가 되었다. 임재 중심의 사상과 습관으로 양육된 하나님의 거룩한 본거지는 겸손의 토양에서 성장했고, 지구상에 주어진 한 영토 위에 하나님의 왕국을 이룩하게 되었다.

이스라엘의 경우 하나님의 거룩한 본거지는 직접적으로 체험한 임재나 모세의 지도력 덕분에 뚜렷이 나타난 하나님의 임재에 오랫동안 접하게 된 결과로 이루어졌다. 그들이 임재를 맛보고 체험하면서 자신들의 삶 속에 미치는 영향을 반추하게 되었다. 하나님은 그분 나름대로의 방식으로 그들의 삶 속에 계셨고, 이스라엘을 통하여 하나님의 명성을 창출해 내셨다. 그분의 임재는 너무나 그들의 삶속에 깊숙이 침투되어 있어서 아예 그들의 정체성이 되어버렸는데 - 그 정체성은 이 땅에 만들어진 신비로운 보좌와 동일시되다시피 했던 언약궤였다.

토의 질문

1. 자유롭게 논의하십시오. 하나님의 임재를 묘사하는 단어들을 모아 열거해 보십시오. 그것들을 큰 소리로 읽으십시오.

2. 지성소에서 제사장의 주된 임무는 무엇이었습니까? 레위인들의 주된 임무는 무엇이었습니까?

3. 하나님의 임재를 경험한 적이 있습니까? 어떻게 그것을 알았습니까?

4. 하나님은 왜 이스라엘을 택하셨습니까? 이것은 하나님의 본성에 대하여 무엇을 말합니까?

5. 우리가 더 이상 율법 아래에 살지 않는데 왜 아직도 구약을 연구해야 합니까?

6. 하나님은 잔인하셨습니까? / 잔인합니까?

제 5 장

언약궤

　당신이 만일 인디애나 존스 영화 팬이라면 언약궤가 이 세상에서 지구상의 물질로 만들어진 물건 중, 아마도 그에 버금가는 십자가를 제외하고는, 가장 중요한 물체라는 것을 이해할 것이다. 둘 다 나무로 만들어졌고, 둘 다 인간에게 하나님을 드러내는 데 쓰였다. 예수님이 이 세상에 오셨을 때 목수로 사시고 작업하신 것이 결코 우연만은 아니리라.
　스티븐 스필버그의 영화, 레이더스: '잃어버린 성궤를 찾아서'는 각별히 영적인 것이 아니라 변절된 것으로 고고학자가 히브리인의 고대보물을 찾아 헤매는 이야기다. 모험은 미 정부가 인디애나 존스에게 그 보물을 찾아오라고 임명하는 것으로 시작되는 데, 때마침 독일 나치 팀도 그것을 발굴 해내려는 참이었다. 영화의 구성은 거의 완전히 픽션이지만, 프로듀서가 법궤에 대하여 묘사한 것 중 어느 정도의 정확성을 가지고 그린 것이 몇 가지 있기는 하다: 복제한 법궤의 모델과, 궤가 운반되는 방법과 그것이 지니는 신비하도록 위험한 능력이 그것이다.

"금고(chest)"나 "관(coffin)"을 뜻하는 히브리어 "아로운(arown)"에서 파생된 궤(Ark)는 모세에게 하나님이 지시하신대로 만들어졌었다. 15평방 피트(1.4평방 미터)의 아카시아 나무 상자가 하나님이 이 세상의 보좌-하나님의 임재가 거주하시기로 지정된 장소-로 택하신 것이었다. 흥미롭게도 아카시아 나무는 그 일대에서 가장 흔한 것일 뿐만 아니라 매우 튼튼하고 가시로 덮여있다는 것이다. 이 가시들이 근접하기 어려운 여호와의 엄위하심과 힘을 강화하는 것이었을 수도 있다.[1]

정금으로 만들어진 궤의 꼭대기에는 서로 얼굴을 마주 하고 무릎을 꿇은, 널리 펼쳐진 날개로 얼굴이 덮여있는 두 체루빔 천사가 있었다. 여호와가 두 천사들 사이에 와서 머무르시겠다고 했으니 그들의 위치상 그룹들은 임재를 경호하고 있었던 것으로 보인다. 궤의 뚜껑인 이 부분은 시은소(Mercy Seat)라고 불렸다. 아무도 궤를 만져서는 안 되므로 궤의 옆면에는 4개의 순금 고리가 있었고, 여기에 긴 장대를 꿰어 궤를 운반할 때 사용하도록 하였다.

궤는 커튼이나 베일로 둘러쳐진 성막의 중앙에 안치되었고 모세와 제사장들만 드나들 수 있었다. 그곳은 이스라엘 백성들에게 있어서 삶의 구심점이었다. 하나님이 모세에게 말씀하셨다. "거기서 내가 너와 만나고 속죄소 위 곧 증거궤 위에 있는 두 그룹 사이에서 내가 이스라엘 자손을 위하여 네게 명령할 모든 일을 네게 이르리라"(출 25:22). 영화에서 인디애나 존스의 절친한 친구 중 하나가 노련한 고고학자에게 지혜로운 말로 확신을 시킨다. "계약의 성궤는 자네가 발굴하려던 그 어느 것 보다 비할 바 없는 값진 것이지."라고.

일 년에 한 번, 제사장은 지성소에 들어가서 이스라엘 백성의 죄를 대신하여 시은소에 피로써 희생 제물을 바친다. 제물을 준비한 후에는, 하나님이 강림하여 제물을 받아들이시어 그들과 하나님이 다시 하나가 되는 회복의 자비를 보여 달라고 모두가 기다리며 기도했다. 그래서 시은소는 또한 속죄소(Seat of Atonement["at-one-ment"-하나됨의 명사형으로 저자가 꾸밈, 역주]), 혹은 속죄의 덮개라고 불렀다.

지성소에서 섬기는 제사장들은 하나님이 거하시는 궤에 가까이 갈 수 있었으므로 특권을 가진 자들이었다. 그들은 목이 높은 칼라가 달린 옷을 입었고, 그것은 상을 당하면 흔히 옷을 빌려주는 풍습이 있었던 그 사람들 사이에서 자신의 옷을 애도하는 데 빌려주지 않도록 스스로에게 일깨우려는 이유에서였다. 그들은 중재자의 고유한 역할을 수행하도록 하나님에게서 택함을 받은 특별한 존재들이었다.

법궤 안에는 세 가지 물체가 있었다: 하나님이 산에서 모세에게 주신 십계명, 하나님의 권위를 상징하는 싹 난 아론의 지팡이,

그리고 백성을 공급하시는 하나님을 나타내는 만나가 있었다.

우리는 이스라엘의 역사상 법궤가 여러 번 운반되었던 것을 성서의 기록으로 알고 있다. 한번은 포획되어 블레셋에 여러 달 동안 묶여 있었던 적도 있었다. 하지만 블레셋 인들은 임재가 그들 가운데 계심으로 말미암아 종양과 죽음이라는 방법으로 하나님의 손이 그들을 치신다는 것을 알게 된 직후에 재빨리 궤를 이스라엘에게 돌려주었다.

여러 해 후, 다윗이 이스라엘의 왕이 되었을 때 그는 자신과 백성에 대한 하나님의 통치를 인정하려고, 궤를 예루살렘 도성과 국가적으로 중요한 위치로 옮기기로 마음먹었다. 그래서 그는 3만 명의 장정을 유다로 보내어 가져오게 하였다.

불행하게도, 다윗은 사용자 지침서를 제대로 보지 않았었고 여호와께서 지시하신대로 장대를 사용하지 않고 블레셋사람들이 만든 새 수레를 사용하여 운반하였다. 운반 도중 길에서 소 하나가 넘어졌고 웃사라는 사람이 쓰려지려는 궤를 붙들었다가 즉사하고 말았다. 다윗은 놀래 겁을 먹고 수송을 중단시키고 무엇이 잘못되었는지 조사하도록 했다. 그 후에 그는 제물과 환호성과 트럼펫과 춤으로 이어지는 굉장한 행렬을 지어 예루살렘으로 오는 나머지 여정을 안전하게 마치고 궤를 들여오게 되었다. 궤는 성막에 놓였다가 나중에 다윗의 아들 솔로몬 왕이 건축한 성전으로 운반되었다(삼하 6).

언약궤는 BC 587년에 바빌론이 예루살렘을 침공했을 때 사라졌다. 어떤 이는 파괴되었다고 말하고, 또 어떤 이는 아직도 어딘가에 존재하며 결국은 찾게 될 것이라고 말한다.

법궤의 목적

언약궤는 가장 높으신 하나님이 머무르는 곳으로서 명백하게 중요한 것이었다. 하지만 그것은 또한 하나님이 택하신 이스라엘 백성을 위한 여러 가지 중요한 목적을 가지고 있었다.

1. 법궤를 통하여, 하나님은 능력과 권위를 나타내셨다.

법궤에 계신 하나님의 임재는 이스라엘 진영에서 누가 통제권을 가지고 있는지에 대한 어떤 질문에라도 거침없이 응답하셨다. 궤를 잘못 다뤄서 죽은 아론의 아들들과 웃사의 일이 가혹하게 느껴질 지라도 그것은 백성들에게 그들이 하나님을 위해 존재하는 국가이지 그 반대가 아님을 알게 하셨다. 거듭거듭 하나님은 그분의 완전하며 다스리시는 권위와 그것을 뒷받침할 능력을 나타내 보이셨다.

하나님은 또한 모세와 아론에게 권위를 주셔서 당신이 지정한 지도자임을 백성들이 불평할 때마다 반복하여 확인시키셨다. 그들은 공적으로 하나님이 도장을 찍으셨으므로 다른 경력이나 직함이 필요 없었다. 모세는 매우 겸손한 사람이었다 – "이 사람 모세는 온유함이 지면의 모든 사람보다 더하더라"(민 12:3). (모세가 이것을 기록한 자이니 그가 정말 그처럼 겸손했었는지 나는 의구심을 가질 수밖에 없다.) 하지만 하나님은 백성들 앞에서 그를 인정하셔서 그의 권위가 하나님으로부터 오는 것임을 알게 하셨다: "여호와께서 모세에게 이르시되 내가 빽빽한 구름 가운데서 네게 임함은 내가 너와 말하는 것을 백성들이 듣게 하며 또한 너를 영영히 믿게 하려 함이니라 모세가 백성의 말을 여호와께 아뢰었으므로"(출 19:9). 나중에 하나님은 아론에게도 권위를 주셨는데, 온 회중 앞에서 그의 지팡이에서 싹이 나고, 꽃이 피어 하루 밤새 살구열매가 맺히도록 하셔서 그에게 기적적인 권위의 상징이 되게 하셨다. 하나님은 모세에게 아론의 지팡이를 성궤 안에 두게 하셔서, "거기 간직하여 반역한 자에 대한 표징이 되게 하여 그들로 죽지 않게 할지니라"(민 17:1-11).

> 법궤에 계신 하나님의 임재는 이스라엘 진영에서 누가 통제권을 가지고 있는지에 대한 어떤 질문에라도 거침없이 응답하셨다.

하나님은 그분의 권위나 하나님이 권위를 부여한 자에게 도전하는 자를 가볍게 다루지 않으셨다. 그런 자들은 신속하고도 불쾌한 벌을 받았다. 더러는 불로 소멸되었고, 더러는 간단히 땅이 입을 벌려 삼켰다(민 11:1-3; 16:1-35). 얄궂게도, 모세가 그들을 위하여 하나님 앞에 번번이 중보하지 않았다면 많은 자들이 그와 꼭 같은 운명을 면하기 어려웠을 뻔했다. 한번 이상 하나님은 하나님과 모세를 거스려 불평하는 자들을 몽땅 쓸어 없애시려 했으나, 모세는 자기를 돌로 치려는 자들까지도 그들을 살려주시라고 하나님께 빌었다(민 11:2, 14, 15:46-50). 최종적으로, 이스라엘 백성의 반역은 자신들에게 약속되었던 땅을 그 대가로 치르게 되어버리고 만다(민 14:21-23).

하나님은 그분의 권위를 이스라엘 백성에게만 한정되도록 하지는 않으셨다. 법궤가 블레셋에 붙잡혀 있었던 때에 그들이 그것을 다곤이라고 불리는 자기들 신당의 신 옆에 두었었다. 그들이 다음 날 깨어 보니, 다곤의 상이 궤 앞에 얼굴을 땅에 묻고 엎어져 있었다. 그들은 상을 제자리에 도로 세웠다. 하지만 그들이 그 다음날에 일어났을 때, 상이 또 엎어져 있을 뿐만 아니라 완전히 깨어진 것을 발견하였고, 법궤를 가져온 곳으로 도로 갖다 놓기로 결정하였다(삼상 5:1-8).

법궤는 하나님의 완전한 능력과 권위를 모든 창조물 앞에 드러내었다. 하나님은 이스라엘 백성들 가운데에 그분의 나라를 세우시려고 법궤를 통하여 하나님의 적나라한 모습을 그대로 드러내셨다.

2. 법궤를 통하여, 하나님은 자신의 뜻을 백성들에게 전달하셨다.

우리는 이스라엘이 광야를 통과할 때 하나님이 그들을 인도하시려고 어떻게 성막 위에 구름과 불을 사용하셨는지 이미 알고 있다. 성막 위에 구름이 멈추면, 이스라엘은 텐트를 쳤다. 구름이 걷히기 전에는 그들도 움직이지 않았다. 구름이 움직이면, 그들은 아무런 질문 없이 다시금 구름이 성막 위에 멈춰서서 드리워질 때까지 그 뒤를 따랐고, 그리고는 또다시 구름이 설 적에 또 텐트를 치기 시작하였다. 이런 방식으로 이스라엘 백성들이 하나님 임재에 의해 인도 받기를 40년간 하였다. 어떨 때는 구름이 같은 곳에서 수주일 혹은 여러 달까지도 움직이지 않았기에 그들이 한 곳에 머물러야 했다. 그것은 약속된 땅을 구하는 사람들에게 엄청나게 큰 믿음과 절제를 요하는 일이었을 것이다.

하나님이 이스라엘 백성은 불과 구름으로 인도하셨지만 그의 종 모세는 당신의 음성으로 다스리셨다. 직접적으로 모세와 소통하심으로써 성막의 보좌로부터 그분의 백성들을 다스리신 것이다:

> 이르시되 내 말을 들으라 너희 중에 선지자가 있으면 나 여호와가 환상으로 나를 그에게 알리기도 하고 꿈으로 그와 말하기도 하거니와 내 종 모세와는 그렇지 아니하니 그는 내 온 집에 충성함이라 그와는 내가 대면하여 명백히 말하고 은밀한 말로 하지 아니하며 그는 또 여호와의 형상을 보거늘(민 12:6-8).

영화 레이더스: '잃어버린 성궤를 찾아서'에서 인디애나 존스의 일행 중 하나가 궤를 "통신기-하나님과 얘기하는 라디오"라고 묘사한다.

결단코 다시는, 아무도 모세와 여호와 하나님과 같은 관계를 갖지 못하리라. 이때 하나님은 삶의 법령에 대한 초석을 놓으시려고 아주 직접적인 방법으로 소통하셨다. 이스라엘이 지킬 행동강령인 십계명을 모세에게 주셨고, 가정과 공동체 생활에 필요한 많은 지침들도 지시하셨다.

분쟁이나 결정할 일이 생길 때, 제사장은 백성들을 위하여, 하나님의 뜻을 분별하게 하는 도움과 상담을 받으려 임재를 구했다. 하나님이 모세에게 말씀하셨다:

> 아론이 성소에 들어갈 때에는 이스라엘 아들들의 이름을 기록한 이 판결 흉패를 가슴에 붙여 여호와 앞에 영원한 기념을 삼을 것이니라. 너는 우림과 둠밈을 판결 흉패 안에 넣어 아론으로 여호와 앞(presence)에 들어갈 때에 그 가슴 위에 있게 하라 아론이 여호와 앞에서 이스라엘 자손의 판결을 항상 그 가슴 위에 둘지니라(출 28:29-30).

하나님의 임재가 시은소(Mercy Seat)에서 인도하심으로 그가 택한 백성의 건강과 번영을 다스리셨다.

3. 법궤를 통하여, 하나님의 임재가 그들을 원수로부터 승리하게 하셨다.

비록 하나님이 이스라엘에게 그들이 소유하게 될 땅과 성취하게 될 위대한 업적을 약속하셨지만, 그들의 앞에는 직면해야 할 험난한 적지와 "거대한" 장벽들이 있었다. 그것들과 새 집(new home) 사이에 있었던 사람들 중 일부는 하나님의 계획을 도저히 알 수 없었고, 광야를 헤매는 방랑자들과 꿈에 대해서 별로 신경을 쓰고 싶지도 않았다. 이스라엘이 직면했던 많은 군대들은 숫자도 많았고 신체도 장대했으며 전직 노예들보다 훨씬 훌륭히 전쟁 장비를 갖춘 훈련병들이었다. 하지만 그들의 진영에 계신 하나님의 임재는 가장 맹렬한 적으로부터도 그들을 승리하게 하셨다.

하나님은 그들에게 당신이 함께할 것이니 두려워하지 말라고 하셨다(신 1:21). 모세가 백성들에게 재확인시켰다:

> 여호와께서 너를 교훈하시려고 하늘에서부터 그 음성을 너로 듣게 하시며 땅에서는 그 큰 불을 네게 보이시고 너로 불 가운데서 나오는 그 말씀을 듣게 하셨느니라. 여호와께서 네 열조를 사랑하신 고로 그 후손 너를 택하시고 큰 권능으로 친히(임재하심으로) 인도하여 애굽에서 나오게 하시며 너보다 강대한 열국을 네 앞에서 쫓아내고 너를 그들의 땅으로 인도하여 들여서 그것을 네게 기업으로 주려 하심이 오늘날과 같으니라 (신 4:36-38).

구름에 계시던 하나님의 임재는 이스라엘 백성들이 애굽에서 빠져나올 때도 홍해까지 추격하던 파라오의 군대를 패배시켜서 그의 백성들이 무사히 피하게 하셨다. 일단 법궤가 만들어지자 그것은 전쟁터에서 집결지가 되었고 그들이 길을 떠날 때면 그들보다 수백 미터나 앞장섰다. 길이 없어 보일 때 그들에게 길을 열어 주었다.

예를 들어, 여호수아가 그들을 이끌고 요단강을 건널 때 사람들에게 레위인들이 메고 가는 언약궤의 뒤에 줄을 서도록 지시하였다. 사람들은 시키는 대로 하였다. 하지만 강이 범람하여 건너기에는 너무 깊고 물살도 빨랐다.

> 백성이 요단을 건너려고 자기들의 성막을 떠날 때에 제사장들은 언약궤를 메고 백성 앞에서 행하니라(요단이 모맥 거두는 시기에는 항상 언덕에 넘치더라) 궤를 멘 자들이 요단에 이르며 궤를 멘 제사장들의 발이 물가에 잠기자 곧 위에서부터 흘러내리던 물이 그쳐서 변방에 일어나 쌓이고 아라바의 바다 염해로 향하여 흘러가는 물은 온전히 끊어지매 백성이 여리고 앞으로 바로 건널새 여호와의 언약궤를 멘 제사장들은 요단 가운데 마른 땅에 굳게 섰고 온 이스라엘 백성은 마른 땅으로 행하여 요단을 건너니라(수 3:14-17).

그들이 도저히 넘을 수 없는 도전을 여리고성에서 당했을 때,

또다시 언약궤는 승리의 비결이 되어주었다. 그들이 여호와께서 여호수아에게 지시하신 대로 언약궤를 메고 도성을 일곱 번 돌며 소리를 외쳤을 때, 성벽이 무너져 내렸다(수 6:6-20).

물론 이것은 하나님과 함께 하시는 임재에 대한 그들의 믿음이 이스라엘에 승리를 가져온 것이지 상자 자체에서 온 것이 아니었다. 이스라엘 백성은 블레셋과의 싸움에서 지고 궤를 빼앗기게 되는 고난을 통하여 이 교훈을 깨달았다. 하나님이 그들을 저버리시지는 않았지만, 하나님은 그들이 하나님 보다 나무 상자를 더 신뢰한 것에 화가 나셨다. 그들은 궤를 사용하여 하나님을 조정하려고 했었고 그 결과 하나님은 그날의 전쟁에서 승리를 허락하시지 않았다. 그들은 언약궤가 의미하는 바를 잊고 궤라는 물체를 경배의 대상으로 삼았던 것이다.

이스라엘 백성들에게 법궤가 복을 부르는 부적으로 보이기는 매우 쉬운 일이었을 것이다. 하지만 궤가 함께 있건 없건 간에 그들이 여호와 앞에 겸손하면 임재 자체가 그들의 승리였던 것이다. 언약궤는 그저 상징이었다. 그들을 대신하시는 하나님 임재의 능력은 역대하 20장에서 여러 부족들이 여호사밧 왕과 그 군대를 공격했을 때 뚜렷이 드러난다. 엄청나게 상대가 안 되는 숫자에 왕은 하나님께 부르짖었고, 하나님이 대답하셨다.

"너희는 이 큰 무리로 말미암아 두려워하거나 놀라지 말라 이 전쟁은 너희에게 속한 것이 아니요 하나님께 속한 것이니라 이 전쟁에는 너희가 싸울 것이 없나니 대열을 이루고 서서 너희와 함께 한 여호와가 구원하는 것을 보라 유다와 예루살렘아"(대하 20:15, 17).

지혜롭게 여호사밧 왕은 여호와 앞에 엎드렸고 모든 백성들이 경배하여 엎드렸다. 그는 전쟁터로 향하는 많은 병사들에게 노래로 하나님의 놀라우신 거룩함을 찬양하게 하였다. 그들이 부르는 찬양 노래 소리에 하나님은 적을 기습하셨고, 그들은 자기들끼리 서로 전투하였다. 언약궤가 그들과 함께 있지 않았지만 여호와의 임재가 백성들을 승리하게 하였다.

4. 법궤를 통하여, 하나님의 임재는 백성을 향한 당신의 특별한 사랑과 즐거움을 나타내 보이셨다.

일평생 이스라엘 백성이 아는 것이라고는 노예생활 뿐이었다. 그들이 애굽을 떠날 때 가진 것이라곤 아무것도 없었고, 자신들 앞에 놓여있는 여정이 얼마나 길지 혹은 얼마나 고난스러울지 그리고 결국은 어떻게 될지도 알 수 없었다. 그들이 가지고 있는 것은 하나님의 호의와 사랑이었다.

하나님은 당신의 각별한 사랑을 여러 가지 방법으로 표현하셨다. 그들이 선택받은 민족이라고 선포하시고 그들에게 하나님의 이름을 주셨다. 하나님은 그들과 언약을 맺으셨고, 하나님 존재 전체와 당신의 소유하신 모든 것을 그들이 가질 수 있도록 했다. 하나님은 이스라엘을 "제사장들의 왕국이요 거룩한 나라"(출 19:6)라고 지정하셨다.

여호와께서는 그들에게 친밀하게 그리고 자주 말씀하셨다. 그들을 위해 기적을 행하셨고, 적으로부터 보호하셨으며, 물과 만나와 메추라기를 공급하여 살리셨다. 가장 중요한 것은 하나님의 지상 거처를 그들 가운데 계시기로 정하고 언약궤에서 당신을 드러내신 것이었다. 이 얼마나 놀라운 사랑의 몸짓인가!

하나님이 베푸시는 총애 가운데는 공급하심도 포함되었다. 언약궤 안에 놓인 만나 항아리는 이스라엘 백성이 매일 필요한 물질적인 것까지도 채우시는 하나님의 신실하심을 상기시키는 것이었다. 이스라엘 민족이 40년간 사막을 방랑할 때 그들의 옷이나 신발이 낡지 않았다는 것은 매우 신기하다!(신 29:5) 나는 뜨거운 모래 위를 걸어 다니지도 않건만, 내 운동화는 약 6개월이면 다 닳고 만다.

구약성경에, 하나님과 그의 백성간의 특별한 사랑을 설명하기 위하여 "얼굴과 얼굴을 맞

...
하나님이
그의 백성과
그의 종 모세를
바라보셨을 때
얼굴에 웃음을
띠셨다.

대고"라는 구절이 다섯 번 나온다. 나는 하나님이 그의 백성과 그의 종 모세를 바라보셨을 때 얼굴에 웃음을 띠셨다고 믿는다. 번져나는 웃음은 총애하심의 표현이었고, 모세는 그것을 다음과 같이 소리 내어 말함으로써 선포하였다. "여호와라 여호와라 자비롭고 은혜롭고 노하기를 더디하고 인자와 진실이 많은 하나님이라 인자를 천대까지 베풀며 악과 과실과 죄를 용서하리라"(출 34:6-7).

또한 덧붙여서 말씀하셨다.

> "내가 언약을 세우나니 곧 내가 아직 온 땅 아무 국민에게도 행하지 아니한 이적을 너희 전체 백성 앞에 행할 것이라 네가 머무는 나라 백성이 다 여호와의 행하심을 보리니 내가 너를 위하여 행할 일이 두려운 것임이니라"(출 34:10).

임재 안에서 모세가 기도하기를, "원컨대 주의 길을 내게 보이사 내게 주를 알리시고 나로 주의 목전에 은총을 입게 하시며"(출 33:13)라고 하였다. 누구라도 그럴 수 있지만, 모세는 사람이던 나라이던 간에 그분의 총애를 받는 영광을 내리시는 하나님의 비할 데 없는 인자하심과 은혜로우심을 알아차렸다.

하나님이 이스라엘 백성을 총애하셨으므로 그들로 인하여 즐거워하셨고, 그들도 하나님께 사랑과 경배를 돌려 드릴 것을 갈망하셨다. 하나님은 서로 사랑을 답례하는 사이가 되기를 바라셨다. 하나님이 그들을 소중히 여기고 좋은 것을 아낌없이 퍼붓는 만큼이나, 백성들이 당신에게 경배와 사랑을 아낌없이 드리기를 원하셨다. 하나님은 언약궤가 환희의 축제소가 되기를 원하셨다.

구약성경에서 벌어지는 많은 이야기를 읽노라면 성전이 음울하고 심판만이 내리는 곳인 줄로 생각하기 쉽다. 우리는 하나님의 손으로 말미암아 겪는 인간의 고통에 대한 이야기나 그분의 분노에 대한 것에 흥미를 가지게 되고 관심을 집중시킨다. 그렇지만 임재 안에서 생활하는 삶에서 즐거움, 축제, 축하연회 이런 것들은 빠뜨릴 수 없는 부분이었다. 하나님은 그들의 기쁨이었다!

하나님은 이스라엘이 일 년에 세 번의 축제(역자주: 일부러 절기라고 안 했음)를 지내도록 하셨는데 모두 칠 일 동안 성막 앞에서 치르도록 하셨다: 누룩 없는 빵의 축제, 첫 열매의 축제, 그리고 초막명절이었다(초막은 히브리어로 작은 임시 오두막, 혹은 거처이다). 각각의 축하연은 여호와 앞에서 춤과 노래, 감사를 드리며 벌어졌다. 성막에서 일일 제물을 드리는 때조차도 하나님의 선하심과 신실하심에 기쁨과 즐거움을 표하는 기회였다. 그리고 우리가 이미 이야기 나누었던 바처럼, 솔로몬이 성전을 건축하여 언약궤를 들여 놓게 되었을 때 수백 명의 찬양대와 음악가들이 임재 안에서 경배와 찬양을 끊임없이 올려드렸다.

5. 법궤로부터, 하나님은 그의 신비와 고유하심을 이룩하셨다.

루돌프 오토(Rudolph Otto)라는 사람이 임재라는 뜻의 신조어를 만들었다. 그는 임재를 "미스테리엄 트레멘덤"이라고 불렀는데, 그 뜻은 단순히 "끔찍이도 신비로운"[2] 이라는 것이다. 오토의 말에 대하여 R.C.스프럴(R. C. Sproul)이 말하기를, 우리는 임재에 대하여 유령이야기나 공포영화에 대하여 갖는 것과 같은 느낌을 가진다는 것이다. "우리는 그것에 대하여 매력을 느끼는 동시에 혐오감을 가진다. 무엇인가가 우리를 그것에게 이끌도록 하며 동시에 우리는 그것으로부터 도망치고 싶어 한다."[3] 아타나시안(Athanasian) 신경은 간단히, "하나님은 이해하기 불가능하다."고 말한다.

언약궤는 이런 평론을 그럴싸하게 만든다. 지성소의 휘장 뒤에 숨겨져 있으며 호기심과 공포심을 동시에 자아낸다. 이스라엘 백성들은 밤낮으로 그것을 지켰지만 제사장만이 가까이 갈 수 있었다. 성막은 신비한 천으로 덮여 있었고 불가사이한 느낌으로 둘러싸여 있었다.

법궤의 신비는 하나님이 당신의 자식들에게 보이시는 두 개의 판이한 부성-엄청나게 쏟아 붓는 사랑과 혼비백산토록 끔찍한 훈육에서 온다고 말할 수 있다. 예를 들어 불레셋인들이 법궤를 벤세메스에서 이스라엘에게 돌려주었을 때 백성들은 즉시 그 둘레에 모여와 제물을 바치며 즐거워하고 축하연을 열었다. 때는 즐거운 시간이었다. 하지만 축하식이 막을 내릴 때 즈음, 극적인 반전이 일어난다. 여호와께서 "벧세메스 사람들이 여호와의 궤를 들여다 본 까닭에 그들을 치사(오만) 칠십 명을 죽이신지라 여호와께서 백성을 쳐서 크게 살륙하셨으므로 백성이 슬피 울었더라"(삼상 6:19). 파티는 황망스럽게 끝나게 된 것 같다.

하지만 하나님은 그런 분이시다–온전히 선하시고 축복으로 가득하시지만 선을 넘는 그 즉시 베어버리신다. "오너라." 임재는 말하는 듯하다. "그리고 나를 즐거워하라. 하지만 내가 누구인지 절대로 잊지 말라. 단 한 순간이라도."

임재의 신비는 보이지 않는 하나님을 구하도록 사람들에게 손짓한다. 그들이 더욱 그리고 또 더욱 하나님을 갈망하도록 초대한다. 아, 그 베일 너머까지 오도록! 하지만 오직 계시에 의해서만 우리는 하나님을 알 수 있고 경험할 수 있다. 하나님이 우리에게 스스로를 드러내셔야만 하고, 이스라엘 백성에게 이 계시하심은 성막 안에서만 나타내셨다. 그것은 지성적으로 머리에서만 알게 되는 것이 아니라 가장 겸허해지도록 하는 영적 만남이었다. 하나님이

> "오너라."
> 임재는 말하는 듯하다.
> "그리고 나를 즐거워하라.
> 하지만 내가 누구인지
> 절대로 잊지 말라.
> 단 한 순간이라도."

스스로를 나타내실 때, 사람들은 얼굴을 땅에 대고 엎어졌다. 그런 것은 하나님의 엄위하심으로 인한 사람들의 자동 반사적 행동인 것 같다. 베일은 하나님의 존전에서 나오는, 덮지 않으면 그 영광이 지구 전체를 소멸시킬 만한 에너지를 덮기 위해 필요한 것이었다.

세계사 어디에도 여호와 같은 신은 전무후무할 것이다. 신성한 신비시며 완전히 고유하시다. 하나님은 우리의 가장 창의적인 설명이나 가장 과학적인 사상조차 상대가 될 수 없게 하신다.

> 모세는 이렇게 말했다: "네가 있기 전 하나님이 사람을 세상에 창조하신 날부터 지금까지 지나간 날을 상고하여 보라 하늘 이 끝에서 저 끝까지 이런 큰 일이 있었느냐 이런 일을 들은 적이 있었느냐 어떤 국민이 불 가운데에서 말씀하시는 하나님의 음성을 너처럼 듣고 생존하였느냐?
> 어떤 신이 와서 시험과 이적과 기사와 전쟁과 강한 손과 편 팔과 크게 두려운 일로 한 민족을 다른 민족에게서 인도하여 낸 일이 있느냐? 이는 다 너희의 하나님 여호와께서 애굽에서 너희를 위하여 너희의 목전에서 행하신 일이라 이것을 네게 나타내심은 여호와는 하나님이시요 그 외에는 다른 신이 없음을 네게 알게 하려 하심이니라
> 그런즉 너는 오늘 위로 하늘에나 아래로 땅에 오직 여호와는 하나님이시요 다른 신이 없는 줄을 알아 명심하고"(신 4:32-35, 39).

한번 생각해 보라. 우주의 주인이시고, 성운들과 그 너머의 모든 것을 만드셨고, 영원불변하게 계시는 신이 스스로를 지구에 나타내시기로 했다. 그런 다음 그분이 어디에 나타나시기로 했는가? 빌트모어 맨션인가? 룩셈부르크의 성인가? 성 베드로 대성당 바실리카인가? 아니다. 하나님은 아무것도 가진 것 없는 유목민 가운데 이동 텐트의 나무상자 위를 입구삼아 등장하신다. 이것은 오늘날 서부 텍사스에 사는 노숙자들 가운데 그들의 이동주택 안에 있는 가시나무로 만든 상자 위나 마찬가지인 격이다.

하나님은 그분의 소유된 백성을 위대한 아즈텍 종족이나 마이크로 소프트의 직원들이나 미합동참모들로 뽑지 않으셨다. 하나님은 무학의 노예들을 고르시고, "나와 함께 가자"고 하신 다음 바로가 길을 비키게 하셨다. 하나님을 그들을 나의 보배로운 소유라고 부르시려고 빼내셨다. 하나님은 그들을 영원한 사랑으로, 그들의 불완전함도 상관 않고 질투까지 하실 지경으로 사랑하셨다. 하나님은 당신의 이름을 주시고 그들과 서약을 맺으셨다.

이 모든 것은 우리에게 무엇을 말하는가? 어쩌면 우리는 대성당이나 보좌에 대하여 다시 생각해봐야 할런지도 모른다. 필립 얀시가 "겸손한 신"이라 부르는, 우리가 펄쩍 뛰며 말도 안 된다고 치부해 버린 것을 재검토하고 싶은 마음을 가져야 할 것이다.[4] 우리가 하나님의 임재를 끌 수 있게 한다고 믿는 무수히 많은 예식조차 재평가해야할 필요가 있는지도 모른다.

진실로 하나님의 방법은 우리의 방식이 아니요, 그분의 생각은 우리의 생각이 아니다!(사 55:8)

6. 법궤를 통하여, 하나님은 죄를 속량하는 길을 마련하셨다.

모세와 이스라엘 백성의 시대에 이르렀을 때는 아담과 이브가 에덴동산에서 하나님과 나누었던 친밀함은 먼 옛날에 사라지고 없었다. 죄의 본성이 세상을 차지하고 있었고 우리가 되갚을 방법은 전혀 없었다. 인류는 불안정을 위하여 안정을 팔아넘겼고 그러면서 생겨난 반항, 미움 그리고 수치심이 증식되고 있었다. 인간은 하나님과 분리되었고 제멋대로 치닫는 것에 대한 통제불능은 절망적이었다.

하지만 하나님은 원래 자신과 친교를 나누도록 손수 빚으신 창작품과의 관계로 되돌리시고자 애끓는 마음으로 아파하셨다. 그리하여 그런 관계로 다시 불러들일 수 있도록 고안된 언약 시리즈를 출범시키셨다. 하나님은 가엾게 여기신 나머지, 언약궤의 시은소에서 인간의 죄와 불의를 되갚는 배상을 마련하셨다. 시은소가 법궤 안에 놓여있던 율법(십계명)을 덮었듯이 임재는 율법을 지킬 수 없는 인간의 무능력을 덮는다. 임재는 인간에게 심판 대신 은혜를, 죽음 대신 생명을 선택할 수 있는 길을 제시했다(신 30:19).

출애굽기 34장 6-7절에서 직접 밝히신 대로, 우리는 하나님이 자신을 "악함과 불순종함과 죄"를 용서하시는 분으로 정의하신다는 것을 안다. 이 구절에서 히브리어의 "용서"는, "들어 올리는, 멀리 운반하는, 혹은 없애는"이라는 뜻이다. 바로 여기, 대지성소의 그룹들 사이에서 하나님의 임재는 백성들의 죄를 들어 올리시고, 멀리 옮기시고, 없애셨다. 바로 여기 언약궤에서, 사람들은 사면을 받았고 정결케 되었다. 죄악은 근절되었다. 그들이 하나님께 반항했고 의심했을지라도 그분은 인애를 베푸시는 일을 기뻐하시기에 언제까지나 화를 품고 계시지 않았다(미 7:18).

그래도 죄로 인한 피 값은 당연히 물어내야만 했고, 그 값은 제사장이 일 년에 한 번 속죄소에 희생제물을 바치는 예로써 치러졌다. 제물이 합당하면 임재가 불로 내려와 제물을 소멸하였고 자비가 두 천사 사이에서 빛났다. 인류를 위해서는 이런 방식은 고작 임시방편에 불과했지만 앞으로 다가올 위대한 희생제물을 예표하는 것이었다.

속죄의 목적은 하나님께서 의도하신대로 종족(race)을 다시 거룩하게 하기 위한 것이었다, "…나는 여호와 너희 하나님이라 내가 거룩하니 너희도 거룩 하라"(레 11:44, 19:2, 20:7-26). 하나님 생각의 "거룩"은 절대적인 순결이나 완전성을 말하는 것이 아니다: 하나님은 인간이 혼자서 그것을 이룰 수 없다는 것을 알고 계셨다. "거룩"은 "구별된, 따로 분리된, 혹은 성별된" 것을 뜻했다. 하나님이 직접 고르셔서 당신의 백성을 당신이 보시기에 거룩하고 좋은 것으로 만드시는 것이다.

> 여호와께서도 네게 말씀하신 대로 오늘날 너를 자기의 보배로운 백성으로 인정하시고 또 그 모든 명령을 지키게 하리라 확언하셨은즉 여호와께서 너의 칭찬과 명예와 영광으로 그 지으신 모든 민족 위에 뛰어나게 하시고 그 말씀하신 대로 너로 네 하나님 여호와의 성민이(A people holy to the Lord your God) 되게 하시리라(신 26:18-19).

이스라엘은 속죄를 통해 하나님의 이름을 지닐 뿐만 아니라 영광도 지니게 된다. 하나님은 자기의 백성이 그들의 뜻대로 행하지 않고 그 뜻을 굽혀 하나님의 뜻대로 행하기를 원하셨다. 하나님은 사랑이 하늘에서와 같이 땅에서도 자유로이 행사하기를 원하셨다. 당신이 보배로운 백성이라고 부르시는 사람들 안에 당신의 광채와 엄위를 나타내어 온 세상이 볼 수 있도록 하시고자 했다.

언약

하나님이 시은소로부터 자기의 백성과 다루시고자 하는 모든 것은 모세와 맺으신 언약에 전부 세세하게 적도록 하셨다. 하나님이 인류를 대속하여 원래의 "에덴동산"을 회복시키려고 노아,

아브라함, 모세 그리고 다윗과 맺었던 언약 시리즈들 중의 하나인 것이다. 언약은 하늘에서 비준된 법률적 합의로서 양측이 서로 계율을 지킴으로써 결속되는 효력을 가졌다. 이것을 마음에 새기는 것이 중요한데 하나님은 무작위로 혹은 마음대로 행하신 적이 결단코 없는 분이시다. 우리가 이해하거나 설명하기 어려운 하나님의 행동도 자신이 맹세하신 계약 내용과 어그러짐이 없으시다.

하나님은, 당연한 일이지만, 당신 쪽의 언약은 완전히 그리고 흠 없이 지키며 유지하셨다. 그와는 반대로 이스라엘 백성들은 자신들 쪽이 지켜야 할 것을 고작 잘 해야 이틀 정도 지속하곤 했다. 언약은 양편이 지켜야 구속력이 유효하니까, 결국 하나님께서 예수님을 통하여 지상으로 오셔서 우리를 위해 우리 쪽을 지키셔야만 했다. 언약을 온전히 봉한 것은 바로 예수님의 죄 없으신 삶과 죽음이며 그것이 하나님과 인간 사이에 영원토록 갈라졌던 틈을 단번에 철폐시킨 것이다. 앞으로 더 이상 또 다른 언약은 결코 필요치 않게 된 것이다.

법궤는 언약-이스라엘 백성들에게 알파요 오메가이신 우주의 창조주와의 관계에서 영역과 혜택을 일깨워주는 상징이었다. 그것은 지상에 그 나라를 소개하는 하나님의 보좌였다. 오늘날, 우리에게 속량을 베푼 언약의 다른 상징 – 새로운 "궤"가 있다. 그 이름은 예수이다.

토의 질문

1. 언약궤 안에 있던 세 개의 물건은 무엇들이었으며 각 각의 물건은 무엇을 대표하였나?

2. 하나님은 당신이 권위를 부여한 모세나 다른 지정된 지도자들에게 이스라엘 백성들이 도전하는 것을 좋아하지 않으셨다. 이런 점에서 오늘날 목회자들은 어떤 대접을 받으며 그것이 교회에 어떤 영향을 주는지 토의해 보자.

3. 당신은 하나님이 무슨 이유로 법궤와 성막, 제사장의 예복 등에 그토록 상세한 지시를 내리셨다고 생각하는가?

4. "거룩"이란 무엇을 의미하는가?

5. 궤는 무엇의 상징인가?

6. 당신에게 선택이 있다면 하나님과 어떤 사이가 되고 싶은가?
   모세 – 얼굴을 마주 대는 사이
   레위인 – 위험할 정도로 불에서 가까운 사이
   이스라엘 백성 – 멀리서 바라보는 것으로 기뻐하는 사이

제 6 장

예수 새로운 궤

성막 안의 언약궤는 훌륭한 것이었지만 지상에서의 하나님의 임재를 나타내는 최종적인, 최고의 단어는 아니었다. 우선, 그것은 특정된 지점에만 국한되어 있었다. 임재는 지성소의 법궤에만 있었고, 그것이 이스라엘 백성들에게는 그런대로 쓸 만했지만 세상에 있는 다른 집단의 사람들에게는 별 소용이 없었다. 또한 우리가 이미 살펴보았던 것처럼 구약시대에는 하나님의 임재는 쉽사리 잘못 다루었고 종종 끔찍한 결과를 나았다. 하나님의 원색적이고 다듬어지지 않아 끔찍하도록 경이로운 측면은 인간이 다루기엔 그저 너무 위험했다. 겨우 모세와 몇몇만이 가까이 할 수 있었다.

또 다른 문제는 법궤에 계신 하나님의 임재가 비인격적이라는 것이었다. 선택된 백성들이 소수의 성별된 제사장들을 통하여 그분을 경험할 수 있고 들을 수 있게는 됐지만 하나님이 원하시는 개인을 한 명씩, 모든 사람들을 친밀하게 만나실 수는 없었다. 마지막으로, 임재가 언약궤에 머물렀으므로 백성들이 상자 자체를 성화하기가 너무 쉬웠다. 백성들은 경배와 신뢰의 초점을 만질 수 없는 하나님으로부터 자기들 가운데서 만질 수 있는 신비롭고 강력한 언약궤로 옮기곤 하였다.

간단히 말해서, 임재는 경험할 수 있었지만 그 통로는 매우 제한적인 것이었다. 법궤는 매우 훌륭한 것이었지만 그 다음에 오는 것의 원형일 뿐이었다. "율법은 장차 올 좋은 일의 그림자일 뿐이요 참 형상이 아니라…"(히 10:1). 달리 말하자면, 율법은 예수 그리스도 안에 실재하는 임재의 완성을 예시하는 임시방편이었던 것이다.

새로운 궤는 크리스마스 날에 베들레헴 시에 있는 구유 간에서 지상에 탄생했다. 목동들이 아기 예수를 팔에 안았을 때, 그들은 인간의 형상으로 된 하나님의 임재를 안은 것이었다. 성막의 시은소에 머물렀었고 자신을 구름과 불, 그리고 기적적 표적을 통하여 드러내셨던 그 하나님과 꼭 같은 분이 무기력한 갓난아기로 다시 한 번 지상에 등장하신 것이다. 그리고 그들은 그를 "하나님이 우리와 함께 계시다"는 뜻으로 임마누엘이라고 불렀다(마 1:23).

예수님은 새로운 궤 – 하나님 임재가 영원히 머무는 곳이 되시는 것이다. 그는 이전에 있었던 모든 언약들의 모든 단점들을 보수하는 새 언약의 효력을 발생시켰다. 예수님은 하나님이 창조하시고 그토록 사랑하시는 사람과 재결합하려는 계획 시리즈에서 최고봉이셨다. 예수님은 임재를 새로운 경지의 체험과 계시로 이끄셨다.

요한이 지상에 강림하신 예수님을 성막 용어로 표현하여. "말씀이 육신이 되어 우리 가운데 거하시매 우리가 그 영광을 보니 아버지의 독생자의 영광이요 은혜와 진리가 충만 하더라"(요 1:14)라고 했다. 이 구절에서 헬라어로 "거하시다(dwelling)"는 또한 "성막이나 텐트 안에 살다"라는 의미이다. 예수님은 우리 가운데 "성막을 치고 사신다." 임재는 예수 안에서 모든 시제를 아울러 알리신다: 창세전에 계셨으며 아브라함과 모세의 하나님이시고, 현재에도 표적과 기사로 온전히 나타내시는 하나님, 그리고 모든 심령마다 영생을 얻게 하는 선물(요 6:40)이시다.

예수님의 생애에서 또 다른 구약시대 흔적이 엿보인다. 가령, 기도하러 산에 종종 가시곤 하는 것은 모세가 광야에서 하나님을 뵈러 산에 가던 것을 회상케 한다. 또 예수님이 성령의 세례를 받으시는 장면에 대한 설명은 이스라엘 천막생활 초기 시절에 하나님의 임재가 성막에 내려오실 때의 모습과 아주 비슷하다:

> 기도하실 때에 하늘이 열리며 성령이 형체로 비둘기 같이 그의 위에 강림하시더니 하늘로서 소리가 나기를: "너는 내 사랑하는 아들이라 내가 너를 기뻐하노라"(눅 3:21-22).

그 외에도 다음의 구절들을 생각해 보자:

…너희는 *위로부터 능력을 입히울 때까지* 이 성에 유하라 (눅 24:49).

이 말씀을 마치시고 저희 보는 데서 올리워 가시니 *구름이 저를 가리워 보이지 않게 하더라*(행 1:9).

홀연히 하늘로부터 급하고 *강한 바람 같은 소리*가 있어 저희 앉은 온 집에 가득하며 불의 혀같이 갈라지는 것이 저희에게 보여 각 사람 위에 임하여 있더니(행 2:2-3).

임재는 여태까지도 초자연적인 세력이지 싶은데, 하지만 예수님은 그 능력을 겸손한 태도와 지혜롭고 온유한 말씀으로 행사하셨다.

지성소를 둘러싸고 있던 휘장은 영원히 두 조각으로 찢어졌고 대신 "나에게 머물라"는 환영매트가 놓였다.

새로운 법궤에서는 구름이 필요하지 않게 되었다. 누구든지 그분의 눈을 빤히 쳐다보던가 얼굴을 만져도 죽지 않았다. 불은 아직도 그분의 트레이드마크였지만, 이제 그 불은 그분을 믿는 자들의 영안에서 타올랐다

(누가 24:32). 임재는 예수님 안에서 그분께 가까이 오는 자마다 얻을 수 있게 되었고 더 이상 위험하거나 지중해 해변가에만 국한되어 있지 않았다. 지성소를 둘러싸고 있던 휘장은 영원히 두 조각으로 찢어졌고 "나에게 머물라"(요 15:1-17)는 현관입구용 환영매트가 놓였다. 하나님은 아들을 통하여 새로운 차원의 사랑과 연민과 속박을 계시하셨다.

샐리 몰겐탈러가 말했다:

> 예수 그리스도가 우리가 하나님을 아는 방법이다. 하지만 그것보다 더 중요한 것은 예수 그리스도가 하나님과 통하는 유일한 길이라는 것이다. 우리가 가장 거룩한 지성소에 들어갈 때 담대할 수 있는 것은 오직 예수의 피를 힘입어, 휘장을 통과할 수 있는 새롭고 살아있는 방법으로써 우리에게 열려진 것, 바로 그것은 그의 몸 때문이다(히 10:19-20). 그러므로 크리스찬 예배는 오직 예수만을 통하여 일어난다.[1]

예수 안에서 성취된 목적들

신약의 예수님은 새로운 법궤로서 구약의 언약궤가 이뤘던 것과 똑같은 목적을 이루었다. 예언적인 의미에서가 아니라 기능적인 면에서 이루신 성취이다. 임재의 특성이 성경 전체에 걸쳐 일관성을 가지는 이유는 하나님의 본성이 불변하시고 예수님도

시간이 존재하기 이전에 하나님과 함께 선재하셨기 때문이다. "아버지여 창세전에 내가 아버지와 함께 가졌던 영화로서 지금도 아버지와 함께 나를 영화롭게 하옵소서(요 17:5)라고 예수께서 기도하셨다. 예수님의 DNA는 영원한 것들로 만들어졌다.

이러한 일관성을 깨닫는 것이 중요한데 하나님의 임재는 변하지 않았고 앞으로도 절대 변하지 않을 것이란 것을 이해해야 할 필요가 있기 때문이다. 오직 예수님이 머무르실 기준점(benchmark)이나 자신을 계시하시는 방식만이 바뀔 뿐이다. 모든 도시에는 기준점이 있다. 철로마다에는 기준점이 있다. 기준점은 나머지 모든 물체들이 그것을 기점으로 정렬하게 되는 한 지점이고 사람이 되신 예수님을 통해 나타나는 하나님의 임재가 그리스도인인 우리의 기준점인 것이다. 추의 다림줄은 그분을 향하고 있다.

예수님은 다른 모든 것이 기표로 삼아야 할 시작점이다. 이스라엘 백성들이 법궤를 진영의 정 중앙에 놓았던 것처럼, 예수님은 반드시 임재 중심의 사고와 예배의 초점이어야만 하고 이것은 하나님에 대한 모든 것을 아들에게서 볼 수 있기 때문이다. "나를 본 자는 아버지를 보았다"(요 14:9). 임재 중심이 된다는 것은 그리스도 중심이 되는 것이다(To be Presence based is to be Christocentric).

1. 예수님 안에서 하나님은 능력과 권세를 나타내셨다

예수님의 생애에서 하나님의 능력과 권세가 무척이나 명확하게 드러난다. 어디를 가시던 예수님은 "누가 주권을 가졌나?"하는 질문에 뚜렷하게 답하셨다. 마치 하나님이 모세더러, 가서 백성들에게 "스스로 있는 자가 나를 너희에게 보내셨다 하라"(출 3:14)고 하셨듯이, 예수님도 자기 아버지의 말씀을 종종 되풀이하셨고 똑같이 신성한 자신감으로 하셨다. 헬라어 "에고 에미(Ego Emi)"는 매우 직설적이다. "나는…이다(I AM)."

> 예수님은 말씀하셨다:
> 나는(I am) 생명의 빵이다(요 6:35, 41, 48, 51).
> 나는(I am) 세상의 빛이다(요 8:12, 16, 18).
> 나는(I am) 위로부터 왔다.
> 나는(I am) 이 세상으로부터 오지 않았다(요 8:23, 28).
> 아브라함이 나기 전부터 내가 있느니라!(I am!) (요 8:58)
> 나는(I am) 양의 문이다(요 10:7, 9).
> 나는(I am) 선한 목자다(요 10:11, 14).
> 나는(I am) 부활이요 생명이다(요 11:25).
> 나는(I am) 길이요 진리요 생명이다(요 14:6).

요한복음의 참고자료에서 예수님은 "스스로 있는 자 – I AM"

– 임재의 핵심(essence) 자체임을 선포하신다. 또한 구약성경에서처럼, "I AM"은 예수의 인격 안에서도 온 인류 위에 있는 하나님의 독립된 신분과 권세라는 매우 강력한 선포인 것이다.

예를 들어, 동산에서 종교 지도자들이 예수를 체포하려고 찾아냈을 때, 그는 간단히 "내로라(I am he)"라고 말하셨고, 일당이 땅에 쓰러졌다. 너무도 놀라운 일은 그들이 그런데도 예수를 체포했다는 것이다! 나라면 그 정도 초자연적 능력을 지닌 사람에게 수갑을 채우기 전에 한 번쯤 멈추고 곰곰이 생각해 봤을 것이다.

예수님의 생애에서 하나님의 권능과 권세가 너무도 명백해서 그 당시 종교 지도자들에게는 자기들 앞에 있는 그분의 임재 자체가 고통스러운 것이었다. 예수님은 그들의 것보다 더 높은 계율을 세우고 그것으로 다스리시려고 그곳에 계셨고, 그들도 그것을 알고 있었다. 그들은 주인행세를 하고 싶었지만 예수님이 모든 것보다 뛰어나시고 자신들의 율법이나 전통보다 훨씬 더 커다란 것에 뿌리를 둔 권세를 가지셨음을 알기는 했다.

마태가 주목했듯이 백성들도 하나님이 내리신 권세와 인간이 만들어 낸 세력의 차이를 인식했다. "예수께서 이 말씀을 마치시매 무리들이 그 가르치심에 놀래니, 이는 그 가르치시는 것이 권세 있는 자와 같고 저희 서기관들과 같지 아니함일러라"(마 7:29). 아이고, 한 대 맞았네! 종교 선생들이 예수님에 대해 심기가 불편했던 것도 무리가 아니다. 예수님은 너무나 달랐다.

예수님이 마태복음, 마가복음, 누가복음에서 귀신들을 몰아내신 것은 흥미로운 일이다. 하지만 요한복음에서 예수님은 바리새인들과 사두개인들하고 대면하셨다. 바로 이 종교지도자들이 결국은 통제력을 유지하고 자기들의 질투심에서 나온 설계도를 만족시키려는 의도에서 예수님을 십자가에 못 박은 것이었다. 예수님은 그들이 쌓아 놓은 모든 것을 위협하셨다.

예수님이 비난을 받거나 혹은 거친 분노에 맞닥뜨리셨을 때조차 어떤 대처방식을 취하셨는지 살펴보면[1] 아주 많은 것을 배울 수 있다. 그분은 분쟁을 다스리는 매우 흥미로운 기법이 있었다. 가령, 예수님이 고향인 나사렛을 방문하셨을 때, 사람들이 너무나 분노하여 예수님은 아무런 기적도 행하지 않으셨고, 예수님을 동네 밖으로 쫓아내어 산꼭대기까지 끌고 가서 절벽 아래로 밀쳐 내리치고자 하였다. 하지만 그것을 행하기 전에 예수께서 '저희 가운데로 지나서 가셨다' (눅 4:30). 난 이런 것을 정말 좋아한다. 임재는 인간이 가두어 담아 놓을 수 있는 것이 아니다.

또 어느 때는 유대인들에게 말씀하시는데 예수님이 하시는 주장 때문에 너무도 화가 난 나머지 돌로 치려고 했었다. 예수님의 반응은 어떠했는가? 그가 "숨어 성전에서 나가시니라"(요 8:59).

그리고 장로들과 예루살렘 재판소가 예수님을 십자가에 못 박으려 빌라도 앞에 끌고 와 소송을 꾸밀 때, 예수님은 잠잠히 서 계셨다. 빌라도가 물었다. "아무 대답도 없느냐? 저희가 얼마나 많은 것으로 너를 고소하는지 아는가? 하되 예수께서 다시 아무 말씀도 대답지 아니하시니, 빌라도가 기이히 여기더라"(막 15:3-5).

열기가 아주 뜨거울 때 예수님은 매우 조용해 지셨다. 그분은 많은 논쟁을 벌이지 않았다. 그것보다는, 당신의 삶에서 너무나 뚜렷한 임재가 대신 말하도록 하셨다. 임재가 그가 의로우시다는 증명이었고 대답이었다. 그것이 예수님의 권세였다. 진리 자체가 사람이 되셨고, 흠 없으시며, 모든 비난 위에 계시므로 당신이 의로운 것을 증명하실 필요가 없었다. 오늘날 우리가 예수님의 이러한 대결 전략을 채용하였더라면 교회가 지금과는 어떻게 다른 모습일지 자못 궁금하다. 우리가 침묵하여도 하나님의 임재가 우리를 대변할 정도로 명백할까?

우리는 종종 어느 지도자가 "임재"가 있어 효율적이라는 말을 듣곤 한다. 성경에서의 지도자는, 바로 그 임재에 의하여 임명되었고 그 때문에 별로 신통치 않을 것 같았던 후보자가 하나님의 왕국에서는 영웅이 되었던 것이다. 예수님은 그 당시 인정해주는 자격 증명서가 없으셨다 - 신학대학원 교육도 받지 않으셨고, 정식 종교적 훈련도 받지 않았으며, 저술한 책이나, 매주 방송되는 라디오 프로그램도 없으셨다. 하지만 그분은 하나님의 승인(imprimatur of God)을 갖고 계셨고, 그것은 그분을 독보적 신분으로 분류하는 것이었다. 그는 "하늘과 땅의 모든 권세를 내게 주셨으니"라고 하셨다(마 28:18).

다스리시는 임재를 지니신 것 이외에, 예수님은 성부께서 남겨놓으신 초자연적 표적과 기사를 행하는 일을 이어나가셨다. 사역전반에 걸쳐 행한 다양한 기적들을 통하여 우주의 자연계를 뛰어넘는 하나님의 권능을 나타내셨다. 구약에서는 하나님이 바로에게 보이는 표적으로 나일 강을 피로 바꾸셨다(출 7:17). 신약에서 예수님은 결혼 파티에서 물을 포도주로 바꾸셨다(요 2:1-11). 하나님은 이스라엘 백성들이 지나가도록 홍해를 가르셨다(출 14). 예수님은 제자들이 두렵지 않도록 바람과 파도를 잠잠케 하셨다(마 8:26-27). 하나님은 이스라엘 백성들이 먹도록 하늘에서 만나를 공급하셨다(출 16:4). 예수님은 적은 양의 물고기와 빵으로 오천 명의 군중을 먹이셨다(마 14:13-21). 그 아버지에 그 아들이다. 예수님은 의심하는 자들에게 기적이 자신에게 주어진 권세의 징표인 것으로 주목할 것을 격려하셨다. "내가 행하거든 나를 믿지 아니할지라도 그 일은 믿으라 그러면 너희가 아버지께서 내 안에 계시고 내가 아버지 안에 있음을 깨달아 알리라"(요 10:38).

예수님 안에 있는 권능은 늘 흐르고 있는 에너지의 정수였다. 여러 해 동안 육체의 고통을 겪었던 군중 속의 여인이 손을 뻗쳐 예수님의 옷자락을 만졌을 때 그 능력을 끌어 가져갔고, "예수께서 그 능력이 자기에게서 나간 줄을 곧 스스로 아셨다. 무리 가운데서 돌이켜 말씀하시되, "누가 내게 손을 대었느냐?"(막 5:30) 예수님은 치유하시고 갇힌 자들을 자유롭게 하실 때(눅 4:40-41, 5:17) 영의 능력 가운데 운행하셨다(눅 4:14).

2. 예수님을 통하여, 하나님은 자신의 뜻을 우리에게 전달하셨다

언약궤가 사라진 이후, 세상은 사람이 되신 예수께서 베일을 뚫고 자연계로 발을 들여놓으실 때까지 400년 혹은 그 이상의 기간을 하나님이 침묵하시는 고통의 세월을 보냈다. 그리고 역사의 시간대 선상에 아주 잠시 동안 하나님이 백성들에게 직접 말씀하셨다. 하지만 이번에는 구름이나 불, 혹은 무시무시한 특별 효과도 없었고 그저 메시야가 배 위나 언덕에서 혹은 사람들에 둘러싸여 길거리에서 하나님 나라에 대하여 말씀하시고 가르치셨다.

구약시대의 하나님이 그러셨듯이 예수님도 하실 말씀이 많으셨다. 설교와 비유로, 개인적인 대화로 혹은 공적인 장소에서 자신의 사명, 종말, 구원, 용서, 가정생활, 교회생활, 기도, 하늘나라에 대하여 가르치셨다. 신약에서 우리가 귀로 들을 수 있는 아버지의 말씀이, "이는 내 사랑하는 아들이요 내 기뻐하는 자니 너희는 저의 말을 들으라!"(마 17:5, 눅 3:22) 뿐인 것은 조금 이상하다.

예수님은 아버지의 목소리를 친절하고 부드럽게 그리고 모든 사람이 들을 수 있게 하셨다. 예수께서 설명하셨다. "내 교훈은 내 것이 아니요 나를 보내신 이의 것이니라(요 7:16). 그분의 메시지는 완성하러 오신, 신약에 속한 것이었다. 예수님은 그분

하지만 이번에는
구름이나 불도 없었고…
그저 메시야가
배 위나 언덕에서
혹은 길거리를
걸어 다니며…

을 통한 새로운 소망, 새로운 길, 그리고 그분으로 말미암아 얻은 새로운 삶에 대한 것을 말씀하셨다. 그분의 말씀들은 자신의 영원한 왕국을 단번에 이룩하시러 가득한 영광 중에 지상에 재림하실 때까지 이땅에서 인생을 인도하고 다스리시라고 주신 것이었다.

대속시키려는 아버지의 계획을 실천에 옮김으로 예수님이 마련하신 가장 중요한 일 중 하나는 우리를 가장 거룩한 임재로 인도하는 통로가 되신 것이다. 그렇다. 그분은 건강한 인생과 풍성한 삶을 위한 법칙들을 말씀하셨지만, 그보다 더 중요한 것은 모든 사람이 다시 하나님과 개별적으로 친밀하게 소통하는 것을 가능하게 하셨다. 그분은 지성소에 들어가는 문을 여시고 우리

가 안전하게 들어갈 수 있도록 하셨다. 예수님은 자신을 단 위에 완전한 속죄 제물로 바쳤고, 그럼으로써 기도의 개념을 완전히 재정립하셨다.

성경에 나오는 기도에 관한 대목 중 대략 사분의 삼 정도는 신약에서 나온다. 예수님이 기도 생활에 모범이 되셨고(막 1:35), 기도의 기초(마 6:5)를 가르치셨으니 놀랄 일은 아니다. 예수님은 기도가 위험한 일이 아닌 것을 보이셨을 뿐만 아니라 임재로 나아가는 우리의 구명줄인 것을 알게 하셨다. 우리는 예수님 안에서 하나님께 직접 아뢸 수 있고 응답하시는 것도 들을 수 있다. 기도는 아버지와 우리가 직접 연결되는 길이고, 죄가 우리의 결별을 요구하여 너무나 슬프게 에덴동산에서 잃어버린 아버지께로 돌아가는 그 실천을 가능케 하는 연결선인 것이다.

이제 우리는 기도 안에서 아버지의 마음과 뜻을 깨달을 수 있다. 우리는 그분의 음성을 들을 수 있다. 우리는 그분의 임재를 느낄 수 있다. 하나님은 기도의 구명줄을 통하여 다시금 우리에게 계시하실 수 있고 그리스도의 마음을 우리에게 부어 주실 수 있게 되었다.

예수님은 아버지께로 돌아가시면서 하나님의 임재가 계신 우리에게 내재된 성전으로 갈 수 있도록 하신 것 외에도 우리와 함께 살러 오셨고 또한 인도하시는 성령님을 가르쳐 주셨다.

성령님이 바로 우리 안에 계시는 임재이시고, 하나님의 새로운 음성이어서 모든 믿는 자와 소통하시고 또한 사역을 하도록 우리에게 안으로부터 힘을 주신다. "그러하나 진리의 영이 오시면 그가 너희를 모든 진리 가운데로 인도하시리니 그가 자의로 말하지 않고 오직 듣는 것을 말하시며 장래 일을 너희에게 알리겠음이니라"(요 16:13).

하나님은 자녀들과 다시는 의사소통할 수 없게 되는 것을 절대 원하지 않으셨다. "나를 믿는 자는 성경에 이름과 같이 그 배에서 생수의 강이 흘러 나리라"(요 7:38). 요한은 예수님이 말씀하는 "생수의 강들"은 성령을 일컫는 것이라고 설명한다. "이는 그를 믿는 자의 받을 [성령을] 가리켜 말씀하신 것이라"(요 7:39). 같은 방법으로 하나님은 이스라엘 백성에게 구름을 사용하여 언제 이동할지 그리고 언제 진을 칠지 말씀하셨고 우리에게 하나님의 뜻과 목적을 따라 인도하실 성령을 보내셨다.

3. 예수 안에서, 하나님은 원수를 물리치시고 우리에게 승리를 주셨다

악은 임재 안에서 있을 수 없다. 사랑과 거룩함으로 완전한 하나님의 완벽한 통치는 가까이 다가오는 악의 연출은 무엇이든지 가볍게 꺼버리거나 부숴버린다. 다곤 상이 땅에 넘어져 목이 부러지고 진정으로 살아계신 하나님에게 복종했던 것처럼, 악이 임재를 만나면 엎드리거나 도망치거나 혹은 멸망하게 되는 길 밖에는 다른 아무 대책이 없다.

예수님 안의 임재가 하도 현실적이어서 악령이 그분을 볼 때마다, "더러운 귀신들도 어느 때든지 예수를 보면 그 앞에 엎드려 부르짖어 가로되 '당신은 하나님의 아들이니이다'"(막 3:11)라고 했다. 여러번이나 예수님은 사탄과 그 졸개들을 누르는 자신의 권세를 사용하여 그들을 나오게 한 후 멀리 쫓아내셨다(막 5:1-13, 눅 9:37-45).

사탄이 아직은 혼(souls)을 두고 우주적 전쟁에 끼어들 자유가 있지만, 그도 자신의 시간이 한정되어 있음을 알고 있다. 결과는 이미 예정되어 있으며 그는 영원한 패배자이다. 십자가상에서 일어난 예수님의 죽음과 곧 이어 일어난 생명으로의 부활이 영적세계에 충격파를 보냈고 파국을 맞게 된 사탄의 운명은 완전히 봉쇄 되었다. 또한 우리의 운명도, 예수님의 썩어가는 육신이 무덤에 누워있을 때, 바로 그 역사상 장엄하고도 유일한 한 지점에서부터 극적인 변환을 맞이하게 되었고, 그것을 통하여 새로운 생명이 고동치기 시작하였다. 마치 오케스트라 연주처럼 하나님으로부터 지휘된 한 순간에 모든 규칙들

하나님으로부터 지휘된 한 순간에 모든 규칙들은 변하였다.

은 변하였다. 바로 그 순간에 – 예수님께서 다시 폐안으로 숨을 들여 마시기 시작하시고 심장이 박동하여 모든 혈관과 상처와 멍든 몸에 피를 공급하기 시작한 그 때, 아름다운 이야기의 증거인 상처만 빼고는 온몸이 한 순간에 완전히 복구되신 – 그 때, 승리는 쟁취된 것이다.

"정사와 권세를 벗어버려(having disarmed-무장해제시키고) 밝히 드러내시고(made a public spectacle of) 십자가로 승리하셨느니라"(골 2:15). 구약에서 임재는 악을 붙잡아두었으나 예수님은 악을 굴욕적인 지경으로까지 패배시키셨다! 이제 그리스도 안에서 믿는 자인 우리들은 이 지상에서 그분의 법적 의뢰인으로서 그분의 권세를 사용할 수 있게 된 것이다.

여러해 전에 우리교회에 출석하던 사브리나라는 대학생이 원수를 누르는 예수 이름이 가지는 능력을 경험한 적이 있었다. 한밤중에 그녀는 자기 아파트에 침입자가 내는 소리에 잠에서 깨어났다. 겁에 질려 꼼짝 않고 누워 있는 그녀의 침대 쪽으로 그 남자가 오더니 이불을 잡아당기기 시작했다. 갑자기 벌떡 일어난 그녀가, "예수의 이름으로, 여기서 당장 나가라!"고 소리쳤다. 가해하려던 그자는 뒷문으로 도망치다가 거의 바닥에 거꾸러질 뻔 했다. 우리는 나무 상자를 들고 다니지는 않지만 예수님의 이름을 담대히 믿음으로 선포할 때 임재의 본질을 가지고 있는 것이다.

이스라엘 백성들이 전쟁터를 나갈 때 승리는 하나님께 달려 있었으므로 하나님의 임재 궤를 떠메고 나갔다. 이제는 예수님이 하나님 임재 궤이므로 바로 예수님을 악의 면전에 높이 들이대는 것이다. 원수가 공격할 때에 그분이 우리의 피난처이시고 요새시다. 요한은 이렇게 말했다. "자녀들아 너희는 하나님께 속하였고 또 저희를 이기었나니 이는 너희 안에 계신 이가 세상에 있는 이 보다 크심이라"(요일 4:4).

예수님께서는 승천하셨으므로 그분의 이름을 우리에게 주사 부활의 능력을 우리가 사용할 수 있도록 하셨다. 예수님은 재림하실 때까지 우리에게 법적 권한을 허용하셔서 그분의 대표자가 되게 하셨다. "예수"라는 이름이 사탄의 귀에는 손톱이 칠판을 긁는 소리처럼 울려퍼지는데, 그것은 왕국 전쟁이 발발하는 곳마다 그 이름이 십자가의 모든 영향력을 레이저 섬광처럼 폭발시키기 때문이다. 바울은 기록하였다:

> 이러므로 하나님이 그를 지극히 높여 모든 이름 위에 뛰어난 이름을 주사 하늘에 있는 자들과 땅에 있는 자들과 땅 아래 있는 자들로 모든 무릎을 예수의 이름에 꿇게 하시고 모든 입으로 예수 그리스도를 주라 시인 하여 하나님 아버지께 영광을 돌리게 하셨느니라(빌 2:9-11).

영적 전쟁의 본질은, 우리가 단순히 하나님의 임재를 불러 오는 혹은 환영하는 것이고 모든 악은 우리가 그 안에서 경배하고 즐거워할 때 물러가는 것이다. 우리는 사탄에게 과도한 주의를 집중할 필요가 없다. 우리가 하나님께 합당한 경배를 올려드리면 악은 머리를 숙이게 되어 있다.

4. 예수를 통하여, 하나님은 우리를 향한 당신의 특별한 사랑과 기쁨을 나타내셨다

하나님의 임재가 예수를 통하여 지상에 복귀하셨을 때는, 땅을 뒤흔들고 불을 내 뿜으시는 이스라엘의 하나님이 온순한 목수로 옷을 갈아입으시고 "선한 목자"로 오셨다. 하나님의 성품이 변한 것이 아니다. 그분은 여전히 여호와 하나님이시다. 하지만 이제는 세상이, "능히 모든 성도와 함께 지식에 넘치는 그리스도의 사랑을 알아 그 넓이와 길이와 높이와 깊이가 어떠함을 깨달아 하나님의 모든 충만하신 것으로 너희에게 충만하게 하시기를" 알아야 할 때가 된 것이다(엡 3:18-19). 이번에는 하나님께서 은혜와 자비의 사역으로 오신 것이다.

예수님은 우리를 향한 하나님의 총애, 사랑, 기쁨, 그리고 자애로움이 완전하게 인격적인 형상이 되어 우리에게 오신 분이셨다. 그는 자신을 신랑이라 하시고 우리를 그분의 신부라고 하셨다(사 62:5, 계 19:7). 어떻게 이 보다 더 우리를 향한 헌신을 말씀하실 수 있을까? 한 쌍의 젊은이가 결혼식 날 서로에게 가지는 열정과 즐거움을 비교할만한 것은 아무것도 없다. 예수님은 신부인 우리를 사랑하시고, 만나기 원하시고, 관계를 맺고 싶어 하시고, 함께 즐거워하고 싶어 하신다. 선지자가 말했다:

> 그날에 사람이 예루살렘에 이르기를 두려워하지 말라 시온아 네 손을 늘어뜨리지 말라 너의 하나님 여호와가 너의 가운데 계시니 그는 구원을 베푸실 전능자시라 그가 너로 인하여 기쁨을 이기지 못하여 하시며 너를 잠잠히 사랑하시며 너로 인하여 즐거이 부르며 기뻐하시리라(습 3:16-17).

앞에서 말했듯이, 마치 강아지와 놀거나 개구리를 잡으려는 아들을 바라보는 아버지처럼 나는 하나님은 우리를 보며 웃음 짓고 계신다고 생각한다. 내가 손자 손녀들을 바라볼 때면 내 인생에 아무리 복잡한 일이 일어나고 있는 중이라도, 그들을 향한 내 본능적 애정이 나를 저절로 미소 짓게 한다. 애들 온 몸이 흙 범벅이 되었고, 말썽을 부려서 제 어미 속을 썩인 것은 전혀 문제가 아니다. 아이들이 문간에 모습을 보이기만 해도 어김없이 환해지는 내 얼굴을 보고 그들은 자기들이 특별한 귀염을 받고 있는 줄 안다!

우리를 향한 하나님의 특별한 사랑은 예수님의 얼굴에서 환하게 빛나고, 그분의 웃음은 온갖 인간사를 꿰뚫고 비추신다. 우리의 삶이 혼탁하거나 우리가 잘못을 저지를 때라도 예수님 안에서 하나님의 미소를 감지할 수 있다. 예수님의 일생은 하나님 아버지의 총애가 우리에게 달린 것이 아니라, 우리가 예수님의 생명을 우리의 것과 교환할 때 베푸시는 하나님에 속한 것이라는 것을 나타내 보이신다. 만일 하나님의 특은이 우리의 노력으로 구해야하는 것이라면 절대로 갖게 되지 못할 것이다.

우리를 위한 아버지의 엄청난 사랑은 당신의 아들을 보내셔서 우리에게 그 아들을 주셨고 우리를 축복하셨다. 하나님은 선하시고 하나님은 사랑이시다. 그분에게는 그 길밖에 다른 것은 없으시다. 하나님은 당신의 뜻과 목적에 따라 우리에게 온갖 축복을 쏟아 부으신다. "우리가 다 그의 충만한 데서 받으니 은혜위에 은혜러라. 율법은 모세로 말미암아 주신 것이요 은혜와 진리는 예수 그리스도로 말미암아 온 것이라"(요 1:16-17). 하나님은 그의 아들 안에서 가장 큰 미소를 지으신다.

아담과 이브는 그들이 잘못을 저질러서 거꾸러지기 전 까지는 하나님의 자비하심 안에서 살았었다. 예수님은 우리를 일으켜 세우시고 다시 하나님 아버지의 끝없는 은혜의 무릎에 앉혀 놓고자 오셨다 "너희가 내 이름으로 무엇을 구하든지 내가 시행하리니 이는 아버지로 하여금 아들을 인하여 영광을 얻으시게 하려 함이라 내 이름으로 무엇이든 내게 구하면 내가 시행하리라"(요 14:13-14).

예수님께서 오셔서 우리에게 주시려는 모든 것을 생각해 보자:

그는 시간을 내 주셨다.

그는 소망을 주셨다.

그는 용납을 주셨다.

그는 축복을 주셨다.

그는 사명을 주셨다.

그는 생명을 주셨다.

그는 위로를 주셨다.

그는 평화를 주셨다.

그는 성령을 주셨다.

그는 기쁨(Joy)을 주셨다.

그는 새로운 왕국을 주셨다.

그는 보호를 주셨다.

그는 내어줌을 주셨다(He gave giving).

그는 치유를 주셨다.

그는 구원(deliverance; 축사)을 주셨다.

그는 기도를 주셨다.

그는 연합을 주셨다.

그는 사랑을 주셨다.

그는 비전을 주셨다.

그는 승리를 주셨다.

그는 기적을 주셨다.

가장 중요한 것,

우리가 임재 안에서 거하는 특권을 주셨다.

예수님은 무소유의 삶을 사셨으면서도 놀랍도록 관대한 분이셨다. 그 결과, 그분의 임재는 축복의 분위기를 자아낸다. 십자가 상에서 확증하신 그분의 새 언약의 뜻은 그분이 가진 모든 것은 우리의 것이며 우리의 모든 것은 그분의 것이라는 의미였다.

하나님은 우리를 기뻐하시려고 창조하셨고 우리도 역시 하나님을 기뻐하기 바라신다. 그분이 임재하심은 우리의 기쁨이 되시려는 것이다(시 21:6). 우리가 그분의 즐거워하심을 지금 여기에서, 그리고 하늘나라에서도, 온전한 분량껏 누리도록 하기 위해서 예수님은 오셨다(요 16:24, 17:13). 하나님의 임재를 아는 즐거움보다 더 큰 것은 아무것도 없다.

5. 예수님 안에서 하나님은 그분의 신비와 고유하심을 확인시키셨다

구약시대에 유목민 노예들 가운데 있는 나무 상자 위에 나타나셨던 하나님은 두 번째 지상에 오실 때도 너무나도 독특한 방법 – 한 밤중에 외진 촌 동네 마구간에서 십대 소녀와 블루칼라 노동자 사이의 미혼모 자식으로 태어나는 갓난이로 등장하셨다. 그분의 명예는 태어나기도 전에 더럽혀졌다. 그 시대의 "사생아(Bastard)"들은 합법적인 자녀들이 가지는 특권들을 누리거나 부모의 보살핌을 주장할 권리가 없었다. 그러니 마리아의 친구나 가족들(그녀가 속해 있던 청소년부 지도자는 말할 나위도 없고)이 어떤 생각을 했었을 지 상상해보라.

예수님의 족보도 의심의 여지가 있었다: 모압인이었던 룻, 가나안 족 창녀였던 라합, 간음자였고 살인자였던 다윗, 그리고 래리 킹(Larry King–유태인 CNN앵커로 7번 재혼했음; 역주)보다 더 많은 아내를 두었던 솔로몬. 아기의 출생을 축하하려 나타났던 사람들은 목동 뿐– 예루살렘의 보도진도 없었고 고위성직자들도 없었다.

바울이 예수님에 대하여 다음과 같이 기록했던 것도 무리가 아니다:

> 근본 하나님의 본체이시나, 하나님과 동등 됨을 취할 것으로 여기지 아니하시고 오히려 자기를 비워(made himself nothing) 종의 형체를 가져 사람들과 같이 되었고. 사람의 모양으로 나타나셨으매 자기를 낮추시고 죽기까지 복종하셨으니–곧 십자가에 죽으심이라(빌 2:6-8, 이탤릭체는 저자의 것).

다른 번역으로는, 그는 "아무 이름 없는 자가 되시어"가 있다. 하나님의 이런 믿기지 않는 모습을 필립 얀시는 다음과 같이 묘사한다:

상상조차 할 수 없지만, 만물을 지으신 분이 줄어들고, 줄어들고, 더 줄어들고, 하도 졸아들어서 육안으로 간신히 식별할 정도의 크기, 난자가 되어, 한 개의 수정란이 쪼개지는 분할에 분할을 거듭하여 태아의 형태가 될 때까지 긴장에 떠는 십대 소녀의 몸 안에서 한 개 한 개의 세포로 자라고 있었다. "광대하심이 당신의 소중한 자궁 안에 은밀히 감추어져"라고 시인 존 도운(John Donne)이 경탄하였다.

천지를 뒤흔드셨던 하나님, 군대와 제국들을 체스판 위의 기물들처럼 호령하고 주무르실 수 있는 하나님이 말은 고사하고 음식물조차 씹을수 없고, 소변도 못 가리며, 의식주와 사랑을 어느 십대 소녀에게 의탁하는 아기로 팔레스타인에 나타나셨다.[2]

나는 우주의 창조주가 이런 방식으로 오신 것을 이해해 보려고 애를 쓰지만 도대체 종을 잡을 수가 없다. 매번 이것을 생각할 때면, 기저귀를 찬 왕 중의 왕이라는 아이러니에 놀라지 않을 수 없다. 엘 샤다이(El Shaddai), "풍요를 베푸는 전능자"가 이제 어린 어머니에게서 젖을 먹게 된 것이다.

이 세상의 고위관리들이 어떻게 차리고 나타나는지 곰곰이 생각해 보자—고급 차량, 값비싼 의상, 수많은 보좌관들과 경호

> **사막의 법궤에서부터 베들레헴의 마구간까지 그분은 무소유로 사셨고 사회에서 가장 가난하고 이름없는 자들 가운데 사셨다.**

원들, 그리고 요란한 팡파레. 그들은 초특급 호텔에 묵으며 부호들과 각계의 거물들과 어울린다. 영광과 존귀를 생각할 때 우리는 이런 이미지들을 떠올린다.

여호와는 그렇지 않으시다. 그분은 항상 가장 비천하고 앞에 나서지 않는 방법을 택하신다. 사실 겸손이 그분의 트레이드마크다. 사막의 법궤에서부터 베들레헴의 마구간까지 그분은 무소유로 사셨고 사회에서 가장 가난하고 이름없는 자들 가운데 사셨다. 그분이 한번 예루살렘에 "개선의" 입성을 하셨을 때는 빌린 나귀를 타셨었고, 드디어 일평생의 사명을 이루실 때는 나무 십자가 위에서 죄수형에 처해 죽는 것을 승낙하심으로 하셨다. 그 어느 왕이 예수님과 같았던가?

하지만 그분은 왕이셨다. 바울은 기록했다:

> 그는 보이지 아니하시는 하나님의 형상이요 모든 창조물보다 먼저 나신 자니 또한 그가 만물보다 먼저 계시고 만물이 그 안에 함께 섰느니라. 아버지께서는 모든 충만으로 예수 안에 거하게 하시기를 기뻐하심이라… 그 안에는 신성의 모든 충만이 육체로 거하시고…(골 1:15, 17, 19, 2:9).

예수님의 고유한 탄생은 그분을 둘러싸는 신비를 한층 더 고조시켰다.

솔로몬의 성전에는, 신성의 신비인 언약궤를 감추고 있는 지성소가 두터운 커튼이나 베일로 둘러쳐져 있었다. 매혹, 호기심, 경이, 두려움 같은 단어가 내포하는 것이 하나님의 임재가 계시는 정금 보좌를 둘러쌌다. 베일 뒤에는 위대한 "스스로 있는 자(I AM)"가 계셨다.

예수님이 돌아가셨을 때 그 성전의 베일은 위로부터 아래까지 두 쪽으로 찢어졌다(마 27:51). 이것은 임재로 나아가는 문이 열린 것을 하나님 방식으로 알리신 것이었다. 베일은 더 이상 임재를 감추지 않았다. 자, 이제 예수 안에서 어느 누구라도 지성소에 들어가 하나님과 사적으로 교제하고 경험할 수 있게 되었다.

그렇지만 하나님의 신비가 예수님 안에서 완전히 드러난 것은 아니었다. 인간의 형태로 오신 하나님은 우리의 오감을 훨씬 더 월등히 초월하시기에 이것은 신비에 신비를 겹겹으로 쌓아 올려 놓은 격이다. 하나님의 신비는 영적세계에서 불변 수(a constant)요 우리가 하늘나라에 갈 때까지도 그러하실 것이다. 그때까지는 그분을 충만히 이해하지 못하리라. 하지만 예수님은 우리가 하나님의 위대함을 발견하고 마치 소포 꾸러미를 열듯 하나하나 풀어 나갈 수 있는 여정을 시작할 수 있는 길을 마련해 주셨다. 그것은 예수님의 계시라고 부르는 것이다.

하나님은 무한대로 깊으시고, 흥미진진하고, 의미심장하셔서 하나님에 대해 알아갈 것이 산과도 같다면 온 세상의 모든 책을 다 쌓아 올린다해도 그것은 개밋둑에 불과하다. 그래도 우리에게는 예수님의 계시로 인하여 오르기 시작할 수 있는 사다리가 있다.

우리는 예수님이 자신을 우리에게 계시하시는 만큼만 하나님을 알 수 있다. 그것은 우리가 책을 읽거나 나이가 듦으로 혹은 경험을 쌓음으로 알게 되는 종류의 지식이 아니다. 우리의 노력으로 획득할 수 있는 것이 아닌 – 하나님이 주셔야지만 받을 수 있는 것이다. 제자들조차 자기들 스스로는 "예수님이 누군지 알아낼" 수가 없었다. 예수님이 시몬 베드로에게, "너희는 나를 누구라 하느냐"고 물으셨을 때 시몬 베드로가 대답하여, "주는 그리스도시오 살아계신 하나님의 아들이시니이다." 예수께서 대답하여 가라사대, "바요나 시몬아 네가 복이 있도다. 이를 네게 알게 한 이는 혈육이 아니요 하늘에 계신 내 아버지시니라"(마 16:15-17).

예수님의 계시는 창조주의 주권적 결정이 내려짐에 따라 주어진다. 이러한 순간이 너무도 중요하기에 예수님은 제자들에게 자신이 누군지 아무에게도 말하지 말라고 당부하시는데 그 이유는 다른 사람들도 성부로부터 직접 계시를 받아야만 하기 때문이다.

베드로도 직접 쓴 서신서에 말한다. "그러므로 너희 마음의 허리를 동이고 근신하여 예수 그리스도의 나타나실 때에 너희에게 가져올 은혜를 온전히 바랄지어다"(벧전 1:14, RSV). 이 말씀을 달리 말하면, 예수님을 그저 구원자와 공급자로만 아는 데 그치지 말라는 것이다. 주시는 계시를 받게 되도록 더욱 깊이 알게 되기를 힘쓰라는 것이다.

아마도, 예수님의 계시 중 가장 위대한 것은 밧모섬에서 요한에게 알려 주신 것일 것이다. 그의 편지 – 계시록 – 전체는 그가 듣고 본 것을 설명하려는 시도였다.

예수님의 계시란 하나의 공통된 특성을 가진 자들에게만 신령한 비밀이 한 꺼풀 한 꺼풀씩 열리는 것인데 그 특성은 – 굶주림이다. 나이는 상관이 없고, 교육 수준도 상관없고, 사회적 지위나 인종도 상관없다. 하나님은 단 한 가지, 오직 한 가지에만 응답하시는데, 그 한 가지란 그분을 알고자하는 타는 듯한 갈망뿐이다. 아프리카의 오두막에 사는 가난하기 그지없는 여인도 북미의 추앙받는 신학자처럼 예수님의 계시를 쉽사리 경험할 수 있다. 어쩌면 더 쉽게 받을 것이다. 그녀는 굶주린다는 것이 어떤 것인지 더 잘 안다.

일단 예수님의 계시를 경험하기 시작하면 우리는 그분의 아름다움과 경이로움에 정신을 잃

> 하나님은 단 한 가지,
> 오직 한 가지에만
> 응답하시는데,
> 그 한 가지란
> 그분을 알고자 하는
> 타는 듯한 갈망뿐이다.

어 멍하게 되고, 동시에 깨달아진 비천함 속에서 무릎을 꿇게 되고야 말 것이다. 그분은 무한하게 더욱 더 커지시고 우리의 한계는 더욱 더 또렷해진다. 그분은 한낱 연 같은 우리에게 태풍처럼 휘몰아치신다.

6. 예수님을 통하여, 하나님은 죄를 대속하셨다

앞서도 말했듯이 언약궤는 하나님과 그의 택한 백성 사이에 맺으신 약속 – 언약 – 을 대표한다. 그러나 언약은 양편이 동의한 것을 준수할 때만 결속력을 가지게 된다. 어느 한쪽이라도 어길 경우에 언약은 깨어지고 만다.

출애굽기를 대강 훑어만 봐도 이스라엘 백성들이 언약궤 안에 들어있던 십계명을 4개월짜리 강아지보다 더 자주 어겼던 것을 볼 수 있다. 그 백성들은 죄와 죄들-에덴동산에서 초래된 하나님과 분리된 상태와 그들이 매일 매일 잘못한 것들-로 역병이 들어 있었다.

그들이 하나님과의 온전한 관계로 회복되려면 흠 없는 양의 피로 희생을 바치는 길 밖에 없었다. "율법을 좇아 거의 모든 물건이 피로써 정결케 되나니 피 흘림이 없은즉 사함이 없느니라" (히 9:22). 그러므로 제사장이 일 년에 한 번 들어가 시은소에 속죄제를 드렸다. 그렇게 함으로써, 그들은 임시방편이나마 하나님과의 친교를 회복했다. 슬프게도 그런 일은 거듭거듭 반복해서 치러야했고 임재 안으로 들어갈 수 있는 귀중한 안도와 용서의 시간은 결코 지속적이지 못했다. "…해마다 늘 드리는 바 같은 제사로는 (예배하러) 나아오는 자들을 언제든지 온전케 할 수 없느니라"(히 10:1). 이스라엘 백성들은 임재를 방문할 수는 있었지만, 그 안에 머무를 수는 없었다.

예수님이 이 모든 상황에 등장하셨을 때, 온전히 하나님이요 온전히 인간이신 그분은, 어떤 인간이라도 할 수 없는 일-하나도 빠짐없이 모든 계명을 지키는 것-을 행하셨다. 그분은 이 지상에서 모든 일에서 죄 없고 흠 없는 일생을 살아가는 것을 실천하셨다. 그분은 하나님의 것이든 인간의 것이든 단 하나의 율법도 어긴 적이 없으셨고, 마음에서조차도 그러하셨다. 예수님은 모든 언약을 지키셔서 새로운 언약을 맺을 수 있도록 하셨고 그것으로 우리가 아무 조건 없이 임재로 나올 수 있고 임재에 머무를 수 있도록 하셨다.

거룩하시고 순전하신 예수님은 마지막 속죄제물이 되셨다. 영원토록 흠 없으신 어린양, 예수님은 과거와 미래 양쪽에 속하는 세상의 모든 죄를 되갚으시려 당신의 몸을 버리셨다. 그분의 피는 온 인류가 용서와 구속을 얻을 수 있는 대속의 피가 되셨다. 더 이상의 희생은 필요하지 않게 되었는데, 하나님의 계획 안에서는 예수님의 피가 모든 것을 덮었기 때문이었다. 구약의 할부

계약은 이행 종결되었고, 할인 쿠폰은 필요가 없어진 것이다!

　그리스도께서는 참 것의 그림자인 손으로 만든 성소에 들어가지 아니하시고 오직 참 하늘에 들어가사 이제 우리를 위하여 하나님 앞[임재 안]에서 나타나시고(now to appear for us in God's presence) 대제사장이 해마다 다른 것의 피로써 성소에 들어가는 것같이 자주 자기를 드리려고 아니하실지니 그리하면 그가 세상을 창조할 때부터 자주 고난을 받았어야 할 것이로되 이제 자기를 단번에 제사로 드려 죄를 없게 하시려고 세상 끝에 나타나셨느니라(히 9:24-26).

　히브리어로 "궤(ark)"는 관(coffin)으로 쓰일 수도 있었던 것을 기억하기 바란다. 언약궤는 그 속에 담겨있는 하나님의 법을 완성할 그분의 죽음을 예고했던 것일까? 어쩌면 궤는 십자가를 가리키는 것이었는지도 모른다.

임재에 속한 새 족속

　예수님은 우리를 위해 하나님의 임재를 여시고 우리가 그것을 누리고 그 안에서 영원토록 거할 수 있게 하셨다. 조건이라면 단 한 가지, 그분이 선물로 주시는 긍휼을 받는 것뿐이다. 예수님께 믿음을 드림으로써, 성경은 우리가 실제로 우리의 헌 삶을 하나님 보시기에 의로운 새 것으로 교환한다고 말하고 있다. "하나님이 죄를 알지도 못하신 자로 우리를 대신하여 죄를 삼으신 것은 우리로 하여금 저의 안에서 하나님의 의가 되게 하려 하심이니라"(고후 5:21). "그런즉 누구든지 그리스도 안에 있으면 새로운 피조물이라; 이전 것은 지나갔으니 보라 새것이 되었도다!"(고후 5:17)

헬라어로 "새로운 피조물"이란 말이 또한 "새로운 인종"을 의미하는 것은 흥미로운 일이다. 사실상 예수님은, 임재로 결속되고 하나님의 영광과 찬란함을 드러내는, 하나님을 기쁘시게 해드리는 사람들로 이뤄진 새 종족을 창출하시려고 오신 것이다. 베드로가 다음과 같이 요점을 정리했다:

"오직 너희는 택하신 족속이요 왕 같은 제사장들이요 거룩한 나라요 그의 소유된 백성이니 이는 너희를 어두운 데서 불러내어 그의 기이한 빛에 들어가게 하신 자의 아름다운 덕을 선전하게 하려 하심이라 너희가 전에는 백성이 아니더니 이제는 하나님의 백성이요 전에는 긍휼을 얻지 못하였더니 이제는 긍휼을 얻은 자니라"(벧전 2:9-10).

예수님은 우리가 하나님의 임재에 들어갈 수 있게 하셨을 뿐 아니라 성령을 통하여 하나님의 임재 안에서 살아갈 수 있도록 하셨다. 이전에는 별거와 피할 수 없는 죽음만이 있던 곳에 하나 됨과 영원한 생명이라는 약속이 있게 된 것이다. 더 이상 계명은 돌 판에 새겨져 있는 것이 아니라 믿는 자의 마음과 생각 안에 들어서게 된 것이다(히 10:16). 우리는 아들이신 예수 그리스도의 속죄제를 통하여 하나님의 축복과 유익을 받고 그것을 반영하도록 따로 구별된 임재에 속한 새 족속이다. 인생은 더 이상 어떻게 계율을 지키느냐에 대한 것이 아니라 어떻게 하면 아들 하나님의 형상과 같게 되느냐에 관한 것이 되었다(롬 8:29).

하나님이 그의 왕국을 지상에 처음으로 선을 보이신 것이 법궤였다면, 예수님은 그 예고편에 속한다. 그가 재림하셔서 피조물들을 심판하고 단번에 그의 왕국을 온전하게 세우실 때 하나님의 다스리심이 어떠할지 단편적으로나마 우리에게 보여주신 셈이다. 예수님이 지상에 계시는 동안, 마치 너무나 영광스러운 비밀을 혼자만 알고 있는 것을 참지 못하시는 듯 그의 왕국에 대하여 자주 언급하셨다. "[아버지의] 나라이 임하시며, [아버지의] 뜻이 하늘에서와 같이 땅에서도 이루어지이다"하고 기도하셨다(마 6:10). 그분은 우리에게 "먼저 그의 나라를 구하라"고 말씀하셨고(마 6:33), "그 나라의 복음"을 전파하셨다(마 9:35). 천국에서 오셨으므로 그분은 우리를 위하여 무엇이 준비되어 있는 지도 알고 계셨고 아무도 그것을 놓치는 자가 없기를 원하셨다. 예수님은 구원만을 위한 열쇠가 아니라 이생에서 임재를 이해하는 것과 그 임재에 들어가게 되는 열쇠도 되셨다.

토의 질문

1. 당신이 다니는 교회에 그것이 지니는 가치보다 더 중요시 되는 물건이나 의식이나 전통이 있습니까?

2. 왜 새로운 언약이 필요하게 되었습니까?

3. 세례 요한이 예수님을 보았을 때 "보라, 하나님의 어린양…"이라고 했습니다. 그는 무엇을 뜻했던 것입니까?(요 1:29, 35절을 보십시오)

4. 예수님이 지상에서 왜 사람으로 사셔야 했을까요? 그분은 왜 죽으셔야만 했습니까?

5. 싸움을 맞닥뜨렸을 때 예수님은 어떻게 반응하셨습니까? 왜 그러셨습니까?

6. 이스라엘 백성들이 어떻게 언약궤를 모셨는지 생각해 볼 때 교회로서 우리는 하나님 임재가 머무르시는 새로운 안식의 처소로 예수님을 대접해드리고 있습니까?

7. 어느 순간에 악이 패배당하고 우리의 승리가 확실하게 되었습니까? 설명해 보십시오.

8. 모세와 예수님의 겸손과 그분들이 지녔던 각각의 능력들을 생각해 볼 때, 교회에 능력이 결핍된 것에 대하여 어떤 결론을 내리게 됩니까?

9. 우리는 얼마만큼이나 하나님을 알 수 있습니까? 어떻게 그분을 발견할 수 있습니까?

10. 임재 중심의 교회에서 예수님은 어떤 역할을 맡으시게 됩니까?

제 7 장

임재 중심 예배

  우리가 마리아 교회에 대하여 어디쯤까지 이야기 했었는지 기억하는가? 기도와 예배에 대하여 거의 광신적이고, 능력의 나타나심으로 하나님의 임재가 확실하다고 알려져 있고, 사람 위주가 아닌 하나님 중심의 목회자가 있는 그런 곳에 대하여 말했던 것이 생각나는가? 내가 구약 장정을 떠나기 전에 언급했듯이, 마리아 교회의 핵심은, 내가 임재 중심 교회라고 부르는 것이다. 이들은 하나님을 찬양함을 널리 선포하기 위하여 어둠에서 그분의 빛 안으로 부르심을 받은 하나님이 택하신 새로운 족속의 일부이다.

  모세와 이스라엘 백성들의 삶에서 하나님의 임재가 차지하는 몫을 살펴보았으니 이제 임재 중심 교회에 초점을 맞추어도 될 터인데, 이 교회는 그런 배경에서 가장 잘 보이기 때문이다. 하나님과 인간 사이의 모형인 이스라엘 진영의 중앙에 있는 속죄소에서 시작되었고 결국은 십자가상에서 바친 예수님의 속죄제로 연결되는 것이 임재 중심 교회의 초석이 된다.

먼저 임재 중심의 교회는 진행 방식이나 세부적인 예배 스타일로 규정지어지는 것이 아니라는 것을 명백히 해두고 싶다. 임재 중심의 교회란 처방된 공식을 따라 – 어떤 종류의 노래를 부른다던가, 특정한 사역 스타일을 따른다던가 해서 되는 일이 아니다. 가장 중요한 것은, 일요일 아침에 무엇을 한다던가, 혹은 하지 않는다는 것으로 임재 중심의 교회가 되는 것이 아니라는 것이다. 일요예배는 그저 잘 알려진 빙산의 일각일 뿐 – 일주일에 한 번씩 그 표면 아래 있는 전모를 슬쩍 풍기는 것에 불과하다.

지난 십 년간 연합운동이 미국교회를 휩쓸고 지나면서, 한때 "은사적" 혹은 "예식적", "현대적" 그리고 "전통적" 교회들이 서로간의 교류로 말미암아 점차적으로 그 구분이 모호해졌다. 오랜 세월동안 예배 스타일의 격차로 생겨났던 장벽과 관문들이 갈수록 흐릿해지더니 개중에는 거의 식별조차 할 수 없게 되었다. 이제는 더 이상 일요일 아침 예배시간에 보이는 형식이나 기능을 가지고 어느 한 교회가 어떤 정체성을 띠고 있다고 확언하기 어렵게 되었다. 예를 들어, 침례교회에서나, 커뮤니티 교회에서나, 독립교회에서 꼭 같은 것들을 허다하게 경험할 수 있게 된 것이다.

나는 기독교의 교단들과 전통이 자체의 특성을 완전히 상실하게 될 것이라고 생각하지 않으며, 그럴 필요가 있다고 여기지도 않는다. 그러나 서로를 용납하고 구획을 중요시하지 않는 추세는, 한때 도외시했던 형제자매들에게서 배움을 얻은 많은 교회들에게 신선한 공기와도 같았다. 그리스도의 몸이 연합하는 것은 본질상 중요하며 거기에는 두 가지 이유가 있다. 그리스도교 신앙이 연합 없이는 영적으로 너무나 다양한 이 세상에 아무런 영향력을 끼칠 수 없고, 아마 그것보다 더 중요한 것은 예수님이 연합을 위하여 기도하셨다는 것이다.

나는 진정으로 어느 교회라도 현재보다 더욱 임재 중심의 교회가 될 수 있다고 믿기에 이런 말을 하는 것이다. 신도의 성향이나 크기에 상관없이 하나님의 것을 더욱 갈망하고 뚜렷한 하나님의 임재에 배고파할 여지가 그들에게 있다. 쟁점의 요지는 우리가 어떻게 예배하느냐가 아닌, 왜 예배하는가에 있으며 이런 토론의 장에 어떤 마음의 자세를 가지고 임하느냐 있는 것이다.

과연 임재 중심의 교회란 무엇인가? 스타일이나 하는 일들로 그 정체를 알아낼 수 없다면, 무엇으로 이 임재 중심의 교회가 다른 교회와 다르다고 구별할 수 있을까?

예배하는 마음(A Heart for Worship)

모세나 이스라엘 백성들이 그랬듯이 임재 중심의 교회에서도 그것을 구별 짓는 표시는 진영 정중앙에 모신 하나님 임재의 언약궤이다. 그것은 하나님과 고유하게 친분을 쌓고 있는 것으로 구별되는 사람들인데, 그 방법을 통하여 하나님이 그들 가운데 자신을 드러내신다. 하나님의 임재가 그들의 로고이고 정체성이고 근간이 된다.

임재 중심 교회는 소비자 중심 교회가 사람을 즐겁게 하는 프로그램을 계발하고 이행하는 데 들이는 것과 꼭 같은 열정으로 하나님을 즐겁게 해드리는 환경을 만들어내는 데 헌신한다. 그들은 하나님이 오셔서 머무르시기 원한다. 그 때문에 경배 드리는 것이 마리아 교회 특성의 대부분을 차지한다. 딕 이스트만(Dick Eastman)은 다음과 같이 설명했다:

> 몇몇 교회 성장 모델에서 새 신자에게 편안한 분위기를 만들어주려고 구도자에 민감한(seeker-sensitive) 태도를 갖는 것을 이해할 수는 있다. 그렇지만 구주께 민감한 예배 모델(Savior-sensitive worship model), 주께서 직접 오시고 행하시는데 적절한 기후를 마련하느라 애쓸 때 불안해 할 것도 없다. 나는 두 가지 다 함께 마련할 수 있다고 믿는다.[1]

예배에 관하여 하나님이 당신의 택한 백성들에게 첫 번째 계명을 내리신 것에 주목하라. "나는 너를 애굽 땅, 종 되었던 집에서 인도하여 낸 네 하나님 여호와라. 나 외에는 다른 신들을 네게 두지 말지니라"(신 5:6-7). 나는 임재 중심 교회에 대하여 다른 어떤 자격들보다 손꼽는 자격 조건으로 예배가 단연 으뜸 되는 유일한 항목이며, 다른 나머지 모든 것도 이것에서 비롯된다고 단언한다. 이런 이유 때문에 우리는 임재 위주의 예배를 솔직히, 그리고 깊이 다루겠다.

데이비드 왓슨(David Watson)은 그의 책 『나는 교회를 신뢰한다(I Believe in the Church)』에서 임재 중심 교회의 태도를 다음과 같이 설명한다:

> 교회의 주된 임무는 하나님께 예배를 드리는 것이다. 마땅히 해야하는 복음전도나 선교에 나서기도 전에 하나님의 백성들은 예배드리는 공동체가 되도록 부르심을 받았다. "산 돌(living stone)"이신 예수님께로 나온, 그리스도인들은 "산 돌로 지어진 신령한 집"이 되기 위하여 나온 것이다. 이것은 무슨 목적 때문인가? "예수 그리스도로 말미암아 하나님이 기쁘게 받으실 신령한 제사를 드릴 거룩한 제사장이 될지니라"(벧전 2:5). 이것은 신약성서 전체에 흐르고 있는 한결같은 주제이다. "이는 그리스도 안에서 전부터 바라던 우리로 그의 영광의 찬송이 되게 하려 하심이라"(엡 1:12). "너희는 너희의 몸이 성령의 성전인 것을 알지 못하느냐?"라고 바울이 고린도 교회에게 물었다. 이 성전은, 다른 모든 성전들과 마찬가지로, 하나님을 예배하기 위하여 구별해 놓는 것이 주된 목적이다. 이것이 인간에 있어 으뜸이며 최종의 일이다. "하나님을 영화롭게 하고 그분을 영원히 즐거워하는 일"[2]

마리아 교회가 예배를 중심으로 삼는 삶의 원동력은 마음 깊이 하나님의 임재를 사모하는 굶주림에서 나온다. 언약궤에 대한 강렬한 매혹에 이끌려 성전에서 시중들었던 이스라엘 백성들처럼 임재 중심 교회의 교인들도 하나님과 밀접할 때 맛보게 된 이 세상 무엇보다 더 단 꿀맛을 알았고 그분의 신령한 흔적을 지니고 있다. 그들이 예배하는 이유는 하나님의 임재에 중독되었기 때문이고, 또한 그 목적을 위하여 하나님으로부터 창조되었고 다른 어떤 때 보다 그 시간에 생생히 살아 있음을 느끼고 만족하기 때문이다. 이 일이 그들의 정열과 기쁨을 바칠 대상인 것이다.

캘리포니아의 밴 누이즈에 있는 킹 대학과 신학대학원(The King's College and Seminary in Van Nuys)의 잭 헤이포드(Jack Hayford) 총장이 예배에서 무엇이 하나님을 기쁘시게 하는지에 관하여 서술하였다:

우리가 예배할 적에 하나님이 가장 중요시 하시는 것은, 우리가 그분에 대하여 얼마나 과대망상적인 사고를 하고 있느냐가 아니라 우리의 마음이 얼마나 열렬히 그분을 사모하는가이다. 그리고 우리의 영들과 그분의 영이 영적 교통을 할 때에 성사시키려는 것은 사랑, 생명, 기쁨을 전달하는 것(transmission)이다.3)

임재 중심의 교회가 염두에 두는 질문은, "사람들이 우리에게 매력을 느끼는가?"가 아니라, "하나님의 임재가 우리에게 매력을 느끼는가? 다른 것은 모두 제쳐 놓고, 하나님이 환영받고 존귀함을 받는다고 느끼시는가?"이다. 그들은 예배에 있어서만은 최첨단을 걷는데 그 이유는 자신들의 애정과 흠모를 가로막는 모든 장벽을 물리치고 그 너머까지도 구하는 노력을 끊임없이 모색하는데 힘을 쏟고자 하기 때문이다.

혁신적인 예배의 온상으로서 전 세계적인 주목을 받고 있는 콜로라도 스프링스의 뉴 라이프 교회는 예배를 교회적, 또한 국제적으로 확장시켜 나가는 임재 중심의 교회이다. 테드 헤가드 목사(Pastor Ted Haggard)와 로스 파슬리(Ross Parsley) 워십 리더는 만 오천 명의 자체 교인들뿐만 아니라 그리스도의 몸된 전 교회의 예배 생활(worship life)을 위한 연간 투자를 해마다 증대시키고자 하고 있다.

이 책을 시작할 무렵에 그들은 뉴 라이프 예배 학교(New Life School of Worship)를 열었고, 거기서 심화훈련 프로그램을 통하여 준비된 "워십 리더들"을 훈련시키고 있으며 그 목적은 "21세기 장비와 기술로 워십 리더들

> 임재 중심 교회가 염두에 두는 질문은, "사람들이 우리에게 매력을 느끼는가?"가 아니라, "하나님의 임재가 우리에게 매력을 느끼는가?"이다.

과 싱어들과 연주가들이 확신과 특성을 가지고 왕국을 확장하도록"하는데 있다. 일 년 간의 프로그램에는 예배 신학과 음악 훈련 강의에서부터 건강한 교회 생활에 필요한 실습까지 두루 겸비된 과정들이 있다.(안내 정보 www.newlifeworship.com)

뉴 라이프 교회가 좋은 예배를 드리는 복을 받고 있기는 하다. 하지만 그들은 매년 거룩한 불만을 품고 더 높은 곳으로 나가는 힘찬 추진력을 발휘하고 있다. 그들은 예배에 있어서 다른 이들도 따라할 수 있는 최상의 기준을 구축해 놓은 것이다.

성막 예배

앞쪽에서 잠깐 언급했듯이, 세 개의 성막, 모세와 다윗과 솔로몬의 성막들은 각기 나름대로 예배의 다른 면을 소개하고 강조했었던 것 같다. 모세의 성막은 기다리고 침묵하는 예배라는 특징이 있다. 레위인들은 24시간 내내 임재의 궤 곁에서 주로 침묵하며 대기했다. 음악이나 예식, 통성기도나 설교는 드물었다. 그들은 하나님의 구름이 보이는 성막에 주목을 집중하고 앉아서 기다렸다.

다윗 왕이 예루살렘으로 복귀된 법궤를 모셨을 때 그는 레위 사역에 음악을 도입시켰다. 침묵 시간은 여전히 준수하였으나, 다윗의 성막은 여호와께 음악과 노래를 드리는 장소가 되었다.

다윗은 하나님의 웅대하심을 선포하는 시편들을 지었고 악기로 반주를 하였다. 때때로 그들은 밤새도록 임재의 장엄함을 드높이 찬양했다.

끝으로 솔로몬이 성스러운 언약궤를 모시려고 영구적인 성전을 완공하였을 때, 기도가 성전의 중요한 부분이 되었다.

구약성서 학자이며 모세와 다윗의 성막에 대한 철저한 연구로 저명한 케빈 카너(Kevin Conner)는 왕상 8:12-61과 대하 6:1-42에 나오는 솔로몬의 성전 봉헌 기도의 중요성에 대하여 다음과 같이 설명하고 있다.

> 이 성경 구절들에서 주목해야 할 중요한 단어들은, "기도", "그의 이름", "이곳", "죄의 고백" 그리고 "이 집"들이다. 이 기도는 모든 개인적 그리고 국가적 삶의 영역을 언급하고 있다. 이 집은 이스라엘 뿐만 아니라 모든 나라가 기도를 드리는 집이 된다는 것이다.[4]

이 모든 세 가지 방법의 예배-기다리기, 찬양하기 그리고 기도하기-는 임재 중심 교회에서 빠트릴 수 없는 부분들이다. 한 예로, 플로리다 올랜도에 있는 파인 캐슬 연합감리교회(Pine Castle United Methodist Church in Orlando, Florida)는 주말의 3부 예배 중 2개는 교회가 터져나갈 듯 교인들로 넘치며, 활기찬 성장가도를 달리고 있는 교회이다. 그렇지만 블레익 로

렌즈 담임 목사님은 그 어느 때보다도 하나님의 임재를 환영하는데 더욱 열성을 기울이고 있다. 이 교회는 매년 새해가 되면 1월달 중 열흘간 뜨겁게 하나님께 기도하며 구한다. 밤마다 성전에 모여와 말 그대로 얼굴을 바닥에 대고 주 앞에 엎드린다. 그들은 기다리고, 경배드리고, 기다리며 비전과 방향을 구한다. "하나님의 임재가 우리교회의 가장 중요한 부분입니다. 우리는 절실하게 하나님이 필요합니다."라고 로렌즈 목사님은 말한다.

예배할 때 이런 다양한 모습이 나타나는 또 다른 좋은 예로는 미 전역에 걸쳐 동네 교회에서 흔히 볼 수 있는 기도방들이 있다. 수천 개의 교회들이 기다리고, 찬양하고, 기도하는 전용 기도실을 마련하고 있으며 그들 중에는 하루 24시간, 일주일에 7일간(24-7), 한 시도 쉬지 않고 드리는 곳도 많이 있다. 세상에는 다양한 모습의 교회들만큼이나 다양한 종류의 기도실들이 있지만, 대부분 홀로 하나님을 기다리고, 개인적 예배를 즐길 수 있거나 여러 정보를 갖춘 기도처를 마련한 독방들이다. 교회가 그런 처소를 마련하도록 격려하는 사역에 지난 20여 년간 열정을 바쳐왔고 내가 저술한 책, 『기도를 하려면(Making Room to Pray)』은 그것을 소재로 썼다.5)

마이크 빅클(Mike Bickle)이라는 목사가 여러 해 전에 담임 목사직을 사임하고 미주리의 캔자스시티의 "하프와 대접(harp and bowl)" 센터라는 것을 시 전역을 대상으로 열었다.(하프는 예배를 대접은 계시록 5:8절 후반부에 나오는 기도를 상징한다.) 국제 기도의 집(International House of Prayer, IHOP)으로 명명된 이곳은 24-7 예배와 중보의 사역을 하며 그 지역의 여러 많은 교회들이 즐겨 사용하고 지원하는 곳이다. 한 구간에 약 두 시간 정도의 지속적인 기도와 찬양 시간이 있고 그 다음의 것이 자연스럽게 연결된다. 그가 예배와 중보를 결합시킨 데서 나오는 능력에 대하여 다음과 같이 설명한다.

> 나는 중보예배를 주장하는데 그 이유는 예배와 통성기도가 상호 교류하기 때문이다. 하나님의 영이 음악 위에 계실 때면 기도를 노래로 할 때와 기도를 소리 내어 말할 때 어떤 놀라운 일이 생겨난다. 기도가 쉬워진다. 그리고 기도가 쉬워지므로 사람들은 전보다 더 오래 기도할 수 있다. 기도가 신선하고 즐겁게 된다![6]

임재 중심의 교회는 늘 예배의 한계를 확장하려고 열심히 구하므로 유별난 것을 시도하기도 한다. 좀 별나게 창의적이라고 할까. 임재 중심 교회의 워십 리더는 예배시간의 맨 나중까지 주보를 돌리지 말자고 제의하기도 하여 사람들이 예배시간에 주보를 읽지 못하도록 하고 싶어 한다. 그는 사람들에게 허리를 숙이거나 무릎을 꿇도록 청하거나 오래도록 침묵하고 귀 기울이기를 청하기도 한다. 그는 전교인 대상 철야 찬양예배나 정해진 시간보다 연장된 경배에 사람들을 청하기도 하며, 교인들에게 다른 문화권의 찬양음악을 소개하기도 할 것이다. 심지어 때로는 방문자들에게 예배 시간 끝에 돌아가시라고 하고 정교인들은 정오가 지나도 계속하여 경배를 드리자고 초대하기도 할 것이다.

현재 가장 존경받는 워십 리더 중 한 명은 영국의 왓포드에 있는 소울 서바이버 교회(The Soul Survivor Church)의 맷 레드맨(Matt Redman)이다.

맷은 그가 최근에 저술한 책, 『한없이 목마른 예배자(The Unquenchable Worshipper)』에서 그 교회 목사님이, 오히려 훌륭한 음악가들과 신나는 음악으로 인해 생기는 장애를 극복하고, 예배에 합당한 심령을 재발견하라고 도전하신 것을 설명하고 있다.

맷에 의하면 몇 년 전부터, 소울 서바이버의 대예배 시간에 늘 있어왔던 특유의 열정이 눈에 띄게 떨어졌다고 한다. 음악은 여전히 훌륭했고 팀의 예술성도 좋았으나 사람들은 그런 것들에 점점 더 의지하면서 그것들이 예배 헌물이라고 여기고 있었다. "그것들(The stuff)"-오늘 누가 연주하는지, 어떤 곡을 골랐는지, 음향 시스템 성능이 얼마나 좋은지가 그들의 체험을 좌지우지했다.

마이크 담임 목사님이 과감한 일을 하기로 결정하셨다. 한 계절 동안, 뮤지션들과 악기 등등, 모든 것을 걷어치우고 예배자만 남기기로 하셨다. 그들은 그저 따라서 노래를 부르던 것 대신에 내면으로부터 예배 올리는 것을, 자신을 하나님께 드릴 줄 알게 되었다. 목사님은 그들이 성전에 들어 올 때마다 질문을 던졌다. "헌물로 무엇을 가져오셨습니까?"

시간이 흐른 후 그 교회는 전보다 훨씬 깊고 커다란 예배의 자리를 발견하였다. 뮤지션들과 음악은 제자리로 돌아왔다 그러나 맷은, "우리가 입술로만 읊조리던 노래를 우리들 심령으로 부르게 되었다."고 말한다. 그 체험을 통하여 그가 저 유명한 찬양곡, "예배하는 마음"을 쓰게 된 것은 매우 흥미롭다:

음악이 멀리 사라져버리고
적막함만이 남게 되면
나는 그저 나옵니다.
무언가 드릴 수 있을 만한 것이 있기를 고대하며
주님 마음에 들 만한 것
노래보다 더 귀한 것
그저 부르는 노래는
주님이 바라시는 것이 아니기에
보이는 것을 지나
더욱 깊은 곳을 다 아시는 주님

나의 마음 환히 보시네.
예배하는 마음으로 돌아옵니다.
예배는 온전히 당신의 것
온전히 예수님 한 분 만의 것
주님 죄송해요, 제가 만들어낸 것들
온전히 주님만의 것인데
주님만의 것인데.7)

임재 중심 교회의 찬양 리더는 먼저 예배자이고 그 다음으로 음악가이다. 그들은 예수님의 발 아래로 가는 길이 닳도록 가본 자들이므로 임재에 매우 친숙하다. 그들은 사람들을 진짜 하나님의 임재로 인도하려면 단순히 그들 자신이 예배에 푹 잠겨서 다른 사람들이 따를 정도가 되어야 한다는 것을 안다. 진정한 예배란 사람 마음대로 되는 것이 아니지만 임재 중심의 워십 리더들은 진짜가 어떤지 알 수 있다. 베테랑 워십 리더인 브라이언 덕슨(Brien Doerksen)도 그점을 수긍한다:

> 찬양을 인도하려고 사람들 앞에 설 때, 내가 하는 어떤 말이나 감동으로 진정한 예배를 드리게 만들 수 없다는 것을 너무나 잘 알고 있다. 내가 하고자 갈구하고 또 해야 하는 것은 누구보다 먼저 내 자신이 하나님을 예배하고, 또다시 내 삶과 사랑을 드려야 하는 것을…8)

이것이 임재 중심 교회 찬양 리더-다른 사람이 무엇을 하든지 상관없이 하나님께 봉직하는 자라는 표시이다. 예배란 훌륭한 결과물을 산출하는 것도 아니요 어쩌면 청중의 참여조차 개의치 말아야 한다. 그것은 전부 우리 자신을 하나님께 봉헌하는 일과 여호와께 영광과 존귀를 돌리는 데 관한 일이다. 캘리포니아의 산호세에 있는 쥬블리 크리스찬 센터(Jubilee Christian Center)의 론 케놀리(Ron Kenoly)는 또 한 명의 유명한 찬양 리더인데, 어떻게 진정한 예배를 드렸는지 알 수 있는지 다음과 같이 말했다:

> 나는 어떻게 내 직분을 잘 감당했다는 것을 알 수 있느냐는 질문을 받곤 한다. 사실 그런 것은 내 육안으로 볼 수 있는 것이 아니다. 내게 적어놓은 공식이 있는 것도 아니다. 때때로 강력한 주님의 임재가 예배실 안을 가득 채우셔서 내가 할 일이라곤 주님이 행하시는 데서 비켜드리는 일 밖에는 할 일이 없다는 것을 느낄 때, 내 할 일을 마쳤다는 것을 안다. 많은 경우에 내가 말이나 다른 일을 하는 것이 매우 부적절하다.[9]

임재 중심의 교회에서 찬양 드리는 일은 일요일 아침 순서지에 있는 대로 치르는 또 하나의 다음 차례가 아니다. 그것은 존재 의미에 있어서 가장 우선되고 중요시되는 것이다. 이 교회는 모세의 성막에서 레위인들이 드렸던 예배에 뒤지지 않으려고 애를 쓴다. 사람들은 여호와께 어떻게 시중들지 알고, 개인적으로나 전 교회적으로 하나님의 위대하심에 찬양의 영광을 드리고, 경배의 한 방식으로서 중보기도를 올려드린다. 이들은 마리아의 마음을 소중히 머금고 새로이 속속 생겨나는 예배족들의 일부이다.

이것이 바로 주목해야 할 점이다. 이 마음이 임재 중심의 교회인지를 구분하는 것이지 어떤 행함이 아니다. 임재를 중심 삼는 것이 특징이다.

마르다와 마리아, 제 2막

성경의 한 장면에서 마르다와 마리아가 재등장했을 때를 함께 잠깐만 생각해 보자(요 11:1-44). 이번에는 그들의 사랑스런 오라비 나사로가 병이 났다. 해설자 사도 요한은 "예수께서 본래 마르다와 그 동생과 나사로를 사랑하시더니"라고 배경의 분위기를 알린다. 이 사람들은 군중 속의 아무나가 아니다-그들은 예수님과 실제로 그리고 인간적으로 각별히 가까운 친구였다. 예수님은 그들에게 깊은 애정을 가지고 계셨다.

예수께서 인근 마을에서 사역하시는 것을 알고, 마르다와 마리아가 얼른 오셔서 나사로를 낫게 해달라는 전갈을 보냈다. 하지만 예수님은, 종종 그러셨듯이 다른 계획이 있었고, 친구를 도우려 급히 오시기 보다는 계시던 동네에서 이틀을 더 묵으셨다.

그 사이 나사로는 죽었다. 예수님이 그 누이들이 살고 있던 베다니에 도착하셨을 때는 나사로가 무덤에 있은 지 나흘이나 되었다. 애통과 상실에 대한 절차가 이미 치러진 후였다.

> 그것은 전부
> 우리 자신을
> 하나님께 봉헌하는 일과
> 여호와께 영광과
> 존귀를 돌리는 데
> 관한 일이다.

예수님께서 집 가까이 오셨을 때, 마르다가 달려 나가 마중을 하며, "주께서 여기 계셨더면 내 오라비가 죽지 아니 하였겠나이다."하고 말했다. 그것은 마르다의 믿음을 나타내는 말이기는 했지만, 동시에 납득할만한 이유를 종용하는 힐난이기도 했다. 그 다음은 두 사람 사이에 오고가는 짤막한 대화인데, 과연 나사로가 다시 살리라고 예수께서 다짐하시며, 그녀의 생각이 도저히 이해할 수 없는 것을 영적인 눈(spiritual eyes)으로 볼 수 있도록 도우시는 내용이다.

마르다가 집으로 돌아간 후, 마리아도 예수님을 만나러 갔고 그녀 역시, "주께서 여기 계셨더면 내 오라비가 죽지 아니하였겠나이다."라고 말했다. 하지만 마리아는 이 말을 예수 발 앞에 엎드려 울면서 하였다. 똑같은 말이라도 마리아에게는 완전히 다른 의미였다. 그녀는 예수님을 심문(questioning)하는 것이 아니라 예배(worshiping)하고 있었다. 그녀는 설명을 구하고 있지 않았고, 이루 다 말로 할 수 없는 고통 중에서도 어린아이 같은 믿음으로 의지하며 예수님으로부터 위로를 구하고 있었다.

예수님의 반응은 천마디 말과 같았다. "예수께서 그의 우는 것을 보시고… 심령에 통분히 여기시고 민망히 여기사." 예수님은 마리아에게 무슨 설명을 하시려고 하지 않았다. 그분은 그저 같이 우셨고 그들은 함께 무덤까지 동행했다. 예수님이 행하신 전체 사역 중 실제로 눈물을 흘리신 것은 이때뿐이다. 물론 예수님은 아버지의 영광을 드러내시려고 나사로를 죽음에서 살리실 계획을 마음에 품고 계셨었고 정확히 그렇게 행하셨다.

마리아는 예수님의 발 아래보다 더 안전하고, 더 영광스럽고, 더 생명의 확신을 받을 수 있는 다른 어떤 곳을 알지 못했다. 그녀는 사람들로 가득 찬 자기 집 거실에서도 예수님 발치에 앉았었고, 오라비가 되살아날 때도 예수님 발치에 앉아 울었다. 임재 중심의 교회도 마리아처럼, 언제나-좋을 때든, 나쁠 때든 예수님의 발치에 머문다. 그곳은 자기들의 기쁨과 슬픔을 가져오는 자리다. 당회도 예수님 발치에서 한다. 소그룹 예배도 예수님의 발치에서 한다. 찬양 리더들은 전 교인을 예수님 발치로, 이번 주일에도 다음 주일에도 또 그 다음 주일에도 안내하는데, 그만한 자리가 다른 어디에라도 없기 때문이다. 그들이 제일 먼저 사역하는 대상은 그분이시다. 로버트 스턴스가 마리아의 마음에 대하여 다음과 같이 썼다:

나는 성령님이 이 시대의 교회에 마리아의 마음 - 예수님께 순전한 헌신을 드릴 때, 진실되고 영구한 개인의 변화를 그분이 가져오고 그것이 사회 전반에 영향력을 끼치는 결과를 가져올 것이라는 단순한 믿음 - 을 방출하고 계신다고 믿는다. 이곳이 우리의 출발점이다. 이곳이 모든 활동의 근거지이다. 이곳이 바로 우리가 모든 사람들을 불러 모으는 지점 - 제도나 조직이나 프로그램이 아닌 - 예수님의 발 아래라는 실재하는 장소, 그분의 심령(His heart)에 가까운 곳이다.10)

예배 드리기(The Worship Offering)

좋은 예배란 더 나은 첨단기술이나 초현대 장비로 간단히 되는 일이 아니다. 도시마다 최신 기술과 화려한 시스템을 갖춘 소비자 중심 교회가 있지만, 그들이 마리아의 마음을 이해하지 못하므로, 예배가 무능력하고 임재의 빈곤으로 메말라 있다. 현재 가장 "영향력 있는" 교회가 이것에 대한 교훈을 배우고 있다고 조지 바나(Geroge Barna)가 역설한다:

예배의 단순함이 매끄럽고 지나치게 연출된 이벤트보다 더 높은 가치를 지닌다. 그러므로 미 전역에 있는 교회들마다 보다 높은 프로덕션 효과를 내려고 앞다투어 나갈 때 - 오케스트라나 밴드, 연극 공연, 비디오 영상 시스템, 프로급의 음향과 조명 동원 등 - 커다란 영향력을 끼쳐서 두각을 나타낼 수도 있는 교회들은 그런 부가 프로그램들보다 앞서 단순함을 택하는 결단을 한다. 왜일까? "이것은 예배입니다. 우리가 예배 순서를 복잡하게 하고 순서에 주목하게 할수록 사람들은 하나님께 덜 집중합니다."라고 리더이자 목회자인 분이 설명했다.11)

샐리 몰겐탈러도 작품(production)이 아니라 예배의 성실함이 사람들을 교회와 그리고 결국은 예수님께로 이끌리게 한다고 동의한다:

우리가 너무나 겉치장에 열중하느라, 사람들로 하여금 예배에 매혹을 느끼고 그리고 예배를 지속적으로 드리게 하는 것은, 문화적으로도 맞아야 할 뿐만 아니라 진정한 예배여야 한다는 것을 잊어버린 듯하다. 진정한 예배는 이번 주 연출한 작품보다 훨씬 더 큰 것이다. 진정한 예배는 성서가 말하는 초자연적인 하나님이 나타나셔서 회중석에 앉아있는 사람들과 서로 교제하시도록 자리를 펴는 것이다.12)

임재 중심의 예배를 이해하기 시작하고서야 자신의 교회에 변화를 일으킨 잭 헤이포드(Jack Hayford)는 교회의 변모에 대하여 다음과 같이 설명한다:

한 자리에 모였을 때 미학적인 것과, 기계적인 것과 학문적인 것에 신경 쓰느라 바짝 조여졌던 조직체계보다는, 예배 시간의 한 부분을 떼어 부담없이 자유롭게 노래와 찬양과 경배-노래는 종종 성경 말씀에서 직접 가져온 것을 표현한다-하는 시간을 마련하고, 그 시간을 중시하기 시작했다. 이런 예배를 드릴 때, 우리는 하나님의 임재의 경이로움을 알게 되고 그분과 인격적인 사랑에 빠지게 된다.[13]

이 여러 선생님들은 우리에게 같은 것을 말하고 있다-진정한 예배는 전달 수단으로 결정되는 것이 아니고 스타일이나 지식, 능력 혹은 과거사로 규정되는 것도 아니다. 이것은 심령(heart)에 달린 일이다.

뿐만 아니라, 진정한 예배는 아무데서나 그리고 어디에서고 일어날 수 있다. 한 가지 종류의 교회만이 장터의 한 모퉁이를 차지하게 되는 것이 아니며, 또한 그런 편견에 빠지지 않도록 반드시 조심을 해야만 한다. 본래 레위인들이 다양한 방법과 동작으로 예배를 드렸던 것을 기억하기 바란다. 어느 때는 침묵했고, 어느 때는 꽤나 흥겨워했다. 여호와 앞에 허리를 굽혀 절하기도 했고, 온 몸을 바닥에 대고 엎드리기도 했고, 춤을 추기도 했다.

휴스턴 북부에 있는 크로싱 교회(The Crossing Church)의 예배 인도자 랜디 하비(Randy Harvey)는 천주교 청소년 콘서트에 밴드로 섬겨달라는 초대에 응했던 이야기를 들려준다. 이전에도 비슷한 행사에 참여했던지라, 그들은 대충 어떻게 일이 돌아갈 지 짐작 – 특히 경배드리는데 대한 일종의 염려를 하고 떠났다.

아주 요란한 노래로 시작을 하고는 점차 경쾌한 박자의 찬양곡으로 옮겨갔다. 놀랍고 기쁘게도 아이들이 노래들을 알고 있었고 하나님을 찬양하기 시작했다. 밴드는 모두 함께 안도의 숨을 내쉬었고 흥을 내기 시작했다. 그 다음에 무슨 일이 벌어졌는지 랜디는 다음과 같이 기억한다:

그때 대강당 뒤쪽의 양쪽 자동문이 활짝 열렸다. 흰 칼라에 검은 사제복을 입고 은색 나는 긴 십자가를 걸친 마흔 살 가량의 신부가 서 있었다. 그는 아주 큰(약 높이 45cm에 너비 40cm나 되는!) 복고풍 금색 십자가를 들고 있었다. 그의 모습은 가장 가톨릭스러운 것이었고, 당시 강당 분위기와 우리가 흥겨워하며 드리던 찬양하고는 너무나 맞지 않는 것이었다. 순간, 나는 완전히 김이 빠졌다고 생각했다.
바로 그때, 상상도 못했던 일이 벌어졌다. 그는 십자가를 어깨 높이까지 쳐들고 그것을 앞뒤로 "신나게 흔들며" 춤을 추며 얼굴을 위로 향하고 하나님을 찬양하여 입이 귀에 걸린 함박웃음을 지으며 중앙 통로로 들어왔다. 실제로 그가 아까보다 더욱 압도적인 불을 예배에 붙였다! 그는 맨 앞에 자리를 잡고, 십자가를 할 수 있는 데까지 높이 쳐들고 서서 계속 춤을 추었고, 임재하시는 성령님에 대한 확신으로 흥분되어 찬양을 드렸다.
나는 벼락을 맞은 것처럼 경이로움에 빠졌다. 나는 울음을 멈출 수 없었다. 그날 집으로 오는 길 내내 내가 가졌던 종교적인 패러다임이 무너지는 것을 똑똑히 보게 하신 것, 나의 오만과 교만함을 용서하신 것에 감사를 드렸다.14)

예배는 어떤 장벽이라도 - 언어, 교육수준, 나이, 전통 혹은 문화를 뛰어넘어 임재 안에서 하나됨을 이루게 한다. 임재는 연합하게 한다. 다양한 커뮤니티가 있는 어느 한 도시에서, 하나님의 몸으로서 예배만을 드리고자 모였을 때, 이러한 것이 더욱 확실히 드러난다. 설교도 안하고, 교파적인 홍보도 걷어치우고, 숨겨진 의도도 없이, 다만 예배만을 위할 때, 조셉 갈링튼(Joseph Garlington)은 "우리의 찬양이 보내는 충격파는 거리나 시차가 다른 지역, 언어의 차이, 문화, 정치적 제도의 영향을 받지 않는다. 그것은 인정해야하는 영적인 힘"인 것을 보았다.15)

아래의 찬양곡은 수년 전에 씌여진 것인데, 나는 이 책을 저술하는 작업을 하면서 처음 접했다. 이 곡은 이 책의 윤곽을 단순한 코러스에 실어 소중히 감싸주는 듯하다. 임재 중심의 교회는 구원자이신 예수님의 얼굴을 한 번 흘깃 보기만 해도 평생 들은 설교나 교회 활동보다 더욱 큰 변화를 가져올 것을 알고 진실로 주님의 발치에서 경배 드리기를 사모한다. 임재 중심 교회의 마음은 스타일이나 드러나는 표현방식에 상관 없이 단순히 이런 것이다:

오셔서 우리를 만나주시렵니까?

산꼭대기 벼랑 끝으로 달려가 당신을 기다리리라
오셔서 저를 만나 주시렵니까?
산꼭대기 벼랑 끝에서 당신이 지나가시기를 기다리리라
오셔서 저를 만나 주시렵니까?
아, 얼마나 좋을까
잠깐만이라도 주님 발 아래 눕는다면
다른 건 아무래도 좋아요, 그것만 누릴 수 있다면
그러면 아, 정말 크게 변할 텐데
모든 걸 내어주신 왕의 얼굴을 깊이 들여다 볼 수 있다면
나를 만나시려 모든 걸 주셨죠
저를 만나 주시렵니까?16)

   임재 중심의 교회는 살아계신 하나님을 환영하려고 예배한다. 그들이 드리는 예배는, 오셔서 그의 백성들 가운데 거하시고 자신을 나타내주시라는 초대이다. 갈급함, 굶주림, 결핍, 갈망 그리고 욕망 같은 단어들이 예배를 꿈꾸고 실천하는데 쓰는 언어이다. 하나님의 신비와 위대하심이 그들의 거룩한 불만족이 그분을 더 잘 알고 싶어하게 한다. 절대로 그분을 당연시 하지 않는다! 그분을 만나는 것 말고는 다른 아무 것도 원하지 않기에 그들은 기다리고…그리고 예배하고…그리고 기다리고…그리고 예배한다.

토의 질문

1. 그리스도의 몸 안에서 연합(unity)은 왜 그렇게도 중요합니까?

2. 예배는 하나됨을 체험케 합니다. 예배가 분열을 가져올 수도 있습니까? 무엇이 예배할 때 연합하게 하거나 분열케 합니까?

3. 저자는 진정한 예배가 스타일이나 연출과 아무런 상관이 없음을 주장합니다. 동의하십니까? 왜 그렇습니까?

4. 언약궤의 둘레에서 모세와 다윗과 솔로몬이 드렸던 예배는 각각 어떤 특징을 가지고 있습니까? 이런 발전의 양상이 개인이나 대예배에서도 나타난다고 생각합니까? 토의해 보십시오.

5. 마르다가 "주께서 계셨더라면 내 오라비는 죽지 않았을 것입니다" 라고 말했을 때 그녀는 어떤 감정에서 이 말을 했다고 생각합니까? 마리아가 같은 말을 했을 때는 어떤 감정으로 했다고 생각합니까? 왜 예수님은 그토록 다른 반응을 보이셨을까요?

6. "예수님의 발치에서"라는 말은 무슨 뜻입니까?

7. 임재 중심의 교회가 된다는 것은 왜 단순히 일요일 아침에만 국한된 이슈가 아닙니까?

제 8 장

새로운 레위인들

 이스라엘의 레위인들은 성막과 법궤를 밤낮으로 돌보고 경비를 서도록 지정된 지파였던 것을 기억하라. 알프레드 이더샤임(Alfred Edersheim)은 밤에 성막 보초서는 것을 다음과 같이 묘사한다:

> 야간 경비는 문과 뜰 근처의 스물 네 곳에 배치되어 있었다. 그중 21곳은 레위인으로만 세웠고 가장 안쪽 세 군데는 제사장들과 레위인들이 함께 섰다. 각 경비소는 열 명의 남자로 구성되었으며; 결국 이백 사십 명의 레위인들과 삼십 명의 제사장들이 매일밤 당번을 섰다.[1]

 전임(full time)으로 여호와의 임재에 예배하고 사역하는 것 외에도, 성소를 이동하고 관리하는 모든 세부사항까지도 돌보았다. 그들은 공동체에서 다른 어떤 방식으로라도 공헌할 것을 요구받지 않았다. 그들의 식량이나 다른 필요한 물질은 나머지 열한 지파가 바치는 것으로 충당했다. 레위인들은 따로 구별되어 있었다.

　레위인들은 한시도 빠짐없이 성막을 응시하고 있었는데 그것은 하나님이 그곳에 살고 계셨기 때문이었다. 정해진 순번대로 와서는 여호와께 사역을 했다. 그들의 프로그램은 예배드리고, 예배드리고 또 더 예배드리는 것이었으므로 주보가 필요없었다. 멈춘 적도 없었다. 그들은 예배를 드리며 경이로움 안에서 하나님을 예상하고 기대하며 기다렸다. 그의 아름다움에 빨려들어 시간가는 줄을 몰랐기에 벽에 시계를 걸거나 시간을 재어보지 않았다. 시간은 임재에서 멀어졌을 때만 겨우 의미가 있었다. 그분은 모든 것을 소멸시켰고, 그들의 초점과 봉사 따위에 당치도 않게 과분한 분이셨기에 레위인들은 기쁜 마음으로 그들이 받은 유업에 자신을 바쳤다. 다른 지파들이 그들의 토지(site)를 계획할 때 레위인들은 즐겨 자기들의 눈을(sight) 그분께 드렸는데 왜냐하면 그는 이스라엘의 하나님 여호와이시기 때문이었다!

　"마리아"의 마음을 가진 예배자들로 이뤄진 새로운 종족은 사실상 새로운 것이 전혀 아니다. 임재 중심의 교회로 몰려오는 예배자들은 일요일 아침 11시에서 12시까지만이 아니라 새 생활의 방식으로 하나님의 임재를 섬기라는 성령의 부르심에 따라 사역하는 신세대 레위인들일 뿐이다.

조지 바나는 레위적 예배의 심령을 다음과 같이 묘사한다:

> 효율적인 교회는 교인들에게 지나친 예배란 있을 수 없다고 가르친다. 예배 때 하나님이 그것이 사실임을 드러낸다. 예배란 원래, 그저 일요일 아침에만 하는 활동거리-사람이 일요일 아침 11시에 스위치를 켜고 정오에 스위치를 내린 후 나머지 167시간 동안 신경쓰지 않는 것-로 의도된 것이 아니었다.[2]

교회 전문 상담가들은 오늘날 일요일 아침 예배시간은 20분에서 25분 정도가 "알맞은" 양이라고 말한다. 하지만 이 새로운 레위인들에게 일주일에 20분이라는 것은 영적 기아상태와 거의 맞먹는다. 구약시대의 레위족이 그랬던 것처럼, 그들에게 예배는 삶이고, 산다는 것은 예배하는 것이다. 사실, 우리 모두는 아버지께 지속적인 예배와 경배를 드리는 준비를 해야만 할 텐데 바로 그것이 우리가 천국에서 하게 되는 일이기 때문이다. 계시록 4장과 5장을 한번 읽어 보라. 존 파이퍼(John Piper)가 그의 저서, 『열방들로 즐거워하게 할지어다(Let the Nations Be Glad)』에서 다음과 같이 동의한다:

> 교회의 궁극적인 목표는 선교에 있지 않다. 예배에 있다. 예배가 없기에 선교가 존재한다. 궁극적인 것은, 사람이 아닌 하나님이시기 때문에 선교가 아니라, 예배인 것이다. 이 시대가 끝

새로운 레위 성직단

이 나면, 그리고 셀 수 없이 허다한, 수십억의 속량된 자들이 하나님의 보좌 앞에 얼굴을 대고 엎드릴 때 선교는 더 이상 없다. 그것은 임시적인 필요이다. 하지만 예배는 영원토록 거하는 것이다.3)

하나님의 보좌 둘레에서는 일주일에 한 번이 아니라 매일 한 번씩의 예배도 우리를 충족시키지 못할 것인데 그 이유는 너무도 경이롭고 휘황찬란한 하나님의 충만한 영광을 보자마자 다른 모든 것은 내려놓고 신경도 쓰지 않게 될 것이기 때문이다. 우리는 영원토록 여호와께 찬양과 애정을 쏟아 부을 텐데 그런 일에 지쳐하거나 싫증을 내지도 않을 것이다! 천국에서의 예배는 우리의 생각이 미칠 수도 없는 그 너머조차 초월하는 것이니, 지금부터라도 훈련을 시작하는 것이 좋을 것이다.

로버트 스턴스(Robert Stearnes)가 그의 저서 『그 길을 준비하라(Prepare the Way)』의 "종말 때의 레위 군단(company of End-Time Levites)"에서 다음과 같이 예견하였다:

우리는 하나님의 임재 안에서 긴 시간과 날들 속으로 들어가게 될 것이다. 우리는 하나님의 심장박동을 듣게 되고 음성을 알게 된다. 우리는 쉴 새 없는, 끌 수 없는 열망-더욱 더 하나님을 맛보기-에 압도될 것이다. 우리 자신의 필요라는 바깥뜰을 지나, 예배는 전부 여호와 하나님을 섬기는 것이 될 것이다. 지구상의 열국 가운데서 거룩한 종말 때의 레위 군단이 여호와의 불이 밤낮으로 꺼지지 않도록 시중들기 위하여 앞으로 불려나가게 될 것이다. 그의 집을 향한 질투가 우리를 소멸할 것이고, 다시 한 번 그의 집이 열방으로 기도하는 집이라 일컫게 될 것이다. 우리가 하나님의 영광과 사랑으로 녹아내려 벗겨지고 종교적 선동은 사라질 것이다. 임재 안에서 한 시간 동안 그분의 눈과 아름다움을 응시하는 것이 우리의 혼을 치유하려는 수 주 동안의 상담이나 인간적인 노력보다 더 많은 것을 이룰 것이다. 치유자이신 그분이 참으로 치유하시는 중인 것과 단순히 그분과 함께 있는 것이 우리를 정결케하고, 새롭게하고 만족하게 하신다는 것을 이해할 것이다.[4]

하나님을 더욱 맛보고 싶은 끝없는 갈급함 – 그렇다. 그것이 임재 중심의 교회이다. 가끔씩 임재를 맛보는 것에 만족하지 않고, 매일 매일 꾸준히 먹는 식사법을 원하는 것이다. 이것이 결코 임재를 당연시 하지 않는 신세대 레위인들이다. 심장을 하나님 쪽으로 향하고 다른 그 어느 것과도 바꾸지 않고 그분만을 예배하고 섬기겠다는 열정을 가진 그들은 믿는 자들에게 "택하신 족속이요, 왕 같은 제사장, 거룩한 나라, 하나님의 소유된 백성이니 이는 [우리를] 어두운 데서 불러내어 그의 기이한 빛에 들어가게 하신 자의 아름다운 덕을 [우리가] 선전하게 하려

하심이라"하신 하나님의 부르심을 실현하는 것이다(벧전 2:9).

아, 교회 안에 이런 예배가 얼마나 절실한가! 근래에 남 다코타(South Dakota)주에서 '기도와의 만남(Prayer Encounter)'이란 주말 강연을 갖고 나서 일요일 아침 정오 쯤 시내 YMCA에서 조깅을 하고 있었다. 창밖으로 보이는 여러 개의 시내 교회들이 12시 15분이 되자 일제히 조용해 진 것을 보게 되었다. 예배 시간은 끝났고, 주차장은 텅 비었고, 사람들은 사라지고 없었다. 나선형의 뾰족탑과 잘 보존된 스테인드글라스로 된 커다란 교회당들을 바라보며, 갑자기 이들이 얼마나 오랜 세월을 지금처럼 텅 빈 채로 서 있었을까 싶은 생각이 내 가슴을 후려쳤다. 어떤 모습의 예배나 기도든지 간에 사람들이 무언가를 가지고 와서 다시금 그 성전들을 채우게 되는 것은 또 한 주가 지난 후에나 있게 될 것이다. 일요일 아침에 전교인이 모이는 것으로 왕 중의 왕을 예배하기에 적절하다는 전통을 받아들인 것은 얼마나 비참한 일인가! 사탄의 가장 큰 거짓말 중 하나는 교회 건물에 모여 예식을 치르는 것으로 "예배(worship)"가 된다고 그리스도인들을 확신시킨 것이다.

> **일요일 아침에 전교인이 모이는 것으로 왕 중의 왕을 예배하기에 적절하다는 전통을 받아들인 것은 얼마나 비참한 일인가!**

삶의 양식으로서의 예배(A Lifestyle of Worship)

새로운 레위인들은 예배하려고 교회 시간표를 기다리지 않는다. 그들의 삶이 예배로 차 있다. 그들은 개인 예배자로서 가정에서, 차 안에서, 점심 시간에, 혹은 자녀들과 경배를 드린다. 어디든지 그들이 주님께 절하고, 기다리고, 노래하고, 춤추고, 외치는 곳은 다 성전이 된다.

성령님이 예배 인도자시고 예배는 지속적으로 주님께 시중을 들면서, 격려하시는 것을 민감하게 알아챌 때 일어난다. 예수님께서 말씀하셨다. "아버지께 참으로 예배하는 자들은 신령과 진정으로 예배할 때가 오나니 곧 이때라 아버지께서는 이렇게 자기에게 예배하는 자들을 찾으시느니라. 하나님은 영이시니 예배하는 자가 신령과 진정으로 예배할지니라"(요 4:23-24). 성령님은 찬양하도록 영감을 주시고 하나님께 드리는 사랑의 표현을 할 수 있게 입술과 마음을 열어주신다. 그는 예식에 생명을 불어넣으시고 창의력을 발휘하게 하신다. 그는 새로운 언약궤이신 예수님의 화려함과 경이로움이 드러나도록 자연계의 베일을 걷어내신다.

다윗은 목동으로, 도망자로, 그리고 왕으로서의 다양한 삶을 거쳤지만 그 전반에 걸쳐서는, 변함없는 개인 경배자의 삶을 살았다. 그리고 그렇게 사적으로 경배를 드렸기에 거기에서 흘러넘쳤던 임재는 그의 공적인 삶에서도 넘쳐 났던 것이다. 다윗도 모세처럼 하나님을 향한 습관적 배고픔이 있었다. 그는 하나님을 맛보는 자도 아니었고 하나님을 구경하는 자도 아니었다. 그는 토미 테니(Tommy Tenney)가 말했듯이 하나님 추적자였다.[5] 하나님을 추구하는 한결같은 욕망이 임재로만 채울 수 있는 진공 공간을 그의 마음에 만들어냈고 하나님은 거기에서 환영받으셨고 초대되신 것이다. 다윗이 임재로 가득 차 있었고 임재 중심적이었기에 하나님이 그의 삶을 강한 손으로 붙드신 것이다.

초대 교회의 예배는 개인적인 성향을 띠었다. 정식 의례식을 지정된 건물에서 갖게 된 것은 부활하신지 300년 후의 일이었으므로 초대 교회의 예배는 주로 집이나 감옥에서 드렸다. 그들이 드렸던 예배는 자발적으로 우러난 것이었고, 개인적이었으며 계획도 없이 뜻하지도 않게 일어나곤 했다. 훌륭한 공동체적 예배는 예배자 개개인의 마음에서부터 비롯되어야만 한다.

임재 중심 교회의 교인들이 각자의 삶에서 찬양을 드리는 삶을 키워나갈 때 그들은 무수히 많은 지류들 같으며 일요일 아침에는 커다란 예배의 강물로 합쳐져서, "하나님의 성 곧 지존하신 이의 성소를 기쁘게 하도다"(시 46:4)라고 말한 것과 같다. 교회 공동체에서 하나님이 운행하실 만한 분위기를 만들어 내는 것은 주중에 올리는 개인적 예배로 인하여 마련된다. 빈

야드 운동(Vineyard movement)의 창시자인 존 윔버(John Wimber)는 이 같은 원리를 어떻게 배우게 됐는지 다음과 같이 설명한다.

> 자, 이렇게 우리가 교회에 모여 비틀거리며 넘어지는 등하며 예배할 적에, 우리 중 많은 자들은 집에서 홀로 경배하고 있었다. 혼자 예배할 때는 딱히 노래만 부르는 것이 아니라, 엎드려 절하고, 무릎 꿇고, 손을 들고, 그렇게 성령 안에서 기도를 했는데…개인적 예배가 깊어진 우리들이 함께 모였을 때, 하나님을 향한 더욱 큰 갈망이 있음을 주목하게 되었다. 그래서 우리는 주님과 단둘이 있을 때 일어나는 일이, 함께 모였을 때 얼마나 깊고 친밀한 예배를 드릴 수 있는 지를 결정한다는 것을 알게 됐다.
> 그때 우리는, 우리의 예배가 하나님을 송축하는 것이고, 그것은 하나님 한 분 만을 위한 것이지 설교하는 목회자를 준비케 하는 매체(vehicle)에 불과한 것이 아닌 것을 깨달았다. 이것은 매우 흥분되는 계시였다. 우리가 모일 때, 예배의 중심이 어디에 있는지 알고 나서부터는 많은 경우, 한 시간이든 두 시간이든 하나님께 경배드리는 것만을 했다.[6]

이러한 사실 때문에 임재 중심 교회의 예배 인도자는 어떻게 매일같이 하나님께 개인 예배를 드릴지 교인들에게 가르치고 싶은 마음을 갖게 된다. 경배 팀은 사람들을 위하여 예배하는 것이 아니며, 각 사람이 자신의 영으로 예배를 드려야만 한다. 우리는 모두 하나님의 기쁨을 위하여 창조되었고, 하나님은 우리 개개인과의 관계를 즐거워하신다. 그러므로 임재 중심 교회 워십 리더의 역할은 예식 중 사람들을 흥겹게 하는 데 있는 것이 아니라 전교인이 일주일 동안 생겨난 것을 가지고 와서 함께 모이고, 그것들을 공동체로서 표현하는 것을 잘하도록 촉진시키는 데 있다. 그는 일요일 아침의 예배가 각자의 기도 방이나, 거실에서, 개인 예배자의 마음 안에서 지어진 것임을 알고 있다.

> 그는 일요일 아침 예배가 각자의 기도방이나 거실에서, 개인 예배자의 마음 안에서 지어진 것임을 알고 있다.

새로운 임재 지기(Presence keepers) 종족으로부터 일으켜 세워진 레위 군단은 교회에서 드리는 예배의 신성함과 순전함을 보존한다. 구약시대 레위인의 직무 중 하나는 언약궤를 운반하고 모실 때 지침에 따라 올바르게 행했는지 확인하는 일이었다. 예를 들어 법궤를 나를 때, 다윗이 잘못하여 봉을 사용하지 않고 수레를 사용했던 때 같지는 않는지, 하나님이 주신 지시의 편지를 충실히 따랐는지 살핀다. 이와 같이 오늘날의 레위인들은 교회 안에 "새

수레"를 허락하지는 않는지 살핀다. 그들은 임재를 알고 존대하며 그가 나타나면 어떻게 시중들지 알고 있다. 언제 나타나시든 항상 대기 상태로 있으면서 임재 의전례를 보존한다. 그들의 트레이드마크는 겸손, 즉 단순하고 성경적인 예배 스타일이다.

구약의 레위인들에게 주어졌던 또 다른 직무는 제단의 불을 관리하는 것이었는데, 그 불은 시은소에서만 나오는 것이어야 했고, 꺼뜨리지 말아야 했다. 이 불은 임재에서 오는 것이었으므로 이방 제단에서 타오르는 이방 불하고는 달랐다. 불의 근원은 거룩하고 구별된 것이었다. 아론의 두 아들들은 외부에서 가져온 불을 성전에 들여왔다가 죽었다. 신 레위인들은 "허락되지 않은 불"의 위험을 알고 있다. 그들은 예배에 있어서 성령으로부터 나오지 않은 유행이나 인간들이 중요시하는 것에 회의적이다. 레위인들은 사람을 영화롭게 하는 찬양 공연이나 예식, 혹은 안목에 좋은 장치에 의지하여 감정을 흔들어 놓으려는 데는 근처에도 가지 않는다. 순수함에서 조금이라도 떨어졌거나 하나님 중심이 아닌 것은 받아들이지 않는다.

이 레위인들은 구약성서의 레위인들이 제사장을 도왔던 것과 흡사하게 자신들의 목회자를 보살핀다. 고대 레위인들은 제사장이 지성소에 들어가기 전에 하나님의 세밀한 지시에 따라 만들어진 특별한 기름을 그에게 발랐다. 그 기름은 거룩했으며 제사장과 지성소의 기물들에만 사용하도록 성별되어 있었다. 제사장에게 기름을 바른 것 외에, 레위인들은 그들을 씻기고 입혀서 시무하도록 준비해 올렸다. 새로운 레위 단들은 그들의 목회자를 기도로 기름 바르고 말씀으로 씻어서 하나님의 보호를 받도록 전신갑주를 입힌다. 그들은 자기들의 목자가 화난 양들에게 물리지 않도록 보호하는 것을 좋아한다. 그들이 목회자를 위하여 하나님의 총애와 능력을 선포하고, 자신들의 리더를 존귀하게 대하므로, 하나님은 그들을 존귀하게 여기실 것이다.

끝으로, 구약의 레위인들은 여호와를 위하여 지성소의 제단 위에 향기로운 향을 만들어 태웠다. 이것도 기름처럼 거룩하게 구별하였고, 다른 목적을 위하여 만들거나 사용할 수 없었다. 우리가 하나님께 드리는 향은 찬양이다. 그리고 새 임재 지기는 이 제물을 제단으로 가져오기를 정말 좋아한다. 그가 즐거워하시도록 풍성하고도 성경적인 예배를 그들의 마음과 입술에서 향기로운 향으로 올려드린다.

찬양의 옷

수십 년 동안 미국의 많은 주류 교파에서 입었던 소위 "찬양 의상"은 구속복과도 같았다. 예배의 행위는 정형화되었고, 한때는 의미를 가졌었겠지만, 예식 자체를 위하여 꼼짝없이 묶여 있다 보니 시간이 갈수록 무의미하게 반복되는 패턴이 되어버렸다. 결과적으로 찬양도 너무나 많은 교회에서 공허하고 습관적인 것이 되었다. 특별히 구약시대의 견지에서 볼 때, 영적 영양실조 상태인 채로 수세대 동안 교회에 출석해온 사람들은 성경적 찬양의 개념을 잃어버렸고, 그리고 자체 교파의 초기 예배 양식으로부터 완전히 분리되어 버렸다. 나는 오늘날의 많은 연합감리 교인들이 존 웨슬리(John Wesley)의 저널을 읽게 되면 충격을 받는 것과, 그의 집회의 특징이었던 광신적 예배와 관련이 있는 것은 완강히 부인하는 것을 본 적이 있다.

하지만 성경은 찬양에 관하여 다른 이야기를 전하고 있다. 구약 전반에 걸쳐 있는 일곱 개의 다른 히브리어들이 "찬양"이란 색채를 완성한다.

1. **야다(YADAH)** 두 손을 쭉 뻗치고 예배하는. 하나님께 완전히 의탁하는 것을 상징한다. 다윗은 "나의 평생에 주를 송축하며 주의 이름으로 말미암아 나의 손을 들리이다"라고 외쳤다. 흥미로운 것은 야다의 반대는 두 손을 쥐어 짜는 것이다.
2. **토우다(TOWDAH)** 야다와 같은 어원에서 오지만 조금 다른 뜻이다. 경배나 받아들임을 위해 두 손을 벌리는. 이것은 하나님께 받은 것과 아직 받지 못한 것에 감사할 때 사용한다. 그러므로 믿음에 토대를 두고 있는 것이다.

3. **할랄(HALAL)**(여기서 우리가 쓰는 할렐루야가 왔다) 깨끗하게 되는, 빛나는, 자랑하는, 나타내는, 떠들썩하게 지껄이는 혹은 경축하는, 요란하게 어리석은.

4. **샤박(SHABACH)** 큰 소리로 말하는, 명령하는, 승리, 영광, 소리치는. 다윗은 "너희 만민들아 손바닥을 치고 즐거운 소리로 하나님께 외칠지어다"(시 47:1)라고 했다.

5. **바락(BARAK)** 무릎을 꿇거나 절하는, 애모의 행위로 하나님을 송축하는. 반대말은 하나님을 저주하거나 신성모독을 저지르는 것을 뜻한다. "오라 우리가 굽혀 경배하며 우리를 지으신 여호와 앞에 무릎을 꿇자…"(시 95:6).

6. **자말(ZAMAR)** 줄을 건드리는. 예배 때 악기를 사용하는 것을 묘사할 때 쓰며 주로 즐거울 때를 의미한다.

7. **테힐라(TEHILLAH)** 노래하는, 찬미하는. "너희 의인들아 여호와를 즐거워하라 찬송은 정직한 자들이 마땅히 할 바로다. 수금으로 여호와께 감사하고 열줄 비파로 찬송할지어다. 새 노래로 그를 노래하며 즐거운 소리로 아름답게 연주할지어다"(시 33:1-3).[7]

새 레위인 군단은, 자신들이 속한 교파의 경계선 안에서이지만, 찬양의 여러 형태를 활용하여 하나님께 헌신 된 모습을 표현할 시간과 수단을 발견해 내고 있다. 그들은 단순히 노래만 부르는 것이 아니라, 완전한 겸손의 모습을 통하여 자신을 제물로써 바치고 자신에 대한 명성도 내려놓는다. 그들은 완전히 자신을 버리고 그것을 부끄러워하지 않는다. 맷 레드먼은 예배시의 창조적 표현에 대하여 다음과 같이 썼다:

> 현대의 예수 경배자로서, 우리는 이런 유의 예기치 않았던 것들을 양성할 필요가 있다. 우리가 살아계신 하나님 앞으로 나올 때, 신선하고도 예상 밖으로 깜짝 놀랄 일이 항상 있어야 한다. 이런 것들이 생명의 징조들이다. 예배는 만남을 위한 것이고, 각본에 써있지 않은 사랑을 주고 받는 신나는 만남의 장이 열리는 곳이다.[8]

내가 한국을 방문했을 때, 사람들에 대하여 큰 감명을 받았는데, 특히 기독교인들의 겸손함에 놀랐다. 그들이 하나님 앞에 자신의 겸손과 약함을 완전히 드러내는 것을 목도하자 이 나라에서 일어나고 있는 강력한 기도의 운동에 대하여 쉽게 이해할 수 있었다. 그들은 기도할 때 주 앞에 절을 하거나 길게 엎드리거나 기다리는 것을 부끄러워하지 않는다. 예배나 경배 중에 큰 소리로 외치거나 목청을 높이는 것을 주저하지 않는다. 하나님께 드리는 완전한 복종과 의지함을 신체적으로 표현한다.

한국 기독교인들이 알고 있는 것과 똑같은 비밀을 임재 위주의 예배자들도 알고 있다 - 우리의 신체적 자세와 마음의 자세 사이에는 부정할 수 없는 연결고리가 있다는 것이다. 우리가 취하는 자세는 하나님을 어떻게 생각하는지 그 사고에 영향을 미친다. 내가 어떻게 생각하는지에 영향을 준다고 말했지, 결정한다고 말하지 않은 것에 주목하라. 서 있는 자세로 영안에 온전히 굴복하는 사람이 있는 가하면, 무릎을 꿇거나 절을 하면서도 마음에 교만이 맴도는 사람도 있다. 그럼에도 불구하고, 무릎을 꿇거나 얼굴을 바닥에 대고 엎드리는 자세를 통한 표현은 자신의 생각과 영을 예배나 기도에 온전히 굴복시키기 쉽도록 한다.

마리아는 예수님을 만났을 때, 그분의 발치로 가는 것으로 종의 자세를 취했다. 레위인들이 지성소에서 하나님을 만났을 때, 그들은 바닥에 얼굴을 대고 쓰러졌다. 우리 안에는 창조주에게 굴복하여 통제력을 포기하기를 갈망하는 무엇인가가 있으며, 바로 그런 일이 그분이 가까이 계신 것을 감지할 때는 일어난다.

> 우리 안에는
> 창조주에게 굴복하여
> 통제력을 포기하기를
> 갈망하는 무엇인가가
> 있으며…

불행히도 우리가 살고 있는 이 사회는 복종하는 것보다는 권세 가진 것이, 의존적이기 보다는 다재다능하기를, 겸허함보다는 자신감을 더 높이 평가한다. 이것은 특히 남성 사회에서 더욱 두드러진다. 앞쪽에 말한 성품을 약한 것이라고 하니까, 우리는 꿋꿋하게 서고, 흐트러짐이 없어야하고, 빈틈을 보여서는 안 된다고 말한다. 전형적인 미국인다운 인생철학은 존 웨인(John Wayne-서부 활극 영화배우:역주)이 되뇌었던 성공의 원칙, "결코 겁먹은 걸 내비쳐선 안 돼!"에서 그대로 따왔다. 다른 말로 하면 절대로 남에게 아쉬운 척을 하지도 말고 약점을 드러내지도 말라는 것이다.

하지만 우리가 진정한 예배를 드리려면 바로 그런 걸 해야만 하지 않겠는가? "오라 우리가 굽혀 경배하며 우리를 지으신 여호와 앞에 무릎을 꿇자"(시 95:6). 새로운 레위 단원들은 항복을 신체적으로 표현하려고 하나님 앞에 몸을 굽히거나 무릎을 꿇고 예배드리기를 정말로 좋아한다. 그들은 우리의 생각과 영과 육신이 모두 합일 할 때 강한 일이 발생한다는 것을 알고 있다. 육을 죽이면 우리 안의 영이 살아난다. 바로 그 순간에 우리는 더 이상 입술로만 예배하지 않으며 너그러이 받아주시는 하나님께 의존하는 깨어진 제물 그 자체가 되어 우리 자신을 드리게 된다.

예배 중 순복함이 무엇인지에 대하여 윌리엄 템플이 다음과 같이 썼다:

예배란 하나님께 우리의 모든 본성을 굴복시키는 것이다. 예배는 하나님의 거룩하심이 우리의 의식이 생기를 띠도록 만지심을 말한다. 즉, 그의 진리로 우리의 생각에 양분을 공급하심이요, 그의 아름다움으로 우리의 상상을 정결케 하심이요, 그의 사랑하심에 우리의 마음을 여는 것이요, 그의 목적에 우리의 의지를 굽히는 것인데 - 이 모든 것이 경배하는 가운데 한데 어우러지는 것이고, 우리의 본능이 할 수 있는 최대한의 헌신적인 감정으로 드려서 우리의 원죄와 모든 죄의 실제 원인인 자기중심적 사상에 가장 효과있는 치료가 되는 것이다.9)

어쩌면 레위인들의 겸손은 그들의 영적 조상들하고 관계가 있는 것일 것이다. 그들의 족보를 들여다보면 구속하시려는 하나님의 마음에 대하여 또 하나의 흥미로운 점을 발견하게 된다. 이스라엘의 12지파는 야곱의 12아들에게서 나온 것이다. 창세기 49장에서 야곱은 각 아들들에게 예언적인 축복을 비는데, 이것은 그들 뿐 아니라 그들의 번식으로 생길 부족을 위한 것이기도 했다. 그런데 야곱이 레위 족이 생겨나게 되는 아들 레위를 위하여 무엇이라 했는지 한 번 들어보자:

시므온과 레위는 형제요-그들의 칼은 폭력의 도구로다 내 혼아 그들의 모의에 상관하지 말지어다 내영광아 그들의 집회에 참여하지 말지어다 그들이 그들의 분노대로 사람을 죽이고 그들의 혈기대로 소의 발목 힘줄을 끊었음이로다 그 노여움이 혹독하니 저주를 받을 것이요 분기가 맹렬하니 저주를 받을 것이라 내가 그들을 야곱 중에서 나누며 이스라엘 중에서 흩으리로다(창 49:5-7).

이 장의 나머지를 읽어보면, 야곱은 이 두 아들을 별로 좋게 생각하지 않았고, 그들에 대하여 조금이라도 긍정적인 말을 해 줄 것이 없었다. 그들은 여실히 폭력적이고 잔인했다. 하지만 하나님은 제사장을 거들어 지성소에서 그를 섬기라고 택하셨고 모세에게도 레위 지파는 당신의 소유라고 특별하게 지시하셨다. 여호와께서는 모세에게 여러 번 강조하셨다. "그들은 내 것으로 지정되었다." 하나님은 모세에게, 그들이 하나님께 대한 이스라엘의 의무를 대신하는 것과 지성소를 돌보는 것으로 제사장과 모든 다른 지파들을 섬기는 것이라고 설명하셨다. 하나님은 모세로 하여금 그들을 따로 떼어 기름을 붓게 하셔서 그들이 전 생애를 성전에서 살며 그곳을 섬기도록 하셨다.

나는 하나님이 그 모든 부족들 중에서 자기의 시중꾼으로 레위의 자손들을 택하신 것이 참 진기하다고 생각한다. 자기를 낳은 아비로부터 저주 받고 쓸모없는 인간이라고 밀어놓은 자식 취급 받은 사나이, 달리 말하자면, 원조 예배 인도 팀(original worship team)은 "나쁜 혈통"으로부터 왔다. 하나님이 다른 자들 보다 더 가까이 두시고자 자기의 개인 수행원으로, 가망 없어 보이고, 신통치 않고, 자격미달인 자들로 선택하신 것은 늘 그러시는 그분 방식하고 맞아 떨어지는 데가 있다. 자신을 위하여 최고와 최상의 것을 택하시지 않으셨다는 것은 하나님이 우리를 유일하고도 은혜로운 방식으로 대하시는 분이라는 또 하나의 증거이다. 예배는 우리를 위한 것이 아니라 온전히 하나님 것이라는 메시지를 우리가 알도록 일부러 그러셨다고 믿을 수밖에 없게 되었다. 우리가 무엇인가를 헌납하려는 것을 바라시지 않는다. 다만 그분이 바라시는 것은 우리 자신인 것이다.

나는 자정을 이제 막 넘겨 진영이 아직 어둠에 덮여있고 사방이 고요한 첫 새벽에 성막 안에 있는 것이 어떨지 상상해 보았다. 수백 명의 레위인들이 법궤 둘레에 보초를 서며 그룹들 사이에 있는 익숙하면서도 황홀한 구름을 응시하고, 구경하고, 서서 기다리는 것을. 더러는 무릎을 꿇고 예배하고, 더러는 땅에 눕고, 또 한편에서는 망을 보며 서있기도 하는 것을. 동 트기 전의 이른 시간에 대화나 움직임은 별로 없었을 것 같고, 그저 임재의 확증인 불빛만이 밤의 무거운 정적을 꿰뚫고 있었을 것이다. 그건 정말 경이로웠을 것이다!

하나님의 수행원으로 사는 삶이 정말 만족스러웠기에 레위인들은 다른 부족들처럼 땅을 물려받지 않았어도 좋았다. 하나님이 그들의 기업이셨다(신 10:9). 그들은 하나님 것이었고,

하나님은 그들의 것이었다. 그의 임재 안에서 존재하는 것이 다른 어떤 세상의 부요함이 주는 것 보다 더 기뻤다.

새로운 레위 군단은 새로운 언약궤, 예수님 둘레에 모여와서 그의 위엄과 찬란함을 묵상한다. 그들은 마리아처럼 예수님 발 아래서 몇 시간이고 귀를 기울이거나 임재에 젖어든다. 그가 그들의 기업이시다. 그들의 기쁨이 크기에 시간이 가는 줄도 모르고, 처한 상황에도 아랑곳없이 밤이고 낮이고 깊은 감동 속에서 그를 예배한다. 그의 아름다우심과 영광과 신비가 맛 본 자들은 다시 돌아와 더욱 깊은 맛을 보라고 손짓하고 부르신다.

이 새로운 예배자들이 교회에 예배의 마음을 불러들인다. 임재 중심 교회는 그가 너무도 귀한 분이기에 예배한다. 그 교회는 그가 강하고, 질투하고, 사랑스럽고, 너그러워서 예배한다. 여호와의 임재 안에서 보내는 한 순간이 안도하고(relieve), 고치고(repair), 갱신하고(renew), 새로 세우기(rebuild)에 예배한다. 그리고 예수님으로 말미암아 우리는 더 이상 베일 뒤에 머무를 필요가 없어졌다. 우리는 거룩한 임재 안으로 들어가 마리아가 그랬던 것처럼 그와 함께 있을 수 있는 것이다.

요점 정리

지난 두 장의 내용을 살핀 후, 우리는 마리아의 임재 중심 교회를 다음과 같이 그려 볼 수 있다:

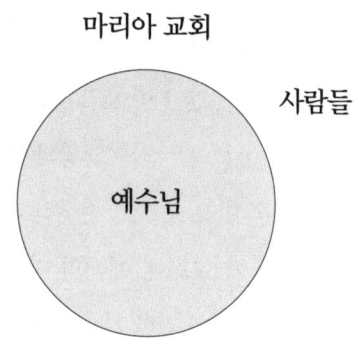

임재 중심 교회

1. 레위적 예배

토의 질문

1. 우리 모두가 개인 예배자로 부르심을 받았습니까? 우리 모두가 새로운 레위 단에 소속되도록 부르심을 받았습니까? 설명해 보십시오.

2. "예배 생활양식"이 어떤 것인지 설명해 보십시오.

3. 당신의 찬양 복장은 구속복과도 같습니까? 왜 그렇습니까? 새로운 의상을 원하십니까?

4. 211-212쪽에 있는 존 파이퍼의 인용문단을 가지고 토론해 보십시오.

5. 구약 시대 레위인들의 의무에는 어떤 것들이 있었습니까? 새로운 레위인들은 그와 같은 의무를 어떻게 이행할 수 있습니까?

6. 우리의 예배에서 하나님이 원하시는 제물은 무엇입니까?

7. 여호와 앞에서 몸을 굽히거나 얼굴을 바닥에 대로 엎드리는 것을 어떻게 생각하십니까? 모험을 시도해 보십시오-지금 곧 시간을 내서 그렇게 해 보십시오. 만일 반에서 해 본다면, 그룹 전체가 함께 해보고 그것에 대해 토의해 보십시오. 만일 혼자 있다면, 해 본 후 당신이 들었거나 느낀 것을 적어 보십시오. 레위인들이 했던 것처럼 침묵 예배를 드릴 수도 있고 음악을 틀어 놓고 할 수도 있습니다. 하지만 기도는 하지 마십시오. 그저 모든 것을 정지하고 귀를 기울여 보십시오.

제 9 장

임재 중심의 교회

임재 중심 교회의 예배적 삶에 대하여 이야기 해나갈 때 기도에 대한 것을 한데 섞어놓기가 매우 용이했었는데, 내 생각에는 두 가지가 연합하여 기능을 발휘하고, 또 사실 이들은 한 동전의 서로 다른 면일 뿐이라고 생각하기 때문이었다. 하지만 나에게는 그보다 더욱 중요한 것이 있었기 때문에 그렇게 하지 않기로 했다. 내게 더 시급한 일은 우리가 진정한 예배가 어떤 것인지 너무도 모르고 있으며 그런 예배를 올려드리지 않는다는 사실을 알리는 일이었다. 이 책을 통하여 독자에게 불어넣고 싶은 영감을 한 가지만 꼽으라면, 더욱 예배하고픈 마음을 가지게 되길 바라는 것 뿐이다. 오늘날의 너무나 많은 우리 교회들과 교파들은 예배의 기아에서 허덕이고 있으며 그 결핍은 장애를 초래할 정도이다.

내가 지난 수 개월간 이 메시지를 가지고 여러 다양한 교회에서 강의하면서 깨닫게 된 것은, 몇몇 교회들은 내가 말하는 것을 받아들이고 이해하기도 했지만 대부분은 자신들이 잘 들었다고 생각만 한다는 것이었다. 그렇지만 그들의 반응을 보면 그들이 진짜 알아듣지는 못한다는 것을 알 수 있었다. 그들은 예배에 대한 금식을 너무나 오래한 나머지 잔치상에서 맘껏 먹는다는 것이 어떤 건지 전혀 알지 못한다.

최근에 한 교회에서 강의를 하게 되었고 시작 시간 전에 찬양 인도자와 담소하며 이런 생각들을 그와 나누게 되었다. 내가, "사람들에게 교회 밖에서 지금보다 더욱 예배할 수 있도록 어떤 것을 가르치면 좋을 지 도움이 될 만한 것을 저에게 알려 주세요."라고 말했다. 그는 혼란스러워 보였다. "테리 목사님, 무슨 말씀을 하시는 건지 잘 모르겠습니다." 그는 찬양 인도자였지만, 사람들이 교회 예배 시간 이외에도 경배를 드릴 수 있다는 생각조차 해보지 못한 것 같았다. 그의 예배에 대한 견해란 일요일 아침에 일어나는 어떤 것일 뿐이었다.

소비자 중심 교회에 가보라. 사람들이 예배에 대하여 다음과 같이 나누는 이야기들을 듣게 될 것이다: "몇 부 예배 가세요?", "예배의 한 행위로 십일조를 드리십시오.", "어떤 스타일의 예배를 좋아하세요?", "오늘 우리와 함께 예배하러 오셔서 정말 기쁩니다."

하지만 임재 중심 교회에서는 예배는 그 이상의 것을 의미한다. 그것은 그저 드리는 예배가 아니라 진정한 경배이다. 그것은 그분의 전체를 사랑하여 여러분 자신의 존재 전체를 바쳐 그분과 결합하는 행위이다. 그것은 마리아를 예수님 발 아래로 오게 하며 레위인들을 법궤 앞에서 무릎 꿇게 하는 힘이다. 임재 중심 예배란 너무도 끔찍하게 장엄하며 동시에 한없이 친밀해서 찬양과 동경이 당연히 그리고 저절로 터져 나오게 되는 그런 신에 대한 반응이다. 이것은 막을 방법이 없다. 씨 에스 루이스(C.S. Lewis)는 이것을 다음과 같이 표현했다:

> 모든 즐거움은 넘쳐흘러서 저절로 찬탄이 된다는 것을 전에는 확실히 주목하지 못했었다… 이 세상은 찬양이—연인들이 자기 애인에게 찬사를 보내고, 독자가 애송시를 낭송하고, 산책하는 이들이 전원의 풍경을 칭찬하고, 선수들이 자기들이 제일 좋아하는 경기를 절찬하고… 종소리처럼 울려 퍼지고 있는 곳이다. 사람들이 자기에게 귀중한 것을 자동적으로 찬양한다는 것을 몰랐었던 것처럼 그들이 다른 이들에게도 그처럼 찬양할 것을 촉구한다는 것도 깨닫지 못했었다. 그들은, "쟤 정말 예쁘지? 정말 훌륭하지 않습니까? 저건 너무나 장엄하지 않소?"라고 재촉한다. 시편기자들이 하나님을 찬양하라고 하는 것은, 사람들이 자기에게 중요한 것에 대해 말할 때 권하는 것과 같은 것을 하고 있는 것이다.[1]

마리아 교회가 하나님의 임재가 주는 달콤함을 즐길 때 그들의 즐거움은 자연스럽게 찬양과 예배로 터져 나오고, 이것이 또

한 임재를 환영하는 분위기로 이끌어간다. 사람이 하나님을 경배하고, 하나님이 사람을 총애하는 상호 애모의 관계가 마리아 교회를 다른 교회와 구별된 느낌을 주고 사람들에게 매력을 느끼게 하는 것이다.

기도

앞서 언급했듯이, 기도와 예배를 한데 묶어 다룰 수도 있다. 이 둘은 매우 밀접한 관계에 있고, 기도는 임재 중심 교회에서 가장 중요한 두 번째 검증표이기 때문이다. 예배처럼, 기도는 하나님의 임재가 임하시도록 초대한다. 예수님은, "나의 집은 기도하는 집이라 불리울 것이라…"(마 21:13)고 하셨다. 집은 생활하는 곳이고, 살려고 지은 곳이지 방문하려고 지어놓는 데가 아니다. 내가 저술한 책, 『사도행전 29장(Acts 29)』에 어떻게 성령님이 기도에 응답하여 오시는지, 그리고 우리의 기도가 어떻게 하나님이 그의 뜻대로 지상의 인생에, 교회에, 도시에, 그리고 지역사회에 일하시러 오시는 통로가 되는지에 관하여 길게 설명하였다.[2] 그의 임재가 기도의 집에서 사신다.

대부분의 임재 중심 교회에는 기도실이나 혹은 24시간-7일간은 아닐지라도 매일 기도와 예배를 드릴 수 있는 장소를 따로 마련해 놓는다. 그들이 하는 모든 것의 중앙에 임재가 거하실 것을 원하기 때문에 이들 교회 지도자들은 기도하고 예배할 수 있는 별실을 가장 잘 보이는 곳에 마련할 것을 우선순위로 삼는다. 그들은 하나님이 일요일만이 아니라, 정기적으로 섬김을 받기 원하시는 것을 알고 또 그만큼 존귀하시기에 그들이 제일 관심을 두는 곳은 그런 사역을 할 수 있는 기도실이다.

기도실은 개인 기도제목이나, 지도, 선교지에 대한 정보, 다양한 기도 제목들을 한 곳으로 모아서 정리하는 관리센터이기도 하다. 그곳에는 주제별 기도처들이 다음의 제목아래 세워질 수 있다: 국제 시사, 개발도상국과 종족, 지자체 리더, 지역 학교, 소방국과 경찰서, 갱단, 응답받은 기도, 타 교회, 어린이와 청소년. 임재 중심 교회는 지역사회와 국제 사회에 대하여 균형 있는 관심을 둔다.

> 기도가 한 몫을 담당하지 않은 [임재 중심] 교회 활동이란 거의 불가능하다.

대부분의 기도실은 매주 정해진 시간표에 기도자의 이름을 기입하는 식으로 정기적 순번을 지킬 수 있도록 한다. 어느 곳은 한 사람만 기도할 수 있기도 하고, 좀 큰 방이 있는 교회에서는 공간을 여러 개로 나누어 한 번에 여러 사람이 사용할 수 있도록 만든다. 최근에는 하프와 대접 센터(the harp and bowl centers)들이

미 전역에 걸쳐 많이 생겨나서 끊임없이 올리는 예배와 전략적인 기도를 병합하여 드리고 있다. 이런 센터들은 어느 한 교회가 운영하기도 하고 지역 내 여러 교회가 함께 하기도 한다. 이런 곳들은 레위 정신의 자연적인 성장에서 나온 것으로, 여러 종류의 교회에서 일요일 아침 예배만으로는 도저히 충분하지 않은 사람들로 인하여 생겨난 레위인들의 안식처인 것이다.

기도가 임재 중심 교회 사람들에게 매우 심각한 것이므로 기도생활에 대한 것을 조직화하여 잘 대처하는 것이 관건이다. 그들은 기도를 몸으로서 반드시 해야 하는 주된 기능으로 생각하며, 예산을 세우거나 계획안을 짤 때 다른 사역 분야에 뒤지지 않는 비중을 둔다. 기도는 주일학교, 예배 시간, 소그룹 모임, 친교시간, 노방전도, 심지어 당회나 위원회 모임에까지 이르도록 교회의 모든 활동에 통합되어 있다. 기도가 한 몫을 담당하지 않은 교회 활동이란 거의 불가능하다.

이렇게 기도가 강조되는 임재 중심 교회의 기도 운영위원은 교회 내에서 신망이 높은 리더이다. 그녀는 사람들의 인생살이 대부분은 주중에 직장에서, 학교에서 그리고 가정에서 일어나는 것을 알고 있으며, 가능한 한 기도할 일이 생겼을 때 함께 기도해 줄 누군가를 그런데서 필요로 한다는 것을 안다. 어떤 교회는 기도실을 대중이 이용하기 쉬운 번화한 길거리에 세우기도 하고, 또 어떤 데는 전화번호를 광고하여 기도를 받을 수 있도록 하기도 한다. 하나님의 임재를 진정으로 갈구하는 교회에서는 종종 기도실이 나머지 모두를 돌아가게 하는 엔진실이다.

임재 중심 교회의 기도생활은 매우 잘 발달되어서 다면적이고 건강하다. 하나님은 초대하지도 않는데 불쑥 들어오시는 분이 아니시기에 반드시 누군가가 그분과 친밀한 대화소통을 하고 있어야만 한다. 내가 가본 교회 중에 교인들의 기도 생활이 더 성장할 여지가 없다고 여기는 목회자는 없었지만, 임재 중심 교회가 되려면 교회의 공동체적 기도 생활이 시범 단계를 넘어 성숙 단계에 들어서서 여러 개의 강한 사역 팀이 굳게 자리 잡고 교인들 중 많은 비율의 성도들이 참여하고 있어야 한다. 임재 중심 교회 목회자는 자신의 교인들에게 개인기도 생활을 적극적으로 독려한다.

그렇지만, 기도 사역 모임이 여러 개 있거나 혹은 높은 비율의 교인들이 참여를 하고 있는 것만이 관건인 것은 아니다. 마르다는 활동 자체를 위한 기도 모임 몇 개 정도는 한 손을 뒤로 묶어 놓아도 관리할 수 있다. 임재 중심 교회에서의 기도는 또 다른 프로그램의 하나가 아니다. 그것은 종착점에 다다르기 위한 수단으로서, 하나님의 임재를 초대하기 위한 것이다. 이런 기도는 목표 지향적이고, 열렬하며, 대개 세 개의 단계에서 운영된다: 개인의 필요를 돌보는 것과 잃은 자의 구원을 위해 기도하는 것과 하나님 한분만을 구하는 것이 그것들이다.

사역으로서의 기도

마리아 교회는 연민으로 가득 차 있으며 다양한 대인기도 사역에서 그런 사랑이 드러나는 것을 보게 된다. 매번 드리는 공동체 예배 예식 중에 있는 기도시간을 통하여, 기도실에서 드리는 중보기도를 통하여, 특별 철야기도 때에, 그리고 비상 기도 팀을 통하여 사람들을 향한 예수님의 사랑이 제단에서부터 부어져 내린다. 마리아 교회는 예수께서 사람들이 이생에서 겪는 고통과 고난을 공감하셨다는 것을 알고 있으며, 모든 필요를 능히 채우실 수 있고, 채우고자 하시는 분이고, 아파하는 영혼들을 기꺼이 위로해 주시는 분이라는 것도 알고 있다.

임재 중심 교회에서는 모든 경우에 처한 사람들이 개별적으로 기도를 받을 수 있게 하는 것이 매우 중요하다. 개인을 위한 기도 사역은 모든 상황과 단계에서 우선시 되는 일이다. 특별 사역 팀이 사람들과 일대일 기도를 할 수 있도록 훈련되고, 전교인 대상 기도에 대한 가르침과 기도모델에 대한 양육도 꾸준히 실시한다. 기도팀들은 어떤 상황에서도 즉시 기도를 올리는데- 회복이나, 재정, 관계, 직장, 자녀, 인도하심, 심지어 실종된 애완견을 위해서라도 하며 믿음 안에서 응답을 기대한다. 예배로 가득한 분위기에서는 많은 기도 응답이 있으며 하나님의 선하심에 대한 간증은 더 많이 기도하도록 열정을 태우게 하는 연료가 된다.

모든 경우에 있는 사람들을 위하여 개별적인 기도를 하는 것 이외에도, 임재 중심 교회는 대개 각 예배 시간을 위하여 훨씬 더 많은 기도로 중보한다. 여기에는 여러 가지 방법이 있다. 가령 사람들이 예배 전에 성전에 와서 기도를 한다든지, 시간표에 명단을 적은 후 예배 시간 중에 옆방에서 기도할 수도 있고, 기도 팀이 예배 시간에 들어와 각자 배치 받은 곳에서 자기 둘레를 위하여 기도하거나 혹은, 예배 전 날 중 하루를 정해서 중보하기도 한다. 어떤 교회는 나름대로 창의적인 방법을 모색하기도 하여 예배 시간을 중보기도로 흠뻑 적시고, 어떤 교회는 여러 방법을 섞기도 한다.

플로리다 주의 세인트 피터스버그의 전원 크리스챤 교회(Countryside Christian Church)에서는 각 예배 한 시간 전에 수백 명이 미리 와서 기도를 드린다. 그들의 기도시간은 전교인들이 도착할 즈음에 이르러서 찬양과 예배로 자연스럽게 합류되어버린다. 뉴욕의 브루클린 태버너클교회(Brooklyn Tabernacle)에서는 30-60명의 사람들이 예배시간 중에 하나님께서 활약하시고 예수님께서 높임을 받으시도록 기도한다. 미시간 주의 랜싱에 있는 하나님의 교회(Church of God in Lansing)에는 한 면이 거울로 된 유리벽을 통해 성전을 내려다 볼 수 있는 발코니를 기도실로 개조하여 사용하고 있다. 매주 일요일마다 발코니에서 기도 팀이 예배실을 바라보며 성령님께서 인도하시는 대로 기도를 드린다. 기도 팀이 예배 시간에 일어나는 상황을 보며 그에 따른 기도를 할 수 있고 조용하게 하지 않아도 되므로 매우 고유한 방법이다. 그들은 예배에 방해를 주지 않고 개인적으로 혹은 다함께 통성기도를 올릴 수도 있다.

조지 바나는 대부분의 효율적인 교회에서 공통적으로 동의하는 것 중에는 예배를 통한 경험 자체를 위하여 기도하는 것이 우선순위를 두어야 할 일이라는 것이다.3) 기도의 응답으로 성령님께서 오실 때 예배 첫 찬송부터 헌금송까지 모든 것이 훨씬 좋아진다. 예배를 위한 창의력은 기도에서 자연스럽게 흘러나오게 되고 교회는 예수님께 드리는 사랑을 표현하는 실용적인 새 방법을 발견하게 된다.

기도 전도

둘째로, 임재 중심 교회에서는 개인적 필요를 올려드리는 것 다음으로 기도를 통하여 잃은 자를 예수님과 교제하도록 데려오는 왕국 의무에 관심을 집중한다. 리더십과 전교인들 모두는 일요일에나 주중에 사람들이 구원 받는 것을 때마다 보고 싶어하는 거룩한 중독증세가 있다. 미전도자들을 겨냥하여 기도하는 것을 기도 전도라고 하며 이것을 위해 지난 십년간 수백 가지의 창의적인 방법들이 생겨났다. 크게 부흥하고 있는 기도 전도운동들 중 몇 가지만 소개를 하자면, 10/40 창문 기도 전도(그리고 다른 종족 전체), 땅 밟기 기도, 등대 기도, 그리고 영적 도해 도시 전도 등이 있다. 그 밖에도 이런 기도 전도의 아이디어를 신학적으로 설명하는 책들은 물론 이런 기도의 열매인 놀라운 변화를 문서화한 서적들도 엄청나게 많이 생겨나고 있다.

기도 전도는 여러 종류의 기도들, 전통적 중보기도, 긍휼 기도, 그리고 영적전쟁 기도 같은 것들을 혼합한 것이다. 가령 전통적 중보기도는 단순히 명단을 놓고 그들의 구원을 위해 기도하는 것이다. 자기가 사랑하는 자들을 위하여 하나님이 그들에게 예수님을 전해 줄 사람을 붙여달라고 기도할 수 있다. 혹은 하나님께서 자기 친구, 잃은 자에게 살아계심을 나타내 보이시고, 성령님께서는 그녀가 성경에 대하여 마음이 열리게 해 주시며, 그녀가 용서와 구원이 진정 필요하다는 것을 깨닫게 해 달라고 기도할 수 있다.

긍휼 기도(Prayers of compassion)는 불신자가 자기편에서 필요하다고 생각하는 것을 위한 기도로서, 기도를 통해 하나님의 사랑을 체험하게 되어 구원을 받도록 하려는 것이며 기도 전도의 또 다른 양상이기도 하다. 불신자를 대상으로 사역하는 넓은 의미의 기도 전도이다. 예수님은 죄인들을 긍휼히 대하셨고 그들의 마음이 열리도록 물리적인 필요를 자주 채워주셨다. 그분은 아직도 방황하는 자기 자녀들의 가장 아파하는 곳을 만져주심으로 자신의 사랑을 나타내신다. 그분의 임재가 그들을 둘러쌀 때 그 은혜의 달콤함은 거절할 수 없을 정도로 강한 것이다.

일상생활 속에서 불신자들이 원하는 필요를 위해 기도함으로써 우리는 임재가 카페에서, 사무실에서, 지하철에서, 가정에서, 시장에서, 그리고 은행에서 활약하시도록 보내드리는 것이다. 임재 중심 교회는 기도 사역을 통하여 하나님의 임재가 지역사회에서 일하시는 기회를 창출해 내는 것이다.

예를 들어 많은 교회들이 일터 전도의 일환으로 여러 사업체에 기도제목 모금함을 긍휼한 마음으로 비치해 놓는다. 우리는 이 사역을 3장 16절 상자라고 부르며 교회들이 이런 사역을 출발시킬 때 필요한 물건 일체를 제공한다. 이것은 교회에 안 나가는 사람들의 아픔을 가로채고, 그들이 기도하게 하고, 예수 그리스도 안에서 소망을 가질 수 있게 하는 창의적인 방법이다. 다른 교회들은 범죄가 들끓는 동네에 등대를 세우고 그들의 삶이 바뀌도록 임재를 초대한다. 이런 일의 결과가 어찌나 성공적이었던지, 아파트 주인들이 불법적 행위나 파괴적 활동에 형편없이 찌들은 다른 동 건물들을 건져보려고 교회에게 내주거나 등대를 세우게 하는 일이 실제로 일어나고 있다. 또 다른 새로운 기도

전도로 로스앤젤레스에 본부를 둔 마스터 미디어(Master Media) 사역이 있다. 그들은 미디어와 엔터테인먼트의 유명스타들이 예수 그리스도로 인하여 급진적으로 변화 받도록 기도하여 그들의 간증을 통하여 많은 사람들이 영향을 받도록 하자는 아이디어를 냈다.

임재 중심 교회가 창의적으로 예배를 드리듯이, 기도 전도의 방법도 혁신적이고, 지역 사회마다 가지고 있는 고유한 필요를 위해 새로운 기도방법을 만들어 내고 있다. 기도 전도를 하는 사람들은 목회자의 인도에 따라 상처받고, 외롭고, 소외된 사람들을 위한 예수님의 사랑에 자신들을 헌신하고 있다.

때때로 구원받지 못한 자들을 위하여 기도하다보면, 복음을 받을 수 있도록 마귀의 권세를 결박하고 가로막고 있는 것을 파쇄하고 자유롭게 해야 될 때가 있다. 궁극적으로 구원은 성령께서 행하시는 것이고, 전쟁의 승리가 각 영혼마다 영적세계에서 일어나야 한다. 영적전쟁 기도는 이런 것을 위한 것이다.

> **궁극적으로 구원은 성령께서 행하시는 것이고, 전쟁의 승리가 각 영혼마다 영적세계에서 일어나야 한다.**

성경은 원수가 구원의 메시지가 들어가지 못하도록 믿지 않는 자들의 생각을 가렸다고 말한다. 그들의 생각을 혼란시키고 귀를 막아서 얼마나 예수님이 사랑하시는지 듣거나 이해하지 못하도록 하는 것이 그들이 가장 힘쓰는 일이다. 원수가 한 사람의 삶 속에 이런 발판을 쥐고 있으면 성령만이 그 사람을 자유롭게 하실 수 있다. 우리가 기도할 때에 임재가 베일을 걷어내시고 진리를 밝히신다. 마귀가 쫓겨나고 그 자리에 하나님 나라의 영토가 세워질 것을 주장하는 기도를 한 개인의 삶이나 어떤 지역 즉, 학교나 동네, 국가를 위하여 한다. 다곤상이 법궤의 임재에 무너져 내렸던 것처럼 예수님의 임재 안에서 이 세상의 권세와 정사들이 부셔져 버린다. 성경적이고 균형 있는 영적 전쟁이 전통적 형태의 중보기도와 합쳐지고, 긍휼한 마음에서 우러나 행할 때 어느 한 영역의 영적 기운을 바꿀 수 있다.

영적전쟁을 할 때 보좌 앞에서 우리가 어떤 위치에 있는지 스티브 호손(Steve Hawthorne)과 그래함 켄드릭(Graham Kendrick)이 다음과 같이 썼다:

전쟁의 중앙으로 곧장 나오라. 어떤 것이나 누구를 대적하기 전에, 경외심을 가지고 가장 높으신 이 앞으로 오라. 왕실 보좌에 계신 하나님 앞으로 오라. 그분의 어전회의가 열리고 있다. 그의 보좌가 모든 영적 전쟁의 의장을 맡고 계시다. 만일 전쟁을 치르려고 천사 군대가 출정을 하려면 하나님 보좌로부터 지령을 받아야 할 것이다. 두렵고 아름다우신 만물의 창조주, 왕께서 당신을 자녀로 지명하셨다. 예수님께 드리는 믿음을 통하여 당신에게는 과감하고 당당하게 나아갈 통로가 있다. 가까이 오라 그리고 당신의 상소를 올려라.[4]

임재 중심 교회는 자기들이 품은 세상의 한 자락을 하나님의 임재로 비추기 위하여 병기고에 있는 모든 병기들을 사용한다. 그들은 예수님의 한 번의 눈길이 인간이 평생토록 수고하는 것보다 더 많은 것을 행하신다는 것을 알고 있다. 그들은 전적으로 하나님께 매달려 살고 있으며 기도는 도움, 소망, 그리고 치유로 가는 구명줄이다.

진영 밖 – 첫사랑 기도

임재 중심 교회에서 일어나는 기도 생활에 있어서 가장 특이한 양상이 사실 방금 내가 설명한 실용성을 강조하는 사역들 때문에 차별화 되었다고 말하는 것은 아니다. 분명 그것들은 중요하고 임재 중심 교회의 특성에 뚜렷이 나타나는 면들이다. 하지만 그런 것들에는 하나같이 하나님의 손을 구한다는 공통 요소가 있다. 다른 말로 하자면, 여태껏 내가 거론한 기도들은 그 하나하나가 모두 필요라는 동기에서 유발됐다는 것이다.

그렇지만 하나님의 손을 구하지 않는 기도의 세계도 있다. 이것은 하나님의 얼굴과 그의 미소를 구한다. 이런 기도는 사람들의 필요를 지나 심지어 잃은 자들의 구원을 위해 비는 것도 지나 소수만이 경험하는 세계로 들어가는 것이다. 이런 기도는 예배의 경계선과 맞닿아 있어서 어디에서 하나가 그치고 다른 것이 시작 된다고 획을 긋기 매우 모호한데 이런 기도를 하는 이유는 그분이 너무나 존귀하신 나머지 더 잘 알고 싶은 것 밖에 다른 동기가 없는 것이다. 이것을 대화적 예배, 혹은 예배적 기도라고 말할 수도 있겠다. 이것은 첫사랑 기도이다.

두 사람이 사랑에 빠지면, 특히 첫사랑일 때, 그저 함께 있는 것 외에 다른 것은 상관하지 않는다. 둘은 오랫동안 말없이 상대를 탐색하며 마치 조그만 것에도 큰 비밀이 숨겨 있는 양, 서로를 하염없이 응시한다. 둘이 나누는 모든 대화는 서로의 속마음을 털어놓고 서로를 발견해가는 여정이므로 몇 시간이고 무슨 얘기라도 할 수 있고 혹은 아무런 말을 하지 않아도 통한다. 그들은 서로 알고 싶어서 말을 꺼낸다. 그들은 서로에게 알리고 싶어서 이야기한다. 그들이 말을 하는 이유는 상대가 웃는 것을 보는 것이 가장 기쁘기 때문이다.

첫사랑 기도는 건강한 간절함의 기도이고, 그저 예수님을 알고 싶고, 자신을 예수님께 알리고 싶어서 하는 것이지 급한 사정이나 바라는 것이 있어서 하는 것이 아니다. 이것은 필요 때문이 아니라 심취되고 호기심과 열정에 빠졌기 때문이다. 이 기도의 혜택은 어떤 받는 것이 아닌 내어줌에서 오는 기쁨이다. 감리교

선교사였던 이 스탠리 존스(E. Stanley Jones)가 이 기도에 관하여 다음처럼 말했다:

> [기도할 때] 제일 먼저 할 일은 하나님을 붙잡는 일이다. 그분을 붙들게 되면, 다른 나머지는 뒤따라오게 되어 있다… 하나님이 당신을 붙드시도록(get), 침노하시도록(invade), 소유하시도록(possess) 허락하라. 그러면 하나님이 그의 기도를 당신을 통하여 쏟아 부으신다. 그것은 그의 기도-하나님의 영감으로 된 것이고 그러므로 하나님이 대답하신 것이다.[5]

임재 중심 교회는 모세가 하나님을 산에서 알았던 것처럼-사람이 친구와 말하듯이 얼굴과 얼굴을 마주대고 말했던 것처럼 알기를 갈망한다. 그들은 하나님의 방법, 그의 영광, 그의 성품, 그의 생각, 그의 안식, 그의 마음, 그의 음성을 알아내기를 목말라 한다. 그들은 겸손과 인내심을 가지고 하나님의 이미지가 보일 때까지 영적 세계의 베일을 뚫어 나간다.

모세가 하나님과 같이 있으려고 "진영 바깥으로" 성막을 가지고 나갔던 것처럼(출 33:7), 임재 중심 교회는 하나님을 구하려고 친숙한 테두리 바깥으로 나간다. 그들은 언제나 어제의 성공을 지나 일상적인 교회생활보다 더 멀리 있는 하나님의 길을 기도하고 체험하기를 추구한다.

가끔씩 진 밖으로 나가는 일은 중요하다. 우리는 자장가와도 같은 일상적인 삶의 리듬으로 말미암아 하나님의 웅대하심에 무뎌지기 때문이다. "진"은 우리에게 익숙한 것을 말한다. 그것은 교회 생활에 대한 통념이다. 주일학교에 가고, 커피와 도넛을 들고, 친교실 로비에 가고, 예배실에 가고, 노래하고, 설교 듣고, 연보 내고, 목사님하고 악수하고, 아이들과 집으로 돌아오고, 다음 주일까지 성경책을 선반에 얹어두고 그리고, 그런 것을 또 다시 되풀이하는 것들이다. 우리는 그런 반복된 행위에서 일종의 위안을 받는다. 담임 목사님이 안 계시고 다른 분이 강대상에 서거나 예배 순서가 바뀌면 당황하고 불편해 한다. 그러나 우리는 바로 그럴 때 일반적인 것으로부터 떨어져 나가게 되며, 아주 사소한 것 같아도 새롭고 신선한 방법으로 우리를 흔드는 무엇이 있음을 발견하게 된다. 그때 하나님은 우리에게 새로운 진리나 우리가 전에는 알지 못했던 하나님의 성품의 다른 면을 계시하실 수 있다.

누가복음 4장에서 진 밖으로 나가는 원칙을 실천하시는 예수님을 본다. 공생애를 준비하시러 광야로 나가셨다. 아버지와 40일을 보내려고 일상을 깨뜨렸다. 그 외에도 진 밖으로 가신 적이 빈번히 있었음을 막 1:35-37, 눅 5:16, 그리고 눅 6:12에서 볼 수 있다. 사실 겟세마네 동산은 예수님의 회막이었다.

바울도 진 밖으로 나갔었다. 회심한 후에, 하나님의 의견을 들으러 아라비아 사막에 삼년 간 갔었다. 요한이 밧모 섬으로 보내졌을 때 그 시간을 하나님을 구하는 것으로 보냈으며, 하나님을 대면하여 얻은 것을 계시록에 기록했다.

하나님을 구하고, 그분과 로맨스를 나누는 것은 우리의 영적 이해와 믿음을 더욱 깊어지게 한다. 그것은 우리를 통하여 인생들을 변모시키고 커뮤니티에 영향을 끼치시는 하나님의 능력을 크게 증진시킨다. 이것이 우리가 하나님의 모든 것을 구하러 진 밖으로 나가야 하는 이유이다. 익숙한 것을 훌훌 털어버리고 인내를 가지고 천국을 응시하고 첫사랑의 불을 계속하여 불태우는 믿는 무리들에게는 엄청나게 큰 지식과 심오한 체험이 기다리고 있다.[6] 오스왈드 챔버스(Oswald Chambers)가 말했다. "여러분 자신들의 마음을 북돋아 하나님을 바라보십시오. 그분께 소망을 세우십시오. 백가지도 넘는 일들이 밀려와도 그 모든 것을 결연히 떨쳐버리고 하나님을 바라보십시오."[7]

임재 전도

내가 여러번 인용했던 샐리 몰겐탈러의 저서, 『예배 전도(Worship Evangelism)』에서 정중히 그러나 담대하게 현재 예배 성향에 대하여 도전하고 있으며 진정한 예배가 "구도자들(seekers)"을 예수님께로 가까이 이끈다고 넌지시 권한다(구도자란 용어는 교회에 출석하지 않거나 구원받지 않은 사람들을 의미함). 내가 갖고 있는 이 책은 너덜너덜해졌고 한 페이지 건너마다 밑줄이 잔뜩 그어져 있다. 내가 알고 있는 한 이 책은 예배 전도에 헌정된 단 한 권의 저서이고 적어도 이 예배 전도라는 용어를 근자에 사용한 유일한 책이라는 것이 확실하다.

또 한 사람의 친구, 에드 실보소(Ed Silvoso)는 국제적 기도 리더로서, 『기도 전도(Prayer Evangelism)』[8]를 저술했는데, 그 책에서 그는 전략적인 기도는 어느 한 지역의 영적 풍토를 바꾸어서 그 안에 있는 모든 사람들과 모든 사물들을 바꾸어 놓는다는 엄청난 간증을 기록하고 있다. 기도는 하나님의 임재를 초대하고 하나님의 임재는 영향력을 행사한다는 기본적인 대전제는 피터 와그너(Peter Wagner)가 "기도 전염병(Prayer Epidemic)"이라고 불렀던 지난 십년 간 여러 괄목할 만한 저서들 안에 기록되었다.

> 잃은 자들이 임재를 실제로 경험하면 구원이라는 거저 주시는 선물을 받아들이거나 임재의 자각으로부터 도망을 친다.

이 두 가지-예배 전도와 기도 전도-개념이 주춧돌이 되어 사람들에게 하나님의 임재를 경험하게 하고 그것을 통하여 사람들을 왕국으로 데려오는 것이 내가 임재 전도(Presence Evangelism)라고 부르는 것이다. 임재 전도는 예수님께서,

"아버지께서 이끌지 아니 하시면 아무도 내게 올 수 없으니"(요 6:44)라고 말씀하시며 그 기초를 닦아 놓으셨다. 오직 하나님과의 인격적인 만남만이 사람들로 하여금 예수님께 소망을 두고자 하는 동기유발이 된다. 잃은 자들이 임재를 실제로 경험하면 구원이라는 거저 주시는 선물을 받아들이거나 임재의 자각으로부터 도망을 친다. 임재를 알게 되면 중립적일 수 없게 되는 것이다.

나는 기도의 힘이 잃은 자들을 구원한다는 것을 언제나 믿어왔고 그리고 내가 저술한 대부분의 책들은 기도 전도의 범주에 속한다. 하지만 나는 또한 예배에 대한 열정이 있었고 예배 도중 임재의 능력이 치유하고 구원하시는 것을 잘 알고 있었다. 임재 전도는 지난 25년간 나의 사역을 뒷받침하는 신학 이론이었으나 이제야 그 이름을 붙일 수 있게 된 것이다!

뉴질랜드의 찬양과 경배 운동의 아버지, 데이비드 개럿(David Garret)이 사람들을 예수님께로 데려오는 예배의 능력에 대하여 다음과 같이 말했다:

> 하나님 아버지께서 지상의 예배자들을 찾고 계실 뿐만 아니라 (요 4:23-24를 보라) 예배 자체가 지상의 열방들을 그분께로 데려오는 가장 훌륭한 "도구"가 된다… 모든 민족과 언어들이 창조주께 "영과 진리로 예배"하여 돌려드리는 것이 우리가 여태껏 알아 온 것 중 그 무엇보다도 최고의 전도 도구가 될 것이라고 믿어마지 않는다.[9]

우리가 가진 자원(resource)에는 한계가 있다–우리는 치유하거나, 구원하거나 자유롭게 할 수 없다. 인간이 함께 해 주는 것이 위안이나 위로를 줄 수도 있지만 그런 것이 삶에 극적인 변화를 가져다주지는 않는다. 그런 것은 오직 강하신 여호와 하나님만이 하실 수 있다. 삶의 변환(transformation of life)이나 거듭남은 오로지 창조주만이 하실 수 있는 일이다. 태초부터 하나님의 임재가 변화시키는 능력이었다.

미시시피 주에서 있었던 어느 강연을 마쳤을 때, 한 부인이 나에게 와서 어떻게 임재가 구원하는 능력임을 확신하게 되었는지 들려주었다. 그녀가 여러 해 동안 기도를 해도 그 당시 국회의원이었던 남편이 구원받지 못했었다. 그녀는 남편의 이름을 여러 중보기도 명단에 올리고, 남편이 하나님의 임재를 감지하게 해달라고 기도하기 시작했다. 나중에 남편이 말하기를 업무를 보고 있을 때 하나님이 자기를 보고 계시는 것 같은 이상한 느낌이 들기 시작했고 그런 감시받는 기분은 자신을 매우 불편하게 했다고 말했다. 아무리 떨쳐 버리려 해도 그것은 사라지지 않았다고 한다. 결국 구별할 정도로 뚜렷한 하나님의 임재가 자신을 감싸고 여러 번에 걸쳐 역사하는 바람에 그는 회개를 하고야 말았고 구원받았다. 하나님이 현시되어 나타난 임재만이 강력하며 그것에서 달아날 수 없게 된다.

스티브 맥키아(Steve Macchia)가 그의 저서, 『건강한 교회로의 전화(Becoming a Healthy Church)』에서 어느 피자 배달부가 매사추세츠 주의 레호보스(Rehoboth)에 있는 언약의 공동체(Community Covenant Church)의 새 사역센터로 걸어 들어갔을 때의 이야기를 들려준다. 약 열 발자국 정도 걸었을 때 그는 멈춰 서서 물었다. "대체 여기 무슨 일이 났습니까? 이 임재는 무엇입니까?"라고.10)

임재가 현시되어 나타난 곳에서는 하나님의 영광이 뚜렷하다. 법궤의 시은소에 하나님의 임재가 내려오시면 성막이 하나님의 영광으로 너무나 가득차서 아무도 가까이 갈 수 없을 정도였다. 그의 임재는 현저히 이목을 끌 정도였던 것이다.

생각해 보라. 만일 하나님이 임재를 당신의 교회에 나타내신다면 그것은 성막에서처럼 뚜렷해야 하지 않겠는가? 하나님은 그의 택한 백성 가운데 불과 구름으로 머물렀었고, 성막에 내리셨던 그 같은 하나님이 아닌가? 시은소에서 능력과 권위를 드러내셨고, 이스라엘 백성을 인도하셨고 다스리셨고, 원수들로부터 승리를 주셨으며, 총애와 사랑을 나타내 보이셨으며, 유일무이하심을 이룩하셨고, 죄의 대속을 바치신 바로 그 하나님이 아닌가?

오늘날에도 하나님의 임재가 나타나는 곳에는 꼭 같은 결과가 있을 것은 명백하다. 임재를 아는 사람들은 하나님이 이 세상에서 역사하신 능력을 보았고 하나님의 권세를 알고 있으므로 겸손함과 특이한 열정을 나타내는 성품을 가지고 있다. 임재가 계시는 곳에는 그의 인도하심으로 지혜로움과 평안이 다스린다. 나아갈 길은 확실해지고 견실한 결정들을 내리게 된다. 임재 안에서 사람들은 수 년 동안 묶여 종노릇하던 습관과 감정에서 승리하게 된다. 관계에 치유가 오고 삶은 변환되며 기쁨이 확실히 나타나고 어둠의 세력은 물러날 수밖에 없도록 밀려난다. 많은 사람들이 임재 안에서 자신들의 영을 꿰뚫는 초자연적 사랑과 은혜의 파도에 응답하여 예수님의 이름을 부르고 구원을 받는다. 만일 이런 일이 우리 교회 안에서 정기적으로 일어나지 않는다면, 무슨 증거를 가지고 우리가 그들에게 하나님의 임재를 제시한다고 주장할 것인지 우리 자신들에게 물어야만 한다.

앞에서 다룬 주제 중에 소비자 중심 교회라는 제목으로 마케팅에 대하여 거론했었다. 이것은 목회자와 교회 리더들 사이에서 강한 의견의 대립을 야기시키고 감정을 내게 하는 주제이다. 명망 있는 저자들과 지도자들 중에는 마케팅으로 교회의 고결함과 복음의 순수성을 타협한다고 말한다. 다른 이들은 현대에는 교회의 마케팅이 절대적으로 필요하다고 믿는다. 그러

> 만일 하나님이
> 임재를 당신의 교회에
> 나타내신다면
> 그것은 성막에서처럼
> 뚜렷해야 하지
> 않겠는가?

나 내가 반드시 질문하고 싶은 것은 이것이다. 교회인 우리가 왜 마케팅, 즉 우리가 존재한다는 소문을 퍼뜨려야만 하는가? 만일 오늘날 하나님의 임재가 이스라엘 성막의 십분의 일이라도 실감이 났더라면 온 세상이 그 임재를 다 알게 되었을 것이다. 논쟁의 여지는 마케팅이 좋으냐 나쁘냐가 아니라, 기묘하고 상상을 초월하도록 경이로운 하나님을 우리가 모시고 있는데 어째서 그런 것이 애당초 필요하냐는 것이다.

임재 전도는 예수 그리스도의 인격에 집중하고 우리 가운데 거하시는 그의 임재를 초대하는 것에 모든 관심을 쏟는데, 그것은 그분의 임재만이 교회를 사람이나 그 무엇에게라도 차별을 가져오기 때문이다. 임재 중심 교회는 흘러넘침의 원리에 힘을 쏟는데, 그들은 더할 나위없는 열정과 꾸준함으로 하나님의 임재 안으로 들어가기를 구하여 임재가 일으키는 파장의 물결이 "흘러넘쳐" 아무 생각 없이 구경꾼으로 있던 사람들에게 파급효과를 미친다. 마치 거룩한 용암이 화산의 주변을 흘러넘치듯이 하나님의 거룩하심과, 능력과, 사랑과 은혜의 에센스가 여기저기로 흐르며 닿은 곳마다 왕국 열매를 남겨 놓게 되는 것처럼 말이다.

"나의 잔이 넘치나이다"(시 23:5 후반절)고 했던 다윗은 흘러넘침의 원리를 알았던 것이다. 예배와 기도를 통하여 실제로 나타나시는 하나님 임재의 흘러넘침은 진정한 사역을 생산한다. 토미 테니는 다음과 같이 동의한다:

모든 선한 것, 여러분의 지역 교회가 하는 모든 것들도 포함하여-빈민자 구제나 임신 카운슬링으로 태아를 구하는 것부터 주일학교에서 아이들을 가르치는 것 까지- 모든 것은 하나님의 임재로부터 흘러 넘쳐야 한다. 우리의 주된 동기는 "우리는 그분 때문에 하고, 이것이 그분의 마음이기에 합니다."가 되어야 한다.[11]

신약에 있는 사역 모델은 시종일관 임재 전도적이었다. 제자들은 마을에서 마을로 돌아다니며 기도하고, 예배하고, 임재가 주는 능력으로 사람들을 섬기고 구원하였다. 그들은 세미나를 열지 않았고, 친교 모임을 주관하거나 비평가들과 신학적 논쟁을 벌이지도 않았다. 짐 심발라(Jim Cymbala)가 말했다:

사도들은 기교를 부리지 않았다. 그들의 대화체는 "멋진 것" 혹은 마음을 달래는 것들이 아니었다. 그들은 죄에 대해 결단하도록 마음을 쪼갰다. 그들에게는, "사람들이 무얼 듣고 싶어 할까? 일요일에 어떻게 하면 더 많은 사람들을 끌어 올 수 있을까?" 하는 생각은 조금도 없었다. 그런 건 안중에도 없었다. 그런 식의 접근은 신약 전체를 통틀어 매우 낯선 것들이다.[12]

대신 그들은 단순히 자기들의 주님이시며 실재하시고 강력한 그분의 임재를 통하여 사역했고, 결과 자체가 그 힘을 과시했다.

그들은 예수를 높였고, 사람들은 치유되었다. 그들은 예수님에게만 집중했고 이 세상에서 가장 귀하고, 물의를 일으켰고, 효율적인 복음전도자들이 되었다.

임재는 초대교회에 극적인 결과를 가져왔다. 사도행전 3장에서 절름발이가 고침을 받았고, 그 결과 수천 명이 예수님을 믿었다. 나중에 고넬료의 집에서 베드로가 주님이신 예수님에 대하여 말하기 시작했고 임재가 너무나 강력하게 임하셔서 고넬료의 온 집안이 구원을 받았다. 바울은 다메섹 도상에서 너무도 강력한 임재를 만나 즉시 회심하고, 그리스도인을 미워했던 흉악범이 복음 고릴라 전사로 변모되었다. 실제로 바울의 경험이 너무나 엄청나서 그는 하나님을 더욱 알기 원하는 굶주림으로 평생 살았다. 그리스도를 알리고, 교회를 세우고, 죽었다가 살아나고, 박해를 받았던 바울은 수 년의 사역 후 믿음의 인도자들 중 진정한 인도자가 되었다. 그는 "내가 그리스도와 그 부활의 권능과 그 고난에 참여함을 알고자 하여…"(빌 3:10)라고 말했다. 사도행전은 도시와 지방 전역에 산불처럼 휩쓸었던 임재의 행하심과, 임재 중심과 임재로 말미암은 복음전도에 대한 예들로 가득하다.

만일 오늘날의 교회가 문화적으로 용납하고 있는 계급장(badge)들의 반만큼이라도 하나님의 임재를 추구한다면, 우리는 교회 문으로 쏟아져 들어오는 불신자들, 영적으로 진정한 것을 깊이 마시고 싶어하는 그들을 미처 다 감당하지도 못할 정도가 될 것이다. 사람들은 생수이신 살아계신 하나님과 인격적으로 만나기를 갈망하고 있으며 인간이 관여된 것이나 인간 기술이 만들어 내는 제작된 것들로는 그들의 영혼을 만족시킬 수 없다. 소비자 중심교회는 원기회복을 약속하는 신기루이기에 빈 잔을 줄 수밖에 없다. 오직 하나님의 임재만이 그들의 목마름을 가라앉히고 그들을 채울 수 있다.

예수님의 계시

사람들은 늘 나에게 질문을 던진다. "어떻게 하면 신도들이 기도와 예배를 지속적으로 드리게 할 수 있습니까?" 나는 예수님의 계시가 답이라고 말한다. 우리를 더욱 열렬히 추구하게 하는 힘은 성령께서 아들에 대하여 우리에게 계시하시는 것에서 나온다. 어떻게 기도실에서 한 시간씩이나 머물 수 있을까? 예수 안에서 계시된 심오한 지혜를 발견하라. 어떻게 집이나 차 안에서 예배할 수 있을까? 눈을 떼어놓을 수 없도록 매혹적인 그분의 아름다움을 바라보라. 베일이 걷히는 순간에 사람들은 그의 놀라운 영광에 가슴을 베여 쓰러지고 너무도 인접해 계시는 그분에게서 원기를 얻게 된다. 예수님의 계시는 그를 부지런히 구하는 자들에게 영감이 되고 보상이 된다.

예수님의 계시는 숙련을 거쳐 달성되거나, 수고하여 획득할 수 없는 것임을 다시 한 번 말한다. 그것은 하나님의 주권으로 부여되는 것이다. 우리가 받기를 예상하며 기다릴 때 하나님이 우리에게 조금씩 아들을 보여주신다. 위대한 예술가가 자신의 걸작품을 아끼듯이, 하나님은 예수를 드러내시길 갈망하시지만, 절묘한 완성품인 예수의 진가를 절실히 고마워 할 믿을만한 사람들에게만 그 신비를 나타내신다.

예수님이 베드로에게 계시의 반석 위에 그의 교회를 세우시겠다고 했고, 지옥문의 권세가 이기지 못하리라고 말씀하셨다 (마 16:18). 만일 우리의 교회가 세상의 악을 이기지 못하고 있으면-그리고 언제라도 신문의 일면 기사를 숙독하고 있게 되어 교회가 그런 상태에 있지 않다는 인상을 준다면-그것은 우리가 예수님의 모습을 놓쳐버렸기 때문일 것이다.

로버트 스턴즈는 원수가, "우리를 눌러 이기는 방법으로 예수님을 향한 우리의 열정을 희석시키고 우리의 관심을 하나님의 목적으로부터 전환시키는 것

> 사람들은 생수이신 살아계신 하나님과 인격적으로 만나기를 갈망하고 있으며 인간이 관여된 것이나 인간의 기술이 만들어 내는 제작물(gospel production)로 그들의 영혼을 만족시킬 수 없다.

을 택했다."고 말했다.13) 우리가 사역의 초점을 사람에게 맞추고 그들을 무대 중앙에 올려놓을 때, 그리고 교회 안에서 예수님의 역할을 마스코트로 삼아 옆으로 비켜놓을 때, 하나님이 언약을 통하여 우리에게 주신 그 이름의 능력을 몰수당하게 된다.

만일 그분이 우리보다 먼저 전쟁터로 나가시지 않으면, 그리고 우리가 완전히 신뢰할 만하고 충성스럽다고 인정하지 않으시면, 우리는 본래 작정된대로 승리에 넘치고 우세한 교회가 되지는 못할 것이다.

바울은 예수님의 계시를 이해했었고, 복음을 전파하는 것은 오직 이 계시에 의해서만 가능한 것을 알았다:

> 나의 복음과 예수 그리스도를 전파함은 만세 전부터 감추어졌다가 이제는 하나님의 명을 따라 선지자들의 글로 말미암아 모든 민족이 믿어 순종하게 하시려고 알게 하신 바 그 신비의 계시를 따라 된 것이니 이 복음으로 너희를 능히 견고하게 하실 지혜로우신 하나님께 예수 그리스도로 말미암아 영광이 세세 무궁하도록 있을 지어다 아멘(롬 16:25-27).

> 그러나 내 어머니의 태로부터 나를 택정하시고 그의 은혜로 나를 부르신 이가 그의 아들을 이방에 전하기 위하여 그를 내 속에 나타내시기를 기뻐하셨을 때에 내가 곧 혈육과 의논하지 아니하고 또 나보다 먼저 사도된 자들을 만나려 예루살렘으로 가지 아니하고…(갈 1:15-17).

바울이 계시를 받은 곳은 사람이 빽빽한 강의실이 아니었다. 요한이 유배를 당해 귀양살이 간 섬에서 받았던 것처럼 인가가 없는 사막에서 받았다.

사람들이 복음의 급진적인 메시지를 이해하는 길은 오로지 성령께서 주시는 계시로만 가능하고, 그것은 우리가 예수님의 발치에서 기다리고, 예배하고, 구할 때 일어난다. 예수님은 다시 오시지만, 임재 중심 교회는 매일 그리고 매 시간 그의 "오심(coming)"에 의존하는 삶을 영위한다. 로버트 스턴즈는 새로운 레위 단이 예배를 올리려 일으켜 세워질 때, "예수님의 찬란함과 영광이 교회의 애정을 새로이 사로잡을 것이다. 그리스도의 몸은 그리스도의 인격과 장엄함을 재발견할 것이다."고 말했다.[14]

나는 구약의 느낌을 주는 예수님 변모 장면을 좋아한다. 구름이 예수님, 베드로, 야고보와 요한을 둘러쌌고, 하나님이 말씀하셨다. "이는 내 사랑하는 아들이요 내 기뻐하는 자니 너희는 그의 말을 들으라"(마 17:5). 여호와가 산으로 내려오셔서 이스라엘 백성 앞에서 모세의 권위를 세워주셨던 것처럼, 제자들 앞에서 예수님에게 꼭 같은 일을 하셨다. 새 언약궤의 말로 다 표현할 수 없는 영광을 보고 야고보와 요한이 심히 두려워하여 엎드렸다. 그들이 고개를 들었을 때 "오직 예수"만이 보였다(마 17:8).

"오직 예수"만이 언제나 그리고 앞으로도 항상 무엇과도 견줄 수 없는 하늘과 땅의 영원한 면류관 보석이다. 그분이 임재 중심 교회의 존재와 하는 일의 가장 높은 산봉우리이시다. 모든 것은 전부 그분께 대한 것뿐이다.

요점 정리

임재 중심 교회에 4가지를 더 보탠 그림을 그려나갈 수 있습니다.

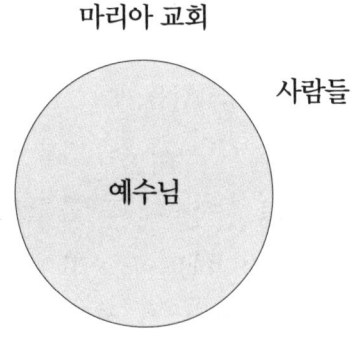

임재 중심 교회

1. 레위적 예배
2. 첫 사랑 기도
3. 긍휼
4. 임재 전도
5. 예수님의 나타나심

토의 질문

1. 왜 기도는 임재 중심 교회의 생사와 관련된 일입니까?

2. 당신의 교회가 드리는 기도가 예수님과의 교제에서 "첫 데이트"적인지(어색하고, 별 감정 없고, 정보 교환적인지), 혹은 "첫 사랑"적인지(쉽고, 친밀하고, 즐거운지) 설명해 보십시오.

3. 임재 중심 교회에서 하고 있는 기도의 3단계를 복습해 보십시오. 여러분의 교회에서 이 모든 것이 운영되고 있는 것을 볼 수 있습니까? 당신의 개인적 기도의 삶에서는 어떻습니까?

4. "진 밖으로" 나간다는 것은 무슨 뜻입니까?

5. 임재 전도란 무엇입니까?

6. 당신의 교회에서는 임재가 식별됩니까? 어떤 증거가 있습니까?

7. 당신은 예수님의 나타나심을 경험한 적이 있습니까? 설명해 보십시오.

제 10 장

임재 중심 목회자

    오늘날의 목회자들이 겪는 압박감은 매우 무겁고, 특히 소비자 중심교회 경제상 더욱 그렇다. 사람들은 그들이 빙 크로스비의 카리스마와 미관을, 빌 게이트가 가진 비전과 발명의 재능을, 빈스 롬바르디의 리더십을, 랜스 암스트롱의 집념과 인내심을, 빌리 그래함의 영적 헌신을 그리고 워드 클리버의 가정생활 등등을 "옆집 아저씨"같이 편안하게 다가 갈 수 있는 사람 안에 전부 뭉뚱그려 넣은 목회자를 기대한다. 소비자 중심 교회 목회자는 마치 충성된 대부대를 몰고 다닐 수 있는 능력에 따라 그 직업의 성패가 좌우되는 정치인과도 같다.

    그러나 임재 중심 교회의 목회자는 다르게 운영된다. 이 교회의 목회자들도 교회를 이끌어나가는데 필요한 모든 자격 조건들과 기술을 잘 적용하지만, 한 가지 진실을 이해하고 있는 사람들이다. 즉, 하나님이 말씀하시는 성공은 자기가 음식상에 무얼 차려 놓느냐는 것하고는 아무 상관도 없다는 것을 이해하고 있는 사람들이다. 성공하는 것은 목회자 자신에 관한 것도 아니고 그의 능력에 따른 것도 아니다. 모두 예수님에 의한 것이다. 영향력 있는 사람들과 대인관계를 유지하는 일에나, 교회의 이 행사에서 저 행사로 바삐 돌아다니거나, 자신에게 중요한 이슈를 위해 홍보하거나, 일요일에 모인 군중들 앞에서 어떻게 하면 화려한 법석을 떨지 시간을 소비하지 않는다. 왜냐하면 정작 성공을 좌우하는 것은 오직 하나, 유일무이하게도 하나님의 임재라는 것을 알기 때문이다.

겸손함

나는 임재 중심 교회 목회자들에게서 뚜렷하게 볼 수 있는 공통적 성향으로 겸손을 꼽는다. 그들에게는 하나님의 것을 알고 이해하고자 하는 건강한 갈증이 있고, 그들의 삶과 교회에는 늘 거하시는 임재에 대한 깊은 사모함이 있다. 모세처럼 하나님과 친밀하지만 하나님이 주시는 복을 한 번이라도 당연히 여기지 않으리만큼 익숙하지도 않다. 초신자와 같이 흥분된 마음으로 일상생활에서 경험하는 하나님의 역사하심과 그 능력을 쉽사리 신기해 한다. 그들은 비판에 느리고, 하나님의 위대하심과 그것과 비례적인 믿음으로 말미암아 믿는 일에는 빠르다.

겸손은 자격의 부재에서 나오는 것이 아니다. 그것은 자랑과 허식과 오만의 부재에서 나온다. 겸손한 사람은 영적으로나 행동에 절제가 있으며 자신에게 돌아올 관심이나 칭찬을 구하지 않는다. 이 책의 앞부분에서, 예수님께서 아버지와 하나임에도 불구하고 이 지상에 계실 적에, 가장 높은 겸손과 아버지께 의탁하는 모습을 몸소 실천하신 것에 대하여 언급을 했었다. 임재 중심 목회자는 이런 수준의 겸손과 의탁을 똑같이 닮아가려고 애를 쓴다.

임재 중심 목회자는 자신과 교회의 약함을 십자가 앞 편에 내 걸어놓아서 예수님의 능력이 그와 교회 안에서 온전해짐이 보이게 한다(고후 12:9). 그는 자신의 장점을 십자가 뒤에 걸어 놓아 십자가의 영광으로 자기의 것이 가려지도록 한다. 겸손이 이 교회의 목회자와 교인들을 그리스도의 몸을 위한 종으로서 타 교회에게 너그럽고, 온당하며, 타교회를 지원하는 일을 하게 한다.

겸손은 성령의 열매이고, 임재 중심 교회는 하나님을 구하기에 갈급하므로 지역 교회의 "ABC"-출석(Attendance), 건물(Buildings), 현금(Cash) 등수 겨루기에서 상위권을 차지하는데 관심이 없다.[1] 그들이 성공적일수록 더욱 겸손해지고 회개하며 더욱 기도에 힘을 기울인다. 그들은 숫자게임에 참가하기를 거부하고 "스스로 세우는" 왕국을 생산해 낼 설계도도 없다. 임재 중심 교회라고 주장하는 교회들은 얄궂게도 대부분이 임재 중심의 교회가 아닌 것을 보게 되었는데 임재 중심의 교회들은 너무 겸손해서 그런 주장조차도 할 수 없기 때문이다.

베트디쉬 목사(Pastor Betterdish)

임재 중심 교회의 목회자는 '인간들의' 가 아니라 하나님의 사람이 되고 싶어 한다. 그는 매일 매일 예수님의 발치에서 시간을 보내며 그의 길과 그의 마음과 그의 영광을 알려고 한다. 그들에게 최고의 보상은 그가 받는 계시들이다. 그는 대부분의 "시무" 시간을 여호와 앞에서 마리아처럼 기다리고, 예배하고, 귀 기울이고, 구하면서 보낸다. 그 결과 그는 하나님으로 각인되어지고, 열정적이게 된다. 그의 사역은 임재가 삶에서 흘러 넘치므로 자신의 타고난 장점이나 노력으로 마련한 자원들을 가지고 사역하지 않는다. 그가 계속해서 예수님이 "제일 좋은 것"이라고 인정하시는 것을 선택하므로 "베트디쉬 목사"라는 별칭으로 부르겠다.(역자주: "Betterdish"-"더 좋은 그릇"을 뜻함.)

베트디쉬 목사는 새 레위인들 간에서 리더이고 그리고 임재 안에서 보내는 시간으로 말미암아 자기를 따르는 사람들을 위한 새롭고 담대한 영적 목자로 세워진다. 그는 임재에 의하여 영적으로 살찌워져가고 그것은 겉으로 나타낸다! 소비자 중심 교회의 동료들이 갈수록 지쳐가고 고갈되어 갈 때 그는 자기 인생의 부르심에 대하여 왕성한 활기를 느낀다. 그가 열성적인 것은 전 교인에게도 명백하고, 교인들은 매주 기름부음 받은 설교에서 뿐만 아니라 전이되는 복을 누리게 된다. 그가 하나님의 마음과 주파수를 잘 맞추고 있고 매주 하나님의 음성을 들으므로 그의 메시지는 감동으로 가득하고 예언적이다.

베트디쉬 목사는 예수님에게서 눈길을 떼지 않으므로, 교회의 시시한 언쟁이나, 장시간 붙잡고 늘어지며 맘대로 휘두르려는 자들로부터 쉽사리 방해 받지 않는다. 감정이나 사람의 의견에 즉각적으로 동요되지 않는다. 그는 사람보다 하나님을 두려워하기 원한다.

그를 인도하는 것은 임재이다. 임재가 움직이면 그도 움직이고 임재가 멈추면 그도 멈춘다. 성령님이 지시하시거나 확인시키지 않으시면 어디로 가자거나 혹은 무슨 결정을 내리자는 것을 거절한다. 그는 하나님이 입혀주신 권위의 의복을 입고 있으며 자신의 삶에 거하시는 임재로부터 임명받는다.

베트디쉬 목사가 개인적인 기도생활에 헌신된 시간을 지키듯이 교회 생활에서는 임재를 지킨다. 그의 가슴은 경배로 기울어져 있고, 예배시간에도 설교보다 경배를 가장 중요한 요소로 친다. 그는 교인들의 개인적 예배가 성장하도록 돌보며 동시에 공동체 예배가 신선하고 살아있도록 지속시키기 위해서는 무엇이라도 하려는 헌신된 마음을 가지고 있다. 그는 방해

요소를 줄이도록 음악 사역자와 기도 담당자와 긴밀히 일하여 사람을 즐겁게 하는 것을 최소화 시키고, 임재를 초대하는 경배의 요소를 최대화 시킨다. 경배나 기도와 상관된 활동이 거룩한 이의 거하심을 창출하는 열쇠라는 것을 알기 때문에 예산, 관심, 시간 등을 쓰는데 있어서 그런 활동들에 우선순위를 준다. 그가 가장 바라는 것은 먼저 하나님을 섬기고 두 번째로 사람을 섬기는 것이며 그런 결과를 가져올 수 있도록 사역을 구성하는 일에 앞장을 선다.

이미 짐작했겠지만, 임재 중심 교회와 임재 중심 목회자는 함께 커나가야만 한다. 둘은 서로가 없어서는 안 되는 존재이다. 임재 중심 교회는 분위기를 정하고, 진의 중앙에 법궤를 설치하고, 그것을 몸소 실천해 모범이 될 베트디쉬 목사를 필요로 한다. 임재 중심 교회가 목회자를 중심으로 해서 세워지는 것은 아니지만, 어디서든지 기관이나 조직의 수많은 일에 리더의 마음이 반영되는 것이다. 임재 중심 목회자는 지도력과 과단성으로 교회 공동체를 이끌면서도, 주인공이 받는 조명 안으로 발을 들이미는 충동은 저항해야하는 특이한 도전과 직면하게 된다. 그는 반드시 무릎

> 그는 반드시
> 무릎을 꿇고,
> 사람이 아니라
> 십자가를 바라보며
> 이끌어야 한다.

을 끊고, 사람이 아니라 십자가를 바라보며 이끌어야 한다. 때때로 임재를 중앙의 위치에 보전하기 위해서는 교인들에게 경계선을 그어 주어야 하고 교정되어야 할 부분을 알도록 해야만 한다. 이런 것은 반드시 하나님께 완전히 순복하고 끊임없이 의사소통을 하고 있어야 제대로 해낼 수 있다.

베트디쉬 목사가 하나님의 사람으로 살아가려면 교인들의 기도와 축복이 있어야 한다. 교회는 담임 목사님에게 갖는 인간적인 기대, 사람을 행복하게 하려는 노력으로부터 자유롭게 해주어야 하며, 정기적으로 일상을 떠날 수 있도록 기꺼이 보내주어야 한다. 그렇게 하는 일은 생각처럼 쉬운 것은 아니다. 교인들은 개인적으로 필요한 것을 돌보고 채워주는 채플린보다는 하나님으로부터 듣는 목자를 더 원해야 한다. 교인들이 이렇게 하나님을 구하도록 격려해 주지 않으면 목회자는 잡다한 일상사에 얽혀서 자꾸 시간을 빼앗기고 힘이 빠지게 된다.

베트디쉬 목사는 자신이 임재 안에 머무르고, 교인들이 하나님을 가장 먼저 섬기도록 이끌어 갈 때, 대부분 전형적인 "사람"의 문제들은 저절로 해결법이 나온다는 것을 알고 있다. 하지만 교인들의 필요도 중요한 것이라는 것을 알고 있어서 주변에 리더들을 세우고 위로와 상담이 필요한 교인들을 섬길 수 있도록 한다. 지난 장에서 우리가 함께 생각해 보았던 강력한 개인기도 사역 팀이라는 훈련된 기도 동역자들이 있기에 베트디쉬 목사는 죄책감 없이 "보좌 구역(throne zone)"에서 시간을 보낼 수 있는 것이다.

모세는 전형적인 임재 중심 목회자로, 이스라엘 백성에게 강하고 흔들림 없었으며 하나님 앞에 겸손하고 뉘우치는 자였다. 아무도 그에게 한 번에 며칠씩이나 산에 머무르는 것에 관하여 질문하지 않았고 자기들의 사적인 일에 개입될 것을 요구하지도 않았다. 그들은 모세가 하나님과 함께 있는 것을 당연히 여겼고, 그 결과 모세는 그들을 위해 중보했고, 하나님의 지시와 인도하심을 가져다주었다.

예수님 조차도 종종 한적한 곳으로 물러나 기도하고 아버지와 교제하셨다(막 1:35-37). 이렇게 조용하게 장시간 동안 구하는 시간에 사역에 필요한 임재가 부어졌다. 그는 아버지의 뜻을 알기 원했고, 그것을 실행할 수 있는 능력과 인내심을 위해 기도드렸다. 그는 사람들에게 하나님을 대표하였고, 하나님 아버지의 마음을 사람들에게 알렸다.

임재로 이끌림

당신은 살면서 누구를 기쁘게 하고 싶은가? 이 질문의 대답은 당신이 누구에게 혹은 무엇에게 통제권을 주었는지 알 수 있게 한다. 당신이 겨냥하고 있는 목표가 직장 상관이면, 당신의 직장이 당신을 지배할 것이다. 무엇보다 배우자를 기쁘게 하기 원한다면, 그 혹은 그녀가 당신에게 통제력을 행사할 것이다. 만일 당신 마음의 간절한 소망이 하나님을 기쁘시게 하는 것이면, 하나님께서 당신의 삶을 다스리실 것이다.

소비자 중심 교회에서 너무도 만연해 있는 통제 문제가 임재 중심 교회에서는 매우 미미한데, 그것은 모든 관심이 사람이 아니라 예수님께로 집중되어 있기 때문이다. 소비자 중심 교회의 주 목적은 모든 방법을 다 동원하여 사람들의 주의를 끌고, 결국 그들이 필요로 하는 것을 채워주어서 떠나지 않게 하고, 가능한 한 많은 소비자들에게서 충성을 얻는 것이다. 의도하지는 않았지만, 사람들을 기쁘게 하려는 마음 때문에 마르다 교회는 교인들에게 통제권을 주게 된다.

그러나 마리아 교회 사람들에게는 교회가 사람 행복 위주로 돌아가지 않기 때문에 권세가 별로 없다. 예수님이 관심의 중심에 계시므로 주님이 다스리시는 것이다. 목회자와 리더십이 회중들의 감정을 존중하기를 원하기는 하나, 그런 것들이 성령님이 인도하시는 빛을 가리도록 허락되지는 않는다. 베트디쉬 목사와 그의 리더 팀들은 임재에 끌

> 마리아 교회 사람들에게는 교회가 사람 행복 위주로 돌아가지 않기 때문에 권세가 별로 없다.

린 자들이고, 사람들은 노를 집어 들고 노질을 할지, 아니면 배에서 내릴지 선택할 수 있다. 만일 이 말이 너무 심하게 들리면, 이스라엘 백성들도 똑같은 선택을 직면해야 했던 것을 기억하라. 그들은 모세의 리더십에 복종하여 행렬 안으로 들어섰거나 아니면 심각한 결말을 맞았다(비자연적인 죽음). 임재에 관한한, 동의 안 할 여지가 거의 없었던 것이다.

이스라엘 백성들이 구름을 따랐듯이, 임재 중심 교회는 끌림을 당하지 이끌고 나가지 않는다. 언제나 법궤, 예수님을 맨 앞에 세우고 그의 이끄심을 따른다. 임재가 그들의 인도자이고 통치자이시다. 모든 리더십의 단계마다 책임을 위주로 조직화된 이 교회는 무엇보다도 임재를 가장 존중하고 귀하게 여긴다. 이것이 의식과 전통보다 뚜렷하게 우선시 되고, 교육, 친교, 가정 사역, 예산, 지역적 위치, 직원 임용, 설교, 예배, 간증, 소그룹, 관리 등 교회에 관한 모든 양상에 전반적인 영향력을 끼친다.

만일 겸손이 임재 중심 목회자들의 특성으로 꼽힌다면, 하나님의 음성을 들을 수 있는 영적 은사가 그들을 구별 짓는 능력이다. 그들은 하나님의 음성 듣는 일을 아주 사랑하고, 이 같은 지향을 그들의 교회에도 불러 일으킨다. 내가 하는 말은 모든 임재 중심 목회자가 반드시 초자연적으로 들을 수 있는 능력을 더 많이 갖고 있다거나 그렇지 않은 우리들보다 낫다는 뜻이 아니다. 그러나 그들이 수많은 시간을 들여 하나님의 마음을 구할 때, 성령님의 세미한 속삭임에 민감해져서 미세한 주파수를 잘 맞춘다는 뜻이다. 가혹할 정도로 임재를 추구하는 열정이 그들의 영적 귀를 또렷하게 세우도록하며 임재가 견인하는 리더로 서게 한다. 예수님이 말씀하셨다. "내 양은 내 음성을 들으며 나는 그들을 알며 그들은 나를 따르느니라"(요 10:27).

베트디쉬 목사는 교회에 관하여 큰 일이나 작은 일 모두에서 하나님의 인도하심을 구한다. 그것은 그들 가운데 거하시는 임재가 모든 생각을 다스리시고 발자국마다 인도하실 것을 바라는 마음에서 나오는 것이다. 그와 리더들은 하나님께 여쭈어본다. "우리 교회에 어떤 계획이 있으십니까? 다음으로, 우리가 어느 쪽으로 가기를 원하십니까?" 그리고 응답을 기다린다. 그들은 임재의 통치하심이 없이 움직이지 않는다.

『교회당회의 변모를 위하여(Transforming Church Boards)』를 저술한 찰스 올슨(Charles Olsen)은 분별력으로 이끄는 것의 어려움을 설명하려고, 고고학자가 이미 있는 것을 발견한 다음 그것을 드러내는 작업을 할 때, 지어내거나 망가뜨리지도 않아야 하는 것으로 비교했다. "성경을 참조하고, 침묵 속에 기다리고, 공동체가 함께 각자의 내면 성찰을 하는 것은 "넓은 문으로 들어가"는 일이 아니다. 효율성 중심으로 일처리 해오던 당회는 안건들을 마음대로 다루는 데 익숙해 있다. 하지만 분별이라는

의제 자체가 통제권을 가지고 있다. 그는 분별을 다음과 같이 정의하고 있다:

> 분별함을 의견일치(consensus)식의 결정 방법과 동일시해서는 안 된다. 분별함은 정치적으로 밟는 절차 과정이 아니다. 분별함은 논증적이고 합리적인 질서를 좇아 연역적으로 불가피한 결론으로 이끌리게 되는 조직적 방법에 관한 것이 아니다. 그것은 길고, 때로는 구불구불 돌아가기도 하는 활동으로 영원의 관점에서 보면 하나님이 무엇을 원하시는지 찾는 것이다.[2]

올슨이 책에 기술한 것은, 공동체가 결정을 내리는 방법에 대하여 실제로 연구한 결과 얻게 된 산물이었다. 그는 대부분의 교회 당회들이 하나님의 뜻을 구하고 분별하는데 별 노력을 들이지 않는 것이 크게 눈에 띌 정도인 것을 발견하였다. 에릭 리드(Eric Reed)는 칼럼에서 다음과 같이 말했다:

> 대부분의 교회 리더십들은 자기들이 하는 것을 하나님께서 인도하고 계신다고 지레 짐작한다. 하지만-교회의 제반사항을 계획하고 실행함에 있어(소비자 중심 사고적) 비즈니스 모델의 영향으로-효율성을 너무도 중시하느라 때로는 회중을 위한 하나님의 계획들을 무시하고 만다.[3]

에베소서 2:10에 "우리는 그의 만드신 바라 그리스도 예수 안에서 선한 일을 위하여 지으심을 받은 자니 이 일은 하나님이 전에 예비하사 우리로 그 가운데서 행하게 하려 하심이니라."하였다. 임재 중심 교회는 하나님을 예배하러 임재 안으로 들어오고, 그렇게 함으로써 하나님이 그들을 부르시도록 그리고, 자기들을 위하여 이미 마련해 놓으신 하나님의 일을 하도록 초대하는 것이다. 자기들이 하는 일이 언제나 하나님이 원하시는 일이라고 미리 짐작하지 않는다.

캔자스 주의 리우드(Leawood)에 있는 부활의 연합 감리교회(United Methodist Church of the Resurrection)의 아담 해밀톤 목사님은 자신의 교회가 임재로 이끌려 나오는 교회이기를 원한다. 그는 다음과 같이 설명한다.

> 나는 매주 설교를 쓰기 전에 의자들이 놓인 성전의 각 부분을 돌아다니며 만진다. 그렇게 하고 나서 앉아 기도한다. "주님 저의 정신과 생각과, 입술과, 손과, 시간을 내려놓고 주님을 만나기 원합니다. 주님이 이번 주에 이 좌석들에 앉을 사람들에게 무슨 말씀을 하시고 싶으신지 제가 알도록 도와주옵소서."
> 또한 그와 리더들은 예배 전에 하나님께서 통제권을 행사해 달라고 그리고 사람들이 염두에서 "없어지게" 해 달라고 아예 직설적으로 기도한다. 그들은 사람들의 일상적인 외출에서도 임재로 인도하는 것에 예민하기를 원한다.[4]

교회의 편안한 테두리 밖으로 나가도록 인도 받는 일은 두려운 일이다. 분별함을 위해 유연성을 갖고 대처하는 일에 목회자들이 종종 어려움을 겪으며, 특히 주류 전통적인 교회에서 더욱 힘들어 한다. 어느 침례교의 한 목사님이 자신이 임재로 이끌리며 겪은 일을 다음에서 말하고 있다:

> 내가 다닌 신학교에서는 설교를 준비할 때 어떻게 하여 30초까지도 어기지 않을지를 배웠다. 졸업 전에 인턴으로 간 곳의 목사님은 내가 있던 내내 예배 전체를 준비하시고 거기에서 60초도 더 넘기지 않는 분이었다. 그 후 내가 부목사로 부임하게 되었을 때 그곳의 담임 목사님은 예배시간을 군대식으로 다루시는 분이었다. 또 다시, 느슨한 것이라곤 전혀 없었다. 나는 무엇을 할지 미리 계획을 세우고 고스란히 그것을 따르도록 훈련 받았다. 방해를 받는 것은 하나님의 방식이 전혀 아니었다.
>
> 그리하여 이곳으로 왔을 때는 당연히 예배 시간의 매 분을 괴로워하며 시간을 고수하는 것을 고심했다. 하지만 성령님께서 내 안에서 일하기 시작하셨고, 어느새 나는 확신을 가지고 직원들과 장로들에게 우리가 성령님께서 특별히 방문하시는 것에 대하여 열린 마음을 가져야 한다고 설득하기 시작했다. 아무도, 나를 포함해서, 처음에는 이런 것에 마음이 편안하지 않았다. 그리고 알다시피 우리는 매우 교과서적인 편이지만, 우리가 일단 [보다 더 큰 유연성으로 전환하게 되자] 매우 강력한 일들이 일어나기 시작했다.

어느 일요일에, 나는 성령님께서 설교를 하지 말도록 인도하신다고 확실히 납득하게 되었다. 이것은 침례교 목사에게는 말도 안 되는 것 아닌가? 하지만 성령님은 우리가 기도 합주를 하도록 나를 강하게 이끄셨다. 여러분이 그 자리에 있었던 제 모습을 한번 보았더라면 어땠을까 싶다. 두 마음이 서로 싸우느라 꼭 정신 분열 병자 같았다. [여기서 이 목사님은 자신의 내부에서 서로 싸우는 두 가지 다른 목소리를 묘사한다.] "설교해야 돼.", "설교 하면 안 돼.", "하나님은 사람들이 말씀을 듣지 못하고 집으로 돌아가는 것을 원치 않으셔.", "오늘 그의 백성들은 그게 필요 없어. 다른 것이 필요해.", "이 교회는 내가 매주 강력한 메시지를 공급하기를 기대하고 있어.", "이 교회는 그들을 하나님을 높이는 그의 길로 이끌도록 나를 고용했어." 등등. 내가 확실히 말하겠다. 그날 아침에 우리는 기도 합주회를 했고, 사람들은 여기 저기, 사방에서 은혜를 받았다. 그 시간 끝에 우리는 강대상 앞으로 부르는 초대를 했는데, 사실 사분의 삼은 이미 좌석 옆줄 바닥이나 앞 계단에 무릎을 꿇고 나와서 그해 전체를 통틀어 그 어느 때보다 더 헌신을 다짐하고 있었기 때문에 참으로 이상한 것이었다. 보통 우리 예배 시간은 75분 정도 하는데, 그날은 거의 두 시간이나 걸렸다.

내가 확실히 말하는데, 그날 아침에 기적들이 일어났고, 만일 내가 세웠던 계획대로만 진행하고 메시지를 설교했더라면 그것들은 일어나지 못했을 것이다. 나는 아주 확실히 – 정말 확고히 – 이런 것이 많은 동료들이 좋아하지 않는 것일지라도 성령님께 주파수를 맞추고 있어야 한다고 믿는다. 나는 사람이 자기방식대로 하지 않고 하나님 방식에 맞출 때 하나님이 하실 수 있는 것을 보아왔다. 그러나 이런 것에는 많은 용기가 필요하고 익숙해져야만 한다.5)

나는 이 이야기를 읽고 그 정식성과 공정함에 진정으로 감사했다. 임재의 능력으로 이끌림에 대하여, 침례교 목사가 급진적으로 전환된 것보다 더 나은 간증이 있겠는가? 나는 이 목회자가 가졌던 내부 갈등과 공감하며 그와 꼭 같은 어려움을 거쳐 지나간 목회자들을 많이 알고 있다. 임재 중심적인 것은 큰 믿음을 요하고 때로는 우리가 받은 훈련이나 수년간 의지해온 방법에 도전을 하기 때문에 쉬운 길은 아니다.

그렇지만 돌아오는 보상은 그 모든 것을 감행할 만한 가치가 있다. 임재로 들어가는 자들은 음성으로 활성화되는 거룩한 안식을 발견하게 된다. 임재 안에서, 우리의 힘든 수고는 사라지며, 밀어붙이는 것을 멈출 수 있고, 더 이상 몰아가지 않는다. 하나님의 안식이 우리를 운반한다. 이것을 워치만 니(Watchman Nee)는 특이하게 표현했다. "기독신앙은 무언가 큰 것을 행함이 아니라, 이미 크게 이루어진 것으로 시작된다(Christianity begins not with a big DO, but with a big DONE). 그러므로 에베소서는 하나님께서, '그리스도 안에서 하늘에 속한 모든 신령한 복을 우리에게 주시되'(1:3)라는 문장으로 시작되고, 우리는 모든 일을 하려고 하는 그 순간에 무엇보다도 먼저 앉는 자리로 초대되었는데 그것은, 우리자신이 계획을 세워, 출발하여, 시도하고, 획득하려 하기보다 하나님이 우리를 위하여 이미 해 놓으신 것을 즐기도록 하기 위한 것이다."[6] 임재가 우리를 이끄시도록 허락해 드릴 때, 그가 우리를 위하여 미리 마련해 놓으신 운명과 따로 예비해 놓으신 복으로 인도하실 것을 앎으로 안식할 수 있다.

거룩한 처소

하나님 안에서 누리는 안식은 하룻밤 새에 오지 않는다. 교회가 임재 중심적으로 되는 것도 하룻밤에 이뤄지지 않는다. 그것은 인내를 요하는 과정이요 평생토록 가는 여정이다. 어느 곳에 거하시겠다는 하나님의 결정은 어느 정도 그분의 주권에 달려있어서, 우리가 어떤 공식에 의해 조정할 수 있는 일이 아니다. 그러나 꾸준한 구함과 임재를 경험하는 것과 하나님의 미소가 결국 성령이 거할 곳을 정하는 거룩한 처소를 만들어내게 된다. 하나님은 그분을 갈급해 하는 자에게, 절망적일 때나 필요 때문에 구하는 것이 아니라, 단지 그분이 존귀해서 오늘 그리고 또 내일, 이번 주에, 그리고 다음 주에도, 한 해가 가고 또 그 다음 해에도 구하는 자에게는 풍성히 보상한다.

> 오늘도 그리고
> 또 내일도,
> 이번 주에도, 그리고
> 또 다음 주에도,
> 한 해가 가고
> 또 그다음 해에도
> 단지 그분이 존귀해서
> 구하는 자에게는
> 풍성히 보상한다.

임재가 우리 가운데 사시기 시작하면, 내가 "임재 정신"이라고 부르는 것-하나님의 영향과 총애가 우리의 정신을 다스리게 된다. 우리의 사고가 하나님이 통제하시는 요새가 된다. 하나님이 인간사와 우리 생각의 심사숙고하는 곳에 발판을 가지시게 된다. 리더들에게 하나님의 권위가 머무르고, 그 결과 우리들은 그분이 늘 곁에 계시는 특은과 즐거움 안에 있게 된다. 그분 안에서 평강을 누리기 때문에 우리가 통제하지 않아도 되게 되는 것이다.

거룩한 처소 안에서는 공급과 보호와 기쁨과 교화와 능력의 출처가 예수님이시다. 교회 안의 모든 면에서 사람보다는 예수님이 더 많은 것을 다루신다. 그의 손이 원동력의 바퀴를 돌리시고 왕국 열매들을 생산하시고, 우리는 그런 것에 참여하고 즐기는 특권을 가진다. 거룩한 처소로 말미암아 하나님이 꾸준히 운행하시는 것이 현상으로 나타나는 것을 우리 눈이 보게 되면 우리의 정신은 거룩한 요새(divine strongholds)가 된다.

주목할 만한 열매나 강력한 지역적 부흥, 역동적인 도시의 변환을 꾸준히 생산하는 교회들이나 사역들, 혹은 개인들은 모두 임재를 믿는 무리들의 굶주림으로 초대되어 그것을 꽉 붙잡고 놓치지 않은 것의 결과로 생긴 일이다. 그렇기 때문에 임재 중심 교회는 그가 속한 지역이나 도시, 심지어는 국가에서 변화의 촉매로 부상하게 되는 것이다. 그 집단이 굳이 크거나 유명하지는 않지만, 거기가 하나님이 머무르시는 곳이고 영적 활동의 중심지이다.

임재 중심이 교회 안에 거룩한 요새를 세운다면, 소비자 중심은 교회의 영향력을 서서히 해치는 세속적 요새(carnal stronholds)를 성장시키는데 공헌을 하는 것이다. 원수가 우리로 하여금 누가 부엌에서 무슨 일을 할 지 말다툼을 하게 하거나, 건축을 위한 결정이나 기금모금이라는 소용돌이에 빠져서 정신이 팔려 있게만 할 수 있으면 하나님의 지상 명령에 대한 득점표에 대해 신경 쓸 필요가 없어진다. 사람이 통제권을 쥐고 있으면, 예수님은 갖고 있지 않으시고, 마귀는 그런 것을 좋아한다. 소비자 중심교회는 득이 별로 없는데도 사람 중심의 바쁨(busy-ness)으로 돌아치느라 생산하는 것이 있는 것 같은 착각을 준다. 진정으로 필요한 것은 한 가지뿐인데 우리는 많은 일을 근심하며 정신을 빼앗기는 것이다.

사도행전은 그저 그리스도인 교회가 어떻게 태어났고 초대

교회가 어떻게 번져 나갔는지 역사적인 사건들을 기록한 책이 아니다. 그것은 교회가 거룩한 처소로 어떻게 기능할 지 그리고 예수님이 뚜렷하고 복잡하지 않은 이미지로 나타나실 때 교회가 얼마나 기하급수적으로 성장할 수 있는지를 예로써 실증하는 책이다. 당시 그들이 속했던 문화권 기준으로 별 감동을 주지 못했던 한 무리, 그 제자들은 물질적인 자원도 없었고 이미지도 구차했다. 그들은 교육 받은 자들이 아니었고 예의가 바른 자들도 아니었다. 그들은 목적 선언문도 없었고 정치적 인맥도 없었다.

하지만 그런 모든 것들이 상관없었는데 그 이유는 그들을 통하여 선포된 하나님 메시지의 강력한 능력 뒤에 그들의 성품이 가려져 있었기 때문이다. 교회는 은혜와 진리와 사랑 가운데 성장했다. 그리고 숫자는, 그들이 예수님을 선포하고 사람들에게 그 이름으로 개별적으로 사역했을 때 수백, 수천 명씩 늘어났다. "주의 손이 그들과 함께했고, 많은 무리가 믿고 주께로 돌아왔다"(행 11:21). 그들은 임재에 사로잡혔고(행 2:4), 임재로 충전되었고(행 4:33), 임재의 이끄심으로 나아갔다(행 8:4).

제자들은 분명 월급이나 은퇴 연금 혜택 때문에 자기들의 생을 헌신하지 않았다. 그들은 적은 것을 소유했고 대부분이 순교했다. 그 시절에는 누구도 자기 이름을 본 따서 교회를 명명하지도 않았고 기념패를 만들어 주지도 않았다. 그들로 인해 감동되었던 인생들과, 영원으로 초대된 영혼들과, 세상 끝날까지 계속하여 이어질 엄청나게 큰 전 세계적 영향으로 인하여 그들은 분명 놀라운 상급을 하늘에서 받을 것이다. 레위인들도 그랬지만, 하나님이 그들의 상급이다. 하나님의 임재가 그들과 함께 걸으시고, 이야기 나누시고, 웃고, 생활하는 것이 죽음까지라도 불사하는 열정을 지속시키기에 충분했던 것이다.

요점 정리

마지막 네가지 특성을 보태면서 임재 중심 교회 도표가 완성되었습니다:

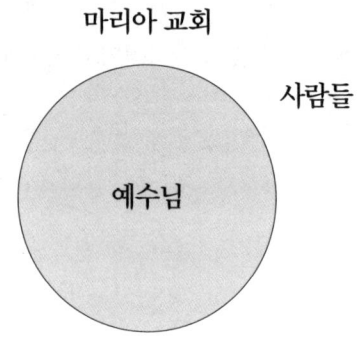

임재 중심 교회

1. 레위적 예배
2. 첫사랑 기도
3. 긍휼
4. 임재 전도
5. 예수님의 나타나심
6. 베트디쉬 목사
7. 겸손
8. 임재가 이끄는 리더십
9. 거룩한 처소

토의 질문

1. 당신이 보기에 자랑스러워할 만한 이유(힘, 권위, 재능, 영향력)가 있음에도 겸손한 사람을 생각해낼 수 있습니까? 그들을 묘사해 보십시오.

2. 무엇 때문에 겸손이 임재 중심 교회에서 지극히 중요한 특성입니까? 적어도 세 가지를 말해 보십시오.

3. 심부름꾼 목회자와 베트디쉬 목사를 비교하고 대조해 보십시오. 서로 가장 비슷한 점은 무엇입니까? 무엇이 서로 가장 다릅니까?

4. 무엇 때문에 임재 중심 교회와 임재 중심 목회자가 반드시 "함께 성장"해 나가야만 합니까?

5. 베드로와 바울과 몇몇 다른 제자들이 이번 주일날 당신의 교회를 방문한다면, 그분들이 오찬을 나누며 어떤 이야기들을 할 것 같습니까?

6. 거룩한 처소나 거룩한 요새의 예로 인용할 수 있는 것들을 알고 있습니까? 왜 당신은 그것들이 그런 범주에 속한다고 생각하는지 설명해 보십시오.

7. 당신이 한 개인으로서 당신의 교회를 더욱 임재 중심적이 되도록 할 수 있는 것은 어떤 것입니까?

에필로그

주께 낭비해 버리라

　신약에서 마르다와 마리아 자매는, 각자 성품에 걸맞은 모습으로, 세 번째이며 마지막으로 등장한다. 예수님께서 죽었던 나사로를 살려내신지 얼마 안 되어, 십자가 형벌이 목전에 닥친 유월절을 불과 며칠 앞두고 모두 베다니에 모인다. 마태와 마가의 복음에서 모두 나병환자 시몬이라고 부르는 사람의 집에서 예수님을 접대하는 저녁 잔치상이 차려진다.
　요한복음 12:1-8(또한 마 26:6-13과 막 14:3-9을 보라)에서 우리가 읽게 되는 장면에는 극적 풍자가 가득한데, 우리는 이미 예수님께서 돌아가실 때가 임박했음을 알지만, 예수님 말고 다른 사람은 아무도 그것을 모르고 있기 때문이다. 이때 예수님 옆에 있는 사람들, 그의 친한 친구들과 제자들은 자기들이 하나님의 우주적 구원 계획에서 한 역할을 맡고 있는 자들이었지만, 역사상 가장 중요하고 극적인 한 시점에 와 있다는 사실을 모르고 있었다. 하지만 각자 필요한 결말을 향하여 가는 단계마다 맡은 몫을 충실히 해내고 있었고, 그것으로 다음 단계가 펼쳐지게 된다.

독자인 우리는 마르다가 손님 대접하는 것을 보게 된다. 진정 마르다답다. 남의 집에 가서도 자기가 가장 잘하는 것-손님을 환대하는 여주인으로 행사의 구석구석을 돌보는 일을 하고 있었다. 그 반면에 마리아는 마리아가 제일 잘하는 것-예수님께 자기의 애정을 보이고 헌신하는 것을 하고 있었다.

성경은 그들이 식사를 마치고 아직도 저녁상 주변에 앉아있을 때 마리아가 매우 비싼 향유를 들고 나와서, "예수의 발에 붓고 자기 머리털로 그의 발을 닦았다"(요 12:3)고 이야기한다. 그것은 두 가지 이유로 스캔들 거리였다. 첫째, 그 향유는 약 일년 치 월급에 해당하는 엄청난 금액에 상당하는 것으로, 그 무리의 경제적 상황에서 말썽의 소지가 되었다. 재무를 담당 했던 유다나 여러 명의 제자들이 그토록 귀한 물질을 낭비해 버린 것에 분노를 금치 못했다. 그들은 마리아에게, "어찌하여 이 향유를 팔아서 가난한 자들에게 주지 아니하였느냐?"고 따지며 꾸짖었다. 그 말은 그렇게 해야만 이 무리가 여태껏 해온 사역의 방향과 일치한다는 것이었다.

특히 유다가 마리아의 낭비성 행위가 시사하는 중대성을 깔보았는데, 그의 말과 행동이 드러냈듯이, 그는 정말 예수님이 누구신지 개념조차 없었던 것이다. 요한은 성경을 기록할 때 뒤돌아보며 깨달은 자기의 생각을 우리에게도 알려주는데, 유다가 예수님을 팔아넘겼을 뿐 아니라 돈궤를 맡고 거기 넣는 것을 훔쳐

갔던 자라고 했다. 마리아의 지나친 사랑의 행위가 그의 인정을 받지 못한 것은 전혀 이상한 일이 아니다.

마리아의 행동을 본 사람들이 못마땅했던 또 한 가지 이유는, 머리를 대중 앞에서 풀어헤친 것, 특히 남정네들 한 가운데서 그런 것은 방정한 여자의 행실이 아니었기 때문이었다. 여자의 긴 머리칼은 자랑거리였지만, 남의 눈이 없는 장소 말고는 언제나 묶던지 틀어 올려야 했다. 윤락녀나 헤픈 여자가 아닌데 손님들 식탁 앞에서 머리를 풀지는 않는 것이다.

그렇지만 마리아는 예수님에 관해서만은 사회적 관습이나 남의 손가락질에 상관하지 않았다. 그녀가 가슴속에 간직한 그를 향한 특별한 사랑과 끌림은 다른 어떤 것보다 강렬했다. 그녀에게는 유별난 예배에 대한 예수님의 승낙과 인정만이 중요했다. 예수님은 전에도 그러셨듯이, 그녀를 방어해 주셨는데, 그것은 누구도 해 본적 없고, 아무도 상상할 수 없는 방법이었으며, 마리아 자신조차도 몰랐던 방법으로 예수님께 경배를 드렸기 때문이었다.

예수님께 대한 마리아의 영적 인식은 신임 받았던 제자들 사이에서도 볼 수 없었던 것이었다. 벌어진 일에 대한 제자들의 반응 때문에도 그녀의 행위는 돋보인다. 삼년 간이나 함께 생활하고 여행하며, 가까이에서 구세주를 모셨던 측근에 속하는 자들이 예수님의 신성에 대하여 마리아가 이해하는 정도의 근처에도 못 미쳤던 것이다. 그녀는 예수님을 "알았고" 그런 계시의 심각성이 예수님을 볼 때마다 그 발아래로 가게끔 했던 것이다.

아, 우리 모두가 마리아처럼, 긍지와 자의식 없이 예수님께 예배할 수만 있다면 얼마나 좋을까! 로버트 스턴즈는, 마지막 때 레위 군단이 소생하는 이 시대에 우리가 다음과 같을 것이라고 믿고 있다.

> 마리아의 마음이 쏟아져 나오고 우리는 그분의 발치에 앉아 불꽃같은 눈동자를 뚫어지게 응시할 줄 알게 될 것이다. 우리를 불태워 없애시고, 우리의 모든 것이 되실 것이다. 옥합처럼 우리의 삶을 담고 있는 것은 주저없이 깨어지고 향유와도 같은 우리의 생명을 그분께 쏟아 부어서 그 향기가 대기를 채울 것이다. 사역보다 임재가 귀한 취급을 받을 것이다. 깨어짐이 생산성보다, 정복보다 친밀함이.[1]

마리아처럼 임재 중심 교회는 예수님을 완전히 다른 수준에서 "알게" 될 것이다. 그 교회는 임재로 말미암아 자신들 가운데 나타나시는 것들에 너무나 압도되어, 기회가 될 때마다 그의 발 앞에 무너져 내리며 예배할 수밖에 없을 것이다. 그들은 예수님과 특이한 사랑을 나눈다. 경비가 얼마나 드는지 계산하지 않고 사랑과 경배를 아낌없이 쏟아 붓고, 세인의 이목에 신경을 쓰지도 않는다. 그 사랑의 정도가 지나쳐서 예수님을 섬기는데 모든 자원을 써버린다. 그 대신 예수님이 임재 중심 교회를 방어해 주시고 총애와 복을 내려 주신다. 이것이 특별한 이유는 이 교회가 예수님만이 이해하시는 방식으로 그분을 섬기기 때문이다.

교회라는 존재가 세상을 구속하시는 하나님의 우주적 계획에서 어떤 역할을 담당하고 있는지 우리는 모른다. 예수님이 지상에 계셨던 마지막 시간에 함께 있었던 자들같이 우리도 자신이 행하는 것의 중대성을 알 수 없다. 하지만 만약에 안다면? 만일, 우리가 무대에서 내려와 관람석에 앉아서 우리 자신이 무엇에 공헌을 하고 있는지 볼 수 있다면, 그리고 이야기가 어떻게 끝나는지 온전히 그리고 세세히 안다면 말이다. 그분이 누구신지 실제로 보게 된다면 우리자신을 기꺼이 바쳐서 사랑을 쏟아 붓는 예배에 몰두하겠는가? 그분께 노래를 불러드리겠는가?

당신 발에 부은 향유처럼
당신이 마실 포도주처럼
가슴에서 솟구치는 물처럼
내 사랑 퍼 부으리
찬양이 향유라면
아낌없이 다 바치리
한 방울도 남김없이
내 사랑 다 쏟으리[2]

이야기가 어떻게 막을 내리는지 읽어 보라―기독신앙은 하늘과 땅을 뒤덮는 위대하고 강렬한 예배를 드리는 것으로 대단원의 클라이맥스에 도달한다. 모두가 그분을 예배할 것이고 한 번도 경험하지 못했던 만남과 맞닥뜨리게 될 것이다. 왕들, 유명인사들, 외교관들, 장군들이 영광의 주님 앞에 얼굴을 땅에 대고 엎드릴 것이다. 인생의 모든 고난과 문제들, 즐거움과 업적들은 예수 그리스도가 비추는 영광의 광휘 앞에서 녹아내려 없어질 것이다. 그분은 존귀하시다 – 당신 전부를 그분께 낭비해 버리라.

주 석

서문
1. A. W. Tozer, The Pursuit of God(Camp Hill, PA: Christian Publications Inc., 1993) 67.

제2장 소비자 중심 교회
1. Elmer Towns, An Inside Look at Ten of Today's Most Innovative Churches, (Ventura, CA: Regal Books, 1990) 196.
2. Sally Morgenthaler, Worship Evangelism (Grand Rapids, MI: Zondervan Publishing House, 1999) 20.
3. William Easum and Thomas Bandy, Growing Spiritual Redwoods (Nashville, TN: Abingdon Press, 1997) 96.
4. George Barna, The Second Coming of the Church (Nashville, TN: Word Publishing, 1998) 72.
5. Dan Scott, The Emerging American Church (Anderson IN: Bristol Books, 1993) 18-19.
6. Barna, 69.
7. Barna Research Group Online, "New Book Describes the State of the Church in 2002," Barna Updates, June 4 2002.
8. Barna Research Group Online, "America's Faith is Changing-But Beneath the Surface," Barna Updates, March 18, 2003.
9. William Chadwick, Stealing Sheep (Downers Grove, IL: InterVarsity Press, 2001) 20.
10. Ibid., 23.
11. Ibid., 30.
12. Morgenthaler, 135-137.
13. Ibid., 36.
14. A. A. Milne, "Sneezles," Now We Are Six, (New York: E. P Dutton & Company, 1955) 16.

제4장 임재

1. Walter L. Walker, Extraordinary Encounters with God (Ann Arbor, MI: Servant Publications, 1997) 70.
2. The American Heritage Dictionary of the English Language, Fourth Edition (Boston, MA: Houghton Mifflin Company, 2000).
3. Frank Damazio, The Gate Church (Portland OR: City Bible Publishing, 2000) 108.
4. Philip Yancey, The Bible Jesus Read (Grand Rapids, MI: Zondervan Publishing House, 1999).

제5장 언약궤

1. James Strong, The Tabernacle of Israel (Grand Rapids, MI: Kregel Publications, 1987) 145.
2. Rudolph Otto, The Idea of the Holy (Oxford University Press, 1950) 12-13.
3. R.C. Sproul, The Fearful Mystery (Wheaton, IL: Tyndale House Publishers, 1985) 60-61.
4. Philip Yancey; The Jesus I Never Knew (Grand Rapids, MI: Zondervan Publishing House, 1995) 36.

제6장 예수님-새로운 언약궤

1. Sally Morgenthaler, Worship Evangelism (Grand Rapids, MI: Zondervan Publishing House, 1999) 103.
2. Philip Yancey, The Jesus I Never Knew (Grand Rapids, MI: Zondervan Publishing House, 1995) 36.

제7장 임재 중심 예배

1. Dick Eastman, Pathways of Delight (Ventura, CA: Regal Books, 2002) 166-167.
2. David Watson, I Believe in the Church (Grand Rapids, MI: William B. Eerdmans Publishing Company, 1978) 179.
3. Jack Hayford, "Getting to the Heart of Worship," Ministries Today, (Sept. / Oct 2003) 68.

4. Kevin Conner, The Temple of Solomon (Portland, OR: City Bible Publishing, 1988) 189.
5. Terry Teykl, Making Room to Pray (Muncie, IN: Prayer Point Press, 1993).
6. Mike Bickle, The Pleasure of Loving Gad (Lake Mary, FL: Creation House, 2000) 174.
7. Matt Redman, The Unquenchable Worshipper (Ventura, CA: Regal Books, 2001) 102-104.
8. Brian Doerksen, "Leading Worship in Weakness," Worship Update, a quarterly publication of "Touching the Father's Heart," Vineyard Music Group, vol. 3, no. 3 (Spring 1989).
9. Ron Kenoly and Dick Bernal, Lifting Him Up (Orlando, FL: Creation House, 1995) 23.
10. Robert Stearnes, Prepare the Way: (Lake Mary; FL: Creation House, 1999) 7.
11. George Barna, The Habits of Highly Effective Churches: (Ventura, CA: Regal Books, 1999) 109.
12. Sally Morgenthaler, Worship Evangelism (Grand Rapids, MI: Zondervan Publishing House, 1999) 23.
13. Hayford, 68.
14. Randy Harvey, senior pastor and worship leader The Crossing Church, The Woodlands, TX, personal interview Oct. 9, 2003)
15. Joseph Garlington, Worship: The Pattern of Things in Heaven (Shippensburg, PA: Destiny Image Publishers, Inc., 1997) 129.
16. "Meet With Me," words and music by Ross King, from the CD The Spirit Moves, produced by Breakaway Ministries, College Station, TX, 2000.

제8장 새로운 레위군단

1. Alfred Edersheim, The Temple (Peabody, MA: Hendrickson Publishers, 1994) 111.
2. George Barna, The Habits of Highly Effective Churches: (Ventura, CA: Regal Books, 1999) 95.

3. John Piper, Let the Nations Be Glad (Grand Rapids, MI: Baker Book House, 1993) 11.
4. Robert Stearnes, Prepare the Way (Lake Mary, FL: Creation House, 1999) 165.
5. Tommy Tenney, God Chasers: (Shippensburg, PA: Destiny Image Publishers, Inc., 1998).
6. John Wimber, "Worship: Intimacy with God," Equipping the Saints, (Jan/Feb 1987, vol. 1 no. 1) 4.
7. Charles Trombley, Praise (Indianola, IA: Fountain Press, Inc., 1978) 19-38.
8. Matt Redman, The Unquenchable Worshipper (Ventura, CA: Regal Books, 2001) 51.
9. William Temple, Readings in St. John's Gospel (Macmillan, 1939) 68.

제9장 임재 중심 교회

1. C. S. Lewis, Reflections on the Psalms (Fontana, 1961) 80.
2. Terry Teykl, Acts 29 (Muncie, IN: Prayer Point Press, 1999).
3. George Barna, The Habits of Highly Effective Churches: (Ventura, CA: Regal Books, 1999) 104.
4. Steve Hawthorne and Graham Kendrick, Prayerwalking (Orlando, FL: Creation House, 1993) 135-136.
5. E. Stanley Jones, "How to Pray," The Christian Advocate, 1945.
6. Terry Teykl, Outside the Camp (Muncie, IN: Prayer Point Press, 2001) 13-14.
7. Oswald Chambers, My Utmost For His Highest (New York: Dodd, Mead & Company, 1935) 22.
8. Ed Silvoso, Prayer Evangelism (Ventura, CA: Regal Books, 2000).
9. David Garrett, Global Worship Report I, from the AD2000 Worship and Arts Network, (January 1999, no. 8).
10. Steve Macchia, Becoming a Healthy Church quoted by Leith Anderson, "7 Ways to Rate Your Church," Leadership Journal(Winter 1999) 37.

11. Tommy Tenney, God Chasers: (Shippensburg, PA: Destiny Image Publishers, Inc., 1998) 13.
12. Jim Cymbala, Fresh Wind, Fresh Fire (Grand Rapids, MI; Zondervan Publishing House, 1997) 124.
13. Robert Stearnes, Prepare the Way (Lake Mary, FL: Creation House. 1999) 7.
14. Ibid., 7.

제10장 임재 중심 목회자

1. Jim Cymbala, Fresh Wind, Fresh Fire (Grand Rapids, MI; Zondervan Publishing House, 1997) 121.
2. Charles Olsen, Transforming Church Boards: (Alban, 1995) quoted by Eric Reed, "Ask the 'God' Questions," Leadership Journal, (Fall 2001) 44.
3. Eric Reed, "Ask the 'God' Questions," Leadership Journal, (Fall 2001) 44.
4. Adam Hamilton, "Rehearsing the Covenant," Leadership Journal, (Fall 2001) 42.
5. Unnamed Baptist pastor quoted by George Barna, The Habits of Highly Effective Churches: (Ventura, CA: Regal Books, 1999) 107-109.
6. Watchman Nee, Sit, Walk, Stand (Fort Washington, PA: Christian Literature Crusade, 1962) 12.

에필로그 : 주께 낭비해 버리라

1. Robert Stearnes, Prepare the Way (Lake Mary, FL: Creation House. 1999) 166.
2. "Pour My Love," words and music by Philips, Craig and Dean, from the CD Let My Words be Few, Sparrow Records, 2001.

믿음의 말씀사 출판물

믿음의말씀사에서 발행되는 모든 도서는 본사에서 직영판매하며, 본사 대표전화 또는 홈페이지를 통해서 구입이 가능합니다.
구입문의 : 031-8005-5483 / 5493   http://faithbook.kr

케네스 해긴의 「믿음 도서관」 책들   케네스 해긴 지음·김진호 옮김

- 믿는 자의 권세 (생애기념판) | 양장본 신국판 264p / 값 13,000원
- 당신이 알아야 하는 신유에 관한 일곱 가지 원리 | 국판 112p / 값 5,000원
- 기도의 기술 | 국판 208p / 값 7,000원
- 인간의 세 가지 본성 (증보판) | 국판 128p / 값 5,500원
- 어떻게 하나님의 영으로 인도받을 수 있는가? (생애기념판) | 국판 272p / 값 10,000원
- 믿음의 계단 | 국판 240p / 값 8,500원
- 마이더스 터치 | 국판 272p / 값 10,000원
- 당신을 향한 하나님의 계획 | 국판 256p / 값 8,500원
- 하나님 가족의 특권 | 국판 176p / 값 6,500원
- 나는 환상을 믿습니다 | 국판 208p / 값 7,000원
- 하나님의 계획과 목적과 추구 | 국판 224p / 값 8,000원
- 역사하는 기도 | 국판 256p / 값 9,000원
- 병을 고치는 하나님의 말씀 | 국판 184p / 값 7,000원
- 영적 성장 | 국판 192p / 값 7,000원
- 치유의 기름부음 | 국판 336p / 값 10,000원
- 크게 성장하는 믿음 | 국판 160p / 값 6,000원
- 신선한 기름부음 | 국판 176p / 값 7,000원
- 예수 열린 문 | 국판 216p / 값 8,000원
- 믿음이란 무엇인가 | 국판 64p / 값 2,500원
- 진짜 믿음 | 국판 56p / 값 2,000원
- 기름부음의 이해 | 국판 256p / 값 9,000원
- 그리스도께서 지금 하고 계시는 일 | 국판 64p / 값 2,500원
- 승리하는 교회 | 신국판 496p / 값 15,000원
- 믿음의 양식 | 국판 384p / 값 13,000원
- 조에 | 국판 96p / 값 4,000원
- 그리스도의 선물 | 신국판 368p / 값 12,000원
- 믿음이 흔들리고 패배한 것 같을 때 승리를 얻는 법 | 신국판 160p / 값 7,000원
- 충분하고도 넘치는 하나님 엘 샤다이 | 국판 64p / 값 2,500원
- 하나님의 말씀 : 모든 것을 고치는 치료제 | 국판 72p / 값 3,000원
- 믿음의 선한 싸움을 싸우는 법 | 국판 200p / 값 7,000원
- 내주하시는 성령 임하시는 성령 | 국판 256p / 값 9,000원
- 방언 | 신국판 384p / 값 12,000원
- 재정적인 번영에 대한 성경적 열쇠들 | 국판 240p / 값 9,000원

- 금식에 관한 상식 | 국판 64p / 값 2,500원
- 가족을 섬기는 법 | 국판 72p / 값 3,000원
- 여성에 관한 질문들 | 국판 112p / 값 5,000원
- 그리스도 안에서 | 문고판 48p / 값 1,000원
- 새로운 탄생 | 문고판 48p / 값 1,000원
- 방언기도의 능력을 풀어 놓으라 | 문고판 64p / 값 1,200원
- 재정 분야의 순종 | 문고판 48p / 값 1,000원
- 말 | 문고판 64p / 값 1,200원
- 나는 지옥에 갔다 왔습니다 | 문고판 48p / 값 1,000원
- 하나님의 처방약 | 문고판 48p / 값 1,000원
- 더 좋은 언약 | 문고판 48p / 값 1,000원
- 옳은 사고방식 틀린 사고방식 | 문고판 64p / 값 1,200원
- 속량 - 가난, 질병, 영적 죽음에서 값 주고 되사다 | 문고판 64p / 값 1,200원
- 예수의 보배로운 피 | 문고판 48p / 값 1,000원
- 하나님을 탓하지 마십시오 | 문고판 48p / 값 1,000원
- 네 주장을 변론하라 | 문고판 48p / 값 1,000원
- 셀 모임에서 성령인도 받기 | 문고판 48p / 값 1,000원
- 네 염려를 주께 맡겨라 | 문고판 80p / 값 2,000원
- 성령을 받는 성경적인 방법 | 문고판 64p / 값 1,200원
- 안수 | 문고판 48p / 값 1,000원
- 치유를 유지하는 법 | 문고판 48p / 값 1,000원
- 사랑은 결코 실패하지 않습니다 | 문고판 48p / 값 1,000원
- 예언을 분별하는 일곱 단계 | 문고판 80p / 값 2,000원
- 절망적인 상황을 반전시키기 | 문고판 80p / 값 2,000원
- 당신의 믿음을 풀어 놓는 법 | 문고판 80p / 값 2,000원
- 하나님의 영광 | 문고판 64p / 값 1,200원
- 하나님께서 내게 가르쳐 주신 형통의 계시 | 문고판 48p / 값 1,000원
- 왜 능력 아래 쓰러지는가? | 문고판 48p / 값 1,000원

기타 「믿음의 말씀」 설교자의 책들

- 성령의 삶 능력의 삶 | 데이브 로버슨 지음 · 김진호 옮김 | 신국판 480p / 값 13,000원
- 왕과 제사장 | 김진호 지음 | 국판 136p / 값 6,500원
- 새로운 피조물의 실재 | 김진호 지음 | 국판 256p / 값 9,000원
- 믿음의 반석 | 최순애 지음 | 국판 352p / 값 12,000원
- 새 언약의 기도 | 최순애 지음 | 신국판 192p / 값 8,000원
- 위글스워스 : 하나님과 함께 동행했던 사람 | 조지 스토몬트 지음 · 김진호 옮김 | 국판 192p / 값 7,000원
- 위글스워스 : 하나님의 능력으로 불타오른 삶 | 윌리엄 하킹 지음 · 김진호 옮김 | 국판 104p / 값 5,000원
- 승리하는 믿음 | 스미스 위글스워스 지음 · 김진호 옮김 | 46판 112p / 값 4,000원
- 스미스 위글스워스의 천국 | 스미스 위글스워스 지음 · 박미가 옮김 | 신국판 320p / 값 11,000원
- 스미스 위글스워스의 매일묵상 | 스미스 위글스워스 지음 · 박미가 옮김 | 신국판 600p / 값 20,000원
- 위글스워스는 이렇게 했다 | 피터 J. 매든 지음 · 박미가 옮김 | 국판 272p / 값 9,000원

- 스미스 위글스워스의 능력의 비밀 | 피터 J. 매든 지음 · 박미가 옮김 / 국판 200p / 값 7,000원
- 행동하는 신자들 | T. L. 오스본 지음 · 김진호 옮김 / 46판 112p / 값 4,000원
- 기적 - 하나님 사랑의 증거 | T.L. 오스본 지음 · 김진호 옮김 / 46판 144p / 값 4,500원
- 새롭게 시작하는 기적 인생 | T.L. 오스본 / 라도나 오스본 지음 · 박미가 옮김 / 46판 288p / 값 8,000원
- 좋은 인생 | T. L. 오스본 지음 · 박미가 옮김 / 신국판 416p / 값 13,000원
- 성경적인 치유 | T. L. 오스본 지음 · 김진호 옮김 / 국판 272p / 값 10,000원
- 능력으로 역사하는 메시지 | T.L. 오스본 지음 · 김주성 옮김 / 신국판 368p / 값 12,000원
- 100개의 신유 진리 | T.L. 오스본 지음 · 김진호 옮김 / 문고판 48p / 값 1,000원
- 하나님의 큰 그림 | 라도나 C. 오스본 지음 · 문지숙 옮김 / 46판 160p / 값 5,500원
- 믿음의 말씀 고백 기도집 | 잔 오스틴 지음 · 김진호 옮김 / 46판 160p
- 하나님의 사랑의 흐름 | 잔 오스틴 지음 · 김진호 옮김 / 46판 48p
- 견고한 진 무너뜨리기 | 잔 오스틴 지음 · 김진호 옮김 / 46판 48p
- 초자연적인 흐름을 따르는 법 | 잔 오스틴 지음 · 김진호 옮김 / 46판 96p
- 당신의 운명을 바꿀 수 있습니다 | 잔 오스틴 지음 · 김진호 옮김 / 46판 96p
- 복을 취하는 법 | R.R.쏘아레스 지음 · 김진호 옮김 / 국판 128p / 값 5,500원
- 주는 자에게 복이 되는 선물 | R.R.쏘아레스 지음 · 김병수 옮김 / 국판 160p / 값 6,000원
- 믿음으로 사는 삶 | 코넬리아 나훔 지음 · 신현호 옮김 · 김진호 추천 / 46판 176p / 값 6,000원
- 그리스도 안에 있는 나를 인정하기 | 마크 행킨스 지음 · 김진호 옮김 / 문고판 48p / 값 1,000원
- 여기서 머물지 말라 | 크리스 오야킬로메 지음 · 김진호 옮김 / 46판 72p / 값 2,500원
- 방언기도학교 31일 | 크리스/애니타 오야킬로메 지음 · 이종훈/김인자 옮김 / 46판 80p / 값 2,500원
- 이제 당신이 거듭났으니 | 크리스 오야킬로메 지음 · 김진호 옮김 / 문고판 64p / 값 1,500원
- 당신의 인생을 재창조하라 | 크리스 오야킬로메 지음 · Paula Kim 옮김 / 국판 48p / 값 2,000원
- 이 마차에 함께 타라 | 크리스 오야킬로메 지음 · Paula Kim 옮김 / 국판 128p / 값 5,000원
- 그리스도 안에 있는 당신의 권리 | 크리스 오야킬로메 지음 · Paula Kim 옮김 / 국판 64p / 값 2,500원
- 당신의 차유를 유지하기 | 크리스 오야킬로메 지음 · Paula Kim 옮김 / 문고판 24p / 값 500원
- 성령님과 당신 | 크리스 오야킬로메 지음 · Paula Kim 옮김 / 국판 64p / 값 2,500원
- 방언의 능력 | 크리스 오야킬로메 지음 · Paula Kim 옮김 / 문고판 48p / 값 1,000원
- 성령님이 당신 안에서 행하실 일곱 가지 | 크리스 오야킬로메 지음 · Paula Kim 옮김 / 국판 80p / 값 3,500원
- 성령님이 당신을 위해 행하실 일곱 가지 | 크리스 오야킬로메 지음 · Paula Kim 옮김 / 국판 72p / 값 3,000원
- 기적을 받고 유지하는 법 | 크리스 오야킬로메 지음 · Paula Kim 옮김 / 국판 64p / 값 2,500원
- 하나님께서 당신을 방문하실 때 | 크리스 오야킬로메 지음 · Paula Kim 옮김 / 국판 80p / 값 3,500원
- 올바른 방식으로 기도하기 | 크리스 오야킬로메 지음 · Paula Kim 옮김 / 국판 64p / 값 2,500원
- 당신의 믿음을 역사하게 하는 법 | 크리스 오야킬로메 지음 · Paula Kim 옮김 / 국판 112p / 값 5,000원
- 끝없이 샘솟는 기쁨 | 애니타 오야킬로메 지음 · Paula Kim 옮김 / 국판 32p / 값 1,500원
- 붉은 줄의 기적 | 리차드 부커 지음 · 황성하 옮김 / 국판 288p / 값 10,000원
- 당신은 이미 가졌습니다 | 앤드류 워맥 지음 · 두영규 옮김 / 국판 320p / 값 11,000원
- 당신이 말한 대로 얻게 됩니다 | 돈 고셋 지음 · 전진주 옮김 / 국판 288p / 값 10,000원
- 예수 - 치유의 길 건강의 능력 | 윌포드 H. 리트 지음 · 김진호 옮김 / 국판 304p / 값 11,000원
- 믿음과 고백 | 찰스 캡스 지음 · 신현호 옮김 / 신국판 384 p / 값 12,000원
- 임재 중심 교회 | 테리 테이클 지음 · 전진주 옮김 / 국판 304 p / 값 11,000원